西班牙社会保障总法

秦 剑 ◎ 译

中国社会科学出版社

图书在版编目（CIP）数据

西班牙社会保障总法 / 秦剑译 . —北京：中国社会科学出版社，2024.4
（泰康大健康法制译丛）
ISBN 978-7-5227-3256-5

Ⅰ.①西… Ⅱ.①秦… Ⅲ.①社会保障-行政法-西班牙 Ⅳ.①D955.121.82

中国国家版本馆 CIP 数据核字（2024）第 054288 号

出 版 人	赵剑英
责任编辑	梁剑琴
责任校对	冯英爽
责任印制	郝美娜

出　　版	中国社会科学出版社
社　　址	北京鼓楼西大街甲 158 号
邮　　编	100720
网　　址	http://www.csspw.cn
发 行 部	010-84083685
门 市 部	010-84029450
经　　销	新华书店及其他书店

印刷装订	北京君升印刷有限公司
版　　次	2024 年 4 月第 1 版
印　　次	2024 年 4 月第 1 次印刷

开　　本	710×1000　1/16
印　　张	24.25
插　　页	2
字　　数	410 千字
定　　价	138.00 元

凡购买中国社会科学出版社图书，如有质量问题请与本社营销中心联系调换
电话：010-84083683
版权所有　侵权必究

泰康大健康法制译丛编委会

编委会主任：冯　果　靳　毅
编委会成员：魏华林　史玲玲　张善斌　张荣芳
　　　　　　郭明磊　武亦文　马　微　王　源
　　　　　　李承亮　杨　巍　南玉梅

序 一

当今世界面临着百年未有之大变局,新冠肺炎疫情的爆发加速了这一动荡变革的进程。新冠肺炎疫情宛若一块试金石,考验了各国、各地区的政治制度与社会治理能力。在中国共产党的领导下,我国抗击新冠肺炎的狙击战取得了阶段性的胜利,为世界其他国家、地区树立了榜样。与此同时,我国卫生与健康法制的不足之处也暴露出来。这样的经历也促使法学界开始反思我国现有的卫生与健康法制体系是否完备,尤其是否能够充分因应重大公共卫生突发事件。

诚如习近平总书记所强调:"没有全民健康,就没有全面小康。"而全民健康目标的实现,有赖于健全的卫生与健康法律制度的支持。作为后发的社会主义国家,卫生与健康法律制度在我国的法律体系中发挥着举足轻重的作用。随着中国特色社会主义法律体系的建成,我国卫生与健康法律体系架构已经基本形成。但"粗线条"的立法导致卫生与健康法领域的各项具体法律制度还存在较大的空白。如何去填补这些空白,是学术界与法律实务界应当携手加以解决的重大问题,不仅关系到大健康法制体系的健全,更关系到社会的稳定、国民经济的发展,关系到老百姓生活的方方面面。如果我们能够把握好填补这些立法空白的历史机遇,那么这些空白将成为先前立法者巧妙的"留白",我国卫生与健康法的立法也能借此实现"弯道超车"。鉴于此,武汉大学大健康法制研究中心作为武汉大学和泰康保险集团共建的大健康法制研究平台,致力于对域外先进之卫生与健康法律法规以及著作的译介,策划了这套《泰康大健康法制译丛》。

良善的法律制度是整个人类文明的共同财富,对于良善的法律制度,我们也应当加以借鉴。本着"取法乎上,扬弃承继"的理念,本译丛聚焦当今世界卫生与健康法制发达国家的法律制度以及学术著作,视野涵盖且不限于德国、英国等欧洲国家,美国以及日本、韩国等亚洲国家卫生与健康领域立法和学说之演变与最新动态。

很多法律实务界的同仁也在密切关注着我国的卫生与健康法制，尤其是大健康法制的发展趋势，盖其关乎到未来我国整个社会治理体系的架构。此外，本套译丛亦为卫生学、医学、药学、社会保障学、保险学等其他学科领域的学者以及实务工作者开启了一扇从法学视角看待域外卫生与健康法律制度的窗户。译者也希望借此打破立法与司法实务、法学与其他学科之间的壁垒，促进立法与司法实务的良性互动以及不同学科间的交流，携手共建具有中国特色的大健康法制体系。

本套译丛的译者具有精深的法学专业知识、丰富的海外学习经历，对国内和域外的法律制度有着深入的了解与研究。译者的专业性保障了本套译丛的质量。"纵浪大化中，不喜亦不惧。应尽便须尽，无复独多虑。"纵使译者非常努力地想向读者呈现一套质量上乘的译作，然囿于学识与时间，篇牍讹误在所难免。由衷希望各界关心我国大健康法制建设的人士不吝赐教、批评斧正！

冯果
2020年11月1日于珞珈山

序 二

随着世界老龄人口占比不断增加的趋势日益明显，人类社会逐步迈向长寿时代，开始形成以低死亡率、低生育率、预期寿命持续延长、人口年龄结构趋向"柱状"、老龄人口占比高峰平台期超越 1/4 为特点的新均衡。在百岁人生悄然来临之际，人类的疾病图谱也发生了巨大变化，各类非传染性慢性病正成为人类长寿健康损失的主要原因，带病生存将成为普遍现象，健康产业逐渐成为推动经济发展的新动力。而为了储备未来的养老和医疗资金，个体和社会对财富的需求亦相伴而生。在此背景下，如何充分发挥制度创新、社会创新和商业创新的力量，探寻对养老、健康、财富等社会问题的解决方案，成为需要各界精诚合作、长期投入的事业。

为了探索应对长寿时代需求与挑战的企业解决方案，泰康保险集团在 23 年的商业实践中把一家传统的人寿保险公司逐步改造、转变、转型为涵盖保险、资管、医养三大核心业务的大健康生态体系。作为保险业首个在全国范围投资养老社区试点企业，泰康已完成北京、上海、广州等 22 个全国重点城市养老社区布局，成为全国领先的高品质连锁养老集团之一；同时，秉承医养融合理念，养老社区内配建以康复、老年医学为特色的康复医院，进一步满足长寿时代下的健康需求。在此过程中，国家健康法制体系的建设和完善对泰康的商业模式创新提供了鼓励和保障。近年来，国家颁布了一系列文件鼓励和支持保险企业为社会服务领域提供长期股本融资、参与养老服务机构的建设运营、引领医养领域的改革发展，如 2020 年银保监会联合十三部委颁布的《关于促进社会服务领域商业保险发展的意见》指出，允许商业保险机构有序投资设立中西医等医疗机构和康复、照护、医养结合等健康服务机构；鼓励保险资金与其他社会资本合作设立具备医养结合服务功能的养老机构，增加多样化养老服务供给等等。泰康的经营实践与国家政策的制定颁布实现了相互促进和印证。

他山之石，可以攻玉。无论是国家政策制度的改革还是企业商业模式的创新，都不应是一个闭门造车的过程。正是对国外先进立法经验和商业实践的学习、扬弃，使其真正适应中国社会基因、解决中国现实问题，才让具有中国特色的社会主义制度熠熠生辉，大健康法制领域的学术研究和法制建设概莫能外。《泰康大健康法制译丛》的诞生便由此埋下了伏笔。

2019年，泰康保险集团秉承"服务公众、回馈社会"的理念，践行健康中国战略，与武汉大学共建武汉大学大健康法制研究中心，正式开启有关大健康行业政策与法律的联合研究。2020年，中心首批研究成果陆续问世，其中就包括与中国社会科学出版社合作出版《泰康大健康法制译丛》。本丛书对美国、德国、日本、韩国等国家卫生健康领域的立法和著作进行翻译、引介，为政府、学界和产业界进一步打破国别和学科藩篱、拓展理论与实务视野打开了局面，推动我国大健康法制体系在建设思路和举措上的明晰和完善。

在此，谨代表泰康和中心，对各位专家学者对本领域的持续关注表示诚挚感谢，并衷心希望各界专家积极参与到大健康法律政策的研究中来，汲取人类文明之精华，解决中国发展之问题，为我国大健康法制体系的完善提供坚实的理论基础，为我国在长寿时代下的国家和社会治理构建充分的法治保障，让百岁人生不惧病困、不惧时光，让人们更健康、更长寿、更富足！

陈东升
2020年12月1日于北京

导　读

一　社会保障制度萌芽阶段（19世纪末至1962年）

作为欧洲高福利国家之一，经过多年的发展，西班牙已经形成比较完善的社会保障制度和公共服务体系。西班牙社会保障制度的立法史最早可追溯至1883年。19世纪下半叶，人们普遍意识到工人阶级的贫困是由环境、社会和经济条件造成的，而当下的自由社会主义经济制度受到古典自由主义的影响，无力改善工人阶级的生活条件，只有实现国家干预，才能纠正当下的社会问题。由此，西班牙于1883年成立了"社会改革委员会"（La Comisión de Reformas Sociales），该机构的宗旨是通过研究工人阶级的生活和工作状况以提出相关的立法改革来加强对工人阶级的保护，也"标志着公众首次认识到国家对贫困和失业干预的必要性"[①]。1900年1月27日，西班牙颁布了第一部社会保障法规——《工伤事故法》（La Ley de Accidentes de Trabajo）。该法的主要目的是保证劳动者在工作场所的安全和健康，这也是西班牙第一次从法律层面对工伤事故的鉴定和保护进行了规范。1907年，西班牙成立了劳动监察局（La Inspección de Trabajo）用以监督劳工法的遵守情况，并为社会改革计划收集信息统计数据。次年，国家福利局（El Instituto Nacional de Previsión）的建立整合了管理社会保险的各个公共和私人经办机构，旨在实行"补贴自由"制度以促进大众社会福利，特别是以退休金的方式提供福利。因为该机构为随后强制性社会保险方面政策的制定提供了启发和准备作用，所以，该机构的成立实际上是西班牙在社会保障政策方面迈出的第一步。1917年的社会保险会议从早期的"补贴自由"制度中引入了强制性社会保险。自此，出现了一系列的社会保障管理机制，其中

[①] 参见 Gustavo Zaragoza Pascual, *De la protección social al estado de bienestar*: Revista de treball, economia i societat, 2014 (72), 3。

包括强制性退休保险（1919）、强制性生育保险（1929）、强制性失业保险（1932）、养老保险①（1939）、强制医疗保险（1942）、强制养老残疾保险（1947）、养老残疾和死亡保险（1955）、国家失业保险（1961）等。为了应对上述保险在社会保障的覆盖面还不足以应对现实需求的问题，1941年出台了完善社会保障制度的平行制度，即由劳工部门组织的互助保险协会。然而，互助协会的多样性导致和引发了劳动人口歧视和财务失衡，对合理有效地管理社会保障制度带来了很大阻力。

这一时期的社会保障立法呈现出"碎片化"的制度缺陷，但是值得肯定的是，1961年的国家失业保险将妇女与男子平等地纳入其中，即便在社会上妇女在教育、劳工、政治和法律领域仍然处于从属地位。

二 社会保障立法统一阶段（1962—1978年）

1963年12月28日，《社会保障基本法》（*La Ley de Bases de la Seguridad Social*）出台，其主要目标是"实行统一的、综合的社会保障模式，以现收现付为财政基础，采用公共管理和国家参与筹资的原则"②。本法不仅覆盖了已有的保险项目，同时也将所有劳动者（无论自雇或受雇，或从事的职业性质如何）及其家属纳入其适用范围，甚至规定西班牙语美洲国家、菲律宾、安道尔、葡萄牙人和巴西人拥有与西班牙人同样的权利。"该法的颁布将协调和统一社会保障漫长而复杂的过程推向了高潮，创立了西班牙现代社会保障制度。"③

在沿用1963年基本法主体框架的基础上，《社会保障总法》（*La Ley General de la Seguridad Social*）于1967年1月1日正式生效，该法对上述法律进行了补充和完善。但是仍然存在不足之处，例如旧的缴费标准无法适应劳动者的实际工资、缺少定期重新估算各类年金的购买力、存在大量重叠的管理机构使得统一模式无法实行等。为解决当下存在的财政问题，西班牙国会于1972年6月22日颁布了《保护措施筹资和改进法案》（*La Ley de*

---

① 该保险代替了1919年制定的退休保险，并于1947年纳入养老残疾保险，于1955年涵盖了由非工伤或职业病造成的死亡风险。

② 参见 Historia de la Seguridad Social. https：//www.seg-social.es/wps/portal/wss/internet/Conocenos/HistoriaSeguridadSocial。

③ 参见 La Seguridad Social celebra el centenario del Instituto Nacional de Previsión（INP）（2008）. https：//prensa.mites.gob.es/WebP223rensa/noticias/seguridadsocial/detalle/56。

Financiación y Perfeccionamiento de la Acción Protectora），旨在通过逐步加权，用不同金额的经济待遇代替工资，特别是失业待遇，以保证有充足的待遇来保护参保人。同时，根据新的缴费标准调整社会保障财务结构，大幅降低费率以及实现收入和缴费的公平分配，使之更贴近欧洲经济共同体成员国社会保障体系普遍采用的标准。但是，该法并未明确相应的资源来源为财政提供保障，单纯扩大社会保障覆盖面反而加剧了财政问题。因此，在西班牙实行民主并通过宪法后，社会保障体系各个领域进行了一系列的现代化改革。

三　社会保障法巩固阶段（1978 年至今）

1978 年，在结束了近 40 年的弗朗哥独裁时期，《西班牙宪法》（*La Constitución*）通过公投后施行。该法第 41 条规定："公共权力维护社会保障公共制度，以保障所有公民在需要之时，特别是在失业情形下，得到充足的社会福利待遇和援助，但补充性待遇和援助不受约束。"由此可见，新宪法的颁布不仅标志着西班牙由独裁统治向民主体制的转变，也以国家大法的形式确定了西班牙的现代保障制度和西班牙公民享有法定社会保障的权利。

随着西班牙民主制度的建立，社会保障制度的各个领域开始了一系列的改革。第一项重大改革便是依据《蒙克洛亚公约》（*Los Pactos de la Moncloa*）商定的内容，通过 1978 年 11 月 16 日颁布的第 36/1978 号皇家法令，创建了社会机构参与制度以实现社会保障制度的透明化和合理化。该法令确定由以下机构组建新的管理体系：国家社会保障局（El Instituto Nacional de la Seguridad Social），负责社会保障体系经济福利待遇的管理和行政工作；国家卫生局（El Instituto Nacional de la Salud），负责医疗服务的行政和管理工作（该组织后来更名为国家健康管理局，El instituto Nacional de Gestión Sanitaria）；国家社会服务局（El Instituto Nacional de los Servicios Sociales），负责管理社会服务（该组织后来更名为社会养老服务局，El Instituto de Mayores y Servicios Sociales）；社会海洋局（El Instituto Nacional de la Marina），负责海员的管理工作；社会保障基金管理总局（La Tesorería General de la Seguridad Social），根据财政统一和单一账户原则，通过预算内和预算外的运作统一所有财政资源。

20 世纪 80 年代，西班牙由福特主义模式转向后工业化过程中引起了严重的失业危机。因此，西班牙政府采取了一系列措施，希望通过增加未覆盖群体的福利以及增强社会保障体系的经济稳定性来扩大和完善保护活动，得到改善的措施包括逐步实现缴费基数与实际工资均等、根据消费价格指数的变化重新估算年金、延长领取福利待遇的时间以及计算年金所需的缴费年限、简化社会保障结构、实施筹资职能的分离、从社会保险费拨付缴费型待遇，以及非缴费型福利的财务覆盖范围普遍增加。同时，还创建了社会保障信息技术管理部门，以协调和监管不同经办机构的信息技术和数据处理服务程序。上述过程加快了医疗保健逐步实现普遍化。1986 年 4 月 25 日，第 14/1986 号《卫生总法》（La Ley General de Sanidad）应运而生，根据《西班牙宪法》第 43 条规定并基于普遍性的原则，建立了国家医疗健康保障体系。

20 世纪 90 年代的一系列社会变革带来了各种各样的问题，比如劳动力市场的变化、劳动力市场具有更大的流动性、妇女融入劳动市场等，这使得社会保障有必要采取保护措施以适应新的需求。

为了体现宪法第 41 条所指的"普遍性"原则，即将"所有公民"纳入其中，1990 年第 26/1990 号法律规定了非缴费型福利作为现行保护模式的基础组成部分。自此，社会保障制度形成混合制度，由缴费型和非缴费型两种保护模式构成。1994 年颁布的第 1/1994 号皇家法令，通过了《社会保障基本法》（La Ley General de la Seguridad Social）的修订版本。该法案确定实行非缴费型福利以及保证社会保障立法的合理化。

西班牙社会保障改革进程发展的总体框架遵循了政治和社会协议，由政治共识与社会对话保持互补。1995 年，在所有政治和社会力量的支持下，众议员全体会议批准签署了《托莱多公约》（El Pacto de Toledo），由此带来了社会保障方面的重大变化，为确保财政稳定和未来社会保障待遇制定了路线图，并"成为西班牙此后进行社会保障制度改革的基础"[①]。《托莱多公约》的产生是政治共识的具体化，其覆盖范围囊括了社会对话下所产生的各种协议。受此影响，1997 年颁布了两部法律（第 24/1997 号和第 66/1997 号）对社会保障领域实行不同方面的改革：分离社会保障财政资源，即对待遇进行相应分类，包括非缴费型、国家拨款、缴费型；确定建立储备基金，用于存入缴费产生的盈余以减轻经济周期的影响；建立年金自动重估机制以提高年金购买力；为所有职业类别设立单一缴费上限并提高退休金的缴

---

① 参见郭存海《西班牙社会保障制度改革 30 年：1978—2008》，《拉丁美洲研究》2009 年第 2 期。

费比例；引入灵活的退休机制以鼓励延长就业时间；确定对收入较低的人群实行社会保障改善措施，如提高无足够收入的受益人所享有的孤儿抚恤金和60岁以下有供养家庭责任且收入较低的受益人的丧偶抚恤金；完善失业保护所产生的具体问题，如确定失业待遇产生的细节以及失业保护和暂时性伤残之间的相互关系等。1999年颁布的第39/1999号法律提出创建孕期风险保护措施具有重要意义。

2000年，西班牙正式确定建立"储备保障金"（Fondo de Reserva），确保社会保障体系的可持续发展并满足未来在缴费型待遇方面的需求。2003年，为了促进就业政策的制定、管理失业保护制度并保障劳动力市场数据信息，[①]西班牙国家公共就业服务局（Servicio Público de Empleo Estatal）成立，取代了之前的"国家就业局"（El Instituto Nacional de Empleo）。该机构是隶属于社会劳动经济部的一个自治机构，与52个自治区公共就业服务机构一起构成"国家就业系统"（Sistema Nacional de Empleo）。近年来，由于新技术的出现和远程信息处理服务的兴起，社会保障也逐步建立了"社会保障网站"（Web de la Seguridad Social）和"电子政务网络"（Sede Electrónica de la Seguridad Social），并不断融合和优化互联网服务，以改善为公民提供的社会服务。其历史可追溯至1995年年初，每个机构（INSS、ISM和TGSS）都有自己的网站，2002年上述网站合三为一，并针对不同对象（年金领取者、雇主和劳动者）设置了不同访问页面并一直延续至今。此后不断进行完善，并获得包括"最容易访问门户网站"（2006）和"网络无障碍最佳实践奖"（2008），"近20年最佳网站"（2009）等奖项和认可。2010年"电子政务网络"投入运行，提高了远程信息处理方式完成行政程序的速度安全性、速度和舒适度。此后，该网站不断完善，在可访问性、多语言、透明化、规范化和简便化方面不断作出努力，截至2016年，据统计数据表明，社会保障网页每年访问人次超过1.95亿次。[②]

2002—2007年是社会保障制度蓬勃发展时期。社会服务法规或某些自治大区社会服务法规中为西班牙公民制定了社会包容金，如《瓦伦西亚大区自治章程法》（El Estatuto de Autonomía de la Comunitat Valenciana）规定通

---

① 参见西班牙国家公共就业服务局官网，https：//www.sepe.es/HomeSepe。
② 参见Web/Sede electrónica Nacimiento y evolución，https：//www.seg-social.es/wps/wcm/connect/wss/478b944d-eaec-41fe-9d87-cbe851107452/H% C2% AA% 2Bde% 2Bla% 2Bweb_2.0_N.pdf?MOD=AJPERES。

过经济待遇和/或职业待遇以开展社会包容过程，旨在通过消除排斥和应对社会经济脆弱性来保证生活质量的基本需求。2006年12月14日第39/2006号《促进个人自主及照顾无生活自理能力者法规》(La Ley de Promoción de la Autonomía Personal y Atención a las personas en situación de dependencia) 的颁布，代表面向无自理能力人群的保障措施的重要进步。"该法是在行政间合作的框架内颁布的，建立了由中央政法和自治大区政府共同出资的模式。"①

2008年金融危机发生后，西班牙也面临困境，就业机会大幅下降，至2009年第三季度达到了17.9%。为此，西班牙政府在社会保障方面也进行了明显的缩减，例如《抚养法》(La Ley de la Dependencia) 缩减了一部分家庭抚养人的社会保障权益并推迟某些受抚养群体的适用期。2011年第27/2011号法律对社会保障制度进行了更新和调整，使其更适应现代化的情况，在此基础上将退休年龄延长至67岁，并将计入养老金一般基数调整为25岁，以应对西班牙人口老龄化和公共社保资金的可持续问题。

2015年第8/2015号皇家法令批准通过《社会保障总法》(La Ley General de la Seguridad Social) 修订本，即西班牙现行社会保障的基本法律。该法基于人口老龄化、妇女进入劳动力市场以及移民现象等一系列情况而制定相关措施，并在此后进行了四十多次修订以不断适应社会发展的需要，保证财政可持续性和提高所有公民的福祉水平。2015年《社会保障总法》总共包括六篇，三百七十三条，以及五十三条附加条款、四十四条过渡条款和八条最终条款。六篇标题分别为：第一篇社会保障制度一般规则，第二篇社会保障一般计划，第三篇失业保险，第四篇自雇人士社会保障特别计划，第五篇中断就业保险，第六篇非缴费型福利。该法明确规定将社会保障预算完全纳入国家总预算，以保证议会对社会保障支出和收入进行控制，提高透明度。同时，明确了社会保障经办机构和公共服务部门，并规定了社会伙伴（工会和商业组织）通过参与社会保障机构的管理和控制，成为社会保障制度运作不可或缺的一部分。该法规定了所有公民普遍享有的福利及其要求：医疗保险、社会服务、非缴费型养老金和残疾津贴、生育或收养福利以及弱势家庭（残疾、单亲、多子女、贫困家庭）以及非缴费型生育福利。此外，

---

① 参见 Gustavo Zaragoza Pascual, *De la protección social al estado de bienestar*：Revista de treball, economia i societat, 2014 (72), 17。

确定了缴费型待遇包括：工伤事故和职业病或常见疾病的临时性经济待遇；退休、永久性伤残、丧偶、孤儿和亲属的缴费型福利；生育待遇、孕期保险、陪产和哺乳期保险；自雇人士失业待遇。由此可以看出，西班牙社会保障覆盖的方面在逐步扩大，以缩小劳动者群体之间的差异。在最新的修改版本中可以看出，西班牙政府在不断采用改善家庭保护、逐步灵活的部分退休以及切实实现男女平等的措施，以不断增强社会凝聚力、保持社会保障可持续发展。

自新冠疫情危机之后，西班牙社会保障缴费收入持续增加。截至2023年7月，同比增长10.2%，达到889.99亿欧元（比去年同期增加82.38亿欧元），[①] 社会保障缴费收入绝对值继续创历史新高。其最重要的原因来自就业缴费，代表西班牙的就业呈现良好趋势。而在支出方面，永久性丧失劳动力津贴、退休金、丧偶抚恤金、孤儿福利金、供养家属补助金以及为缩小性别差距的补充性缴费型年金的支出增加了10.7%，达到913.26亿欧元，原因是年金领取者数量从1.1%增至9.6%，且2023年缴费型年金总重估值达到8.5%。总体而言，截至2023年7月31日，社会保障账户呈现正余额47.74亿欧元，相当于国内生产总值的0.3%。由此可见，西班牙经济危机和社会保障制度的财政压力在一定程度得到缓解，但其面临人口老龄化和公共社会保障资金的可持续问题仍然存在，其改革路径仍需不断探索完善。

[①] 数据来源：*Los ingresos por cotizaciones a la Seguridad Social crecen un 10, 2% interanual, hasta alcanzar los 89.000 millones de euros* (2023)：La Revista de la Seguridad Social. https：//revista.seg-social.es/-/datos-ejecuci%C3%B3n-presupuestaria-julio-2023。

体例说明

1. 本书条文依照西班牙法律法规官方文本排序，如果一个条文包含两款或者两款以上，每款前用阿拉伯数字标明该款序号。在款下分项的条文中，每项前面用字母排序标明该项序号。但因西班牙辅音字母中含有 ñ，为使之符合中文阅读习惯，本书则放弃使用 ñ 字母标注该项，将该其改为 o 项，后面每项并依次顺延标序。项中分号的条文，用括号内阿拉伯数字标序。如（1）（2）（3）…

2. 在修法时，按西班牙惯例，修法新加条文时尽量不改变原有条文序号。例如本法中第 249 条其后非第 250 条，而是插入第 249a 条、第 249b 条和第 249c 条，之后才是第 250 条。同样，为了符合中文阅读习惯，本书将第 249a 条、第 249b 条和第 249c 条，翻译成第 249 条之二、第 249 之三和第 249 之四。其后第 51a 条、第 74a 条以及第 127a 条等采用相同翻译方法。本书采用了《社会保障总法》原文的标注方式，在内容有修改的条文中以"＊注意"加以注释。

3. 《西班牙社会保障总法》修订本经 2015 年 10 月 30 日第 8/2015 号皇家法令批准，由西班牙第 261 号《国家官方公报》（BOE－A－2015－11724）公告。

根据《西班牙宪法》第 82 条及后续条款的规定，2014 年 10 月 29 日颁布的授权政府发布各种法律修订本权利的第 20/2014 号法律第 1 条 c 项授予政府以适当规范、清晰且统一的方式对以下文本进行修订合并的权利：由 1994 年 6 月 20 日颁布的第 1/1994 号皇家法令批准的《社会保障总法》和相关法律规定，以及可能对其进行修订的其他具有法律地位的条例。自 2014 年 10 月 29 日颁布的第 20/2014 号法律生效后的十二个月内应完成《社会保障总法》的实施。上述皇家法令已提交至最具代表性的工会和商业组织进行协商，并告知社会经济理事会。

根据就业和社会保障部部长的提议，经国务委员会同意，并于2015年10月30日经内阁审议，规定：

独立条款　批准《社会保障总法》的修订本

特此批准以下所列《社会保障总法》修订本内容。

独立附加条款　引用法规

已被纳入批准的修订本的条款在其他立法中的引用应被视为对本修订本相应条款的引用。

独立废止条款　废止法规

凡与《社会保障总法》修订本条款相抵触的同等或更低级别的法令，特别是以下法令，现予以废止：

（1）1994年6月20日颁布的第1/1994号皇家法令批准的《社会保障总法》修订本。

（2）1994年12月30日颁布的第42/1994号《财政行政和社会治安措施法规》第30条和第31条。

（3）1995年11月8日颁布的第30/1995号《私人保险管理监督法》附加条款第15条。

（4）1996年12月30日颁布的第13/1996号《财政行政和社会治安措施法》第69条和第77条。

（5）1997年12月30日颁布的第66/1997号《财政行政和社会治安措施法规》附加条款第15条。

（6）1998年12月23日颁布的第47/1998号关于在某些特殊情况下允许在社会保障体系提前退休的法令。

（7）1998年12月30日颁布的第50/1998号《财政行政和社会治安措施法规》第29条和第30条。

（8）1999年12月29日颁布的第55/1999号《财政行政和社会治安措施法规》第26条。

（9）2001年7月9日颁布的第12/2001号《增加就业和提高就业质量的劳动市场改革紧急措施法规》附加条款第6条。

（10）2002年12月12日颁布的第45/2002号《改革失业保障制度和提高就业能力紧急措施法》第4条、附加条款第2条和过渡条款第2条。

（11）2003年9月29日颁布的第28/2003号《社会保障储备基金管理法》。

（12）2005年12月29日颁布的第30/2005号《2006年国家总预算法》附加条款第58条。

（13）2006年4月24日颁布的第8/2006号《部队和海员法规》附加条款第4条。

（14）2006年12月7日颁布的《将某些公共和工会职位纳入社会保障一般计划并扩大失业保障》的第37/2006号法律第2条。

（15）2007年7月4日颁布的将社会保障农业特别计划中的自雇人士纳入自雇人士社会保障特别计划的第18/2007号法律，过渡条款第1条除外。

（16）2007年12月4日颁布的第40/2007号《社会保障措施法规》附加条款第5条、第9条、第24条和第27条。

（17）2009年12月30日颁布的第27/2009号《稳定和促进就业及保护失业者紧急措施法规》附加条款第15条。

（18）2010年8月5日颁布的《关于在中断就业时保护自雇人士的具体制度》的第32/2010号法律，附加条款第10条和第11条除外。

（19）2010年9月17日颁布的第35/2010号《劳动力市场改革紧急措施法规》附加条款第3条。

（20）2010年12月3日颁布的第13/2010号皇家法令《促进投资和创造就业机会的税收、劳动和放松管制措施法规》第20条。

（21）2011年4月29日颁布的第5/2011号皇家法令《规范和管控非法就业及促进住房改造措施规定》第5条。

（22）2011年8月1日颁布的《关于社会保障制度的更新调整和现代化规定》第27/2011号的法律附加条款第15条、第23条、第39条、第41条、第46条和第52条以及最终条款第12条第2款。

（23）2011年9月22日颁布的将社会保障农业特别计划纳入社会保障一般计划的第28/2011号的法律，附加条款第7条和第4条除外。

（24）2012年7月13日颁布的第20/2012号皇家法令《保障预算稳定和促进竞争力措施法规》附加条款第8条。

（25）2012年12月28日颁布的第29/2012号皇家法令《改善管理家庭雇员特别方案和社会保障以及其他经济和社会措施法规》附加条款第2条。

（26）2013年3月15日颁布的第5/2013号皇家法令《鼓励老年劳动者继续工作和促进积极老龄化措施法规》第一章和附加条款第1条。

（27）2013年12月20日颁布的《关于促进稳定就业和提高劳动者就业

能力措施》的第 16/2013 号皇家法令附加条款第 2 条。

（28）2013 年 12 月 23 日颁布的第 23/2013 号《社会保障年金制度的可持续性系数和重估指数规范条例》第一章和附加条款第 1 条、第 2 条、第 3 条和第 4 条以及最终条款第 5 条。

独立最终条款　生效实施

本皇家法令及其批准的修订本于 2016 年 1 月 2 日生效。

在不妨碍上述规定且符合规定条件的情形下，修订本第 60 条规定的社会保险人口缴费生育补助应适用于自 2016 年 1 月 1 日起累计产生的缴费型年金。

《托莱多公约》监测评估委员会就采取必要措施保证制度的可持续性问题达成一致意见后，即采取本法第 211 条规定的可持续系数。但无论如何，其生效日期不得晚于 2023 年 1 月 1 日。

＊注意：本条根据 2018 年 6 月 3 日颁布的《2018 年国家总预算法》最后条款第 38 条第 5 款制定。

最后修订日期：2023 年 7 月 1 日。

目 录

第一篇　社会保障制度一般规则

第一章　初步规则 ………………………………………………… (3)
第二章　社会保障制度的适用范围和结构 ……………………… (5)
　第一节　一般规定 ………………………………………………… (5)
　第二节　适用于特定集体的法规 ………………………………… (7)
第三章　参加保险、缴费及筹资 ………………………………… (9)
　第一节　参加社会保险并在其隶属的社会保障计划中进行信息登记、
　　　　　注销和变更 …………………………………………………… (9)
　第二节　社会保险及其他联合征收保险项目的筹资 …………… (10)
　第三节　基本社会保险费及其他社会保障资金的筹资和结算 ……… (12)
第四章　保障措施 ………………………………………………… (27)
　第一节　一般规定 ………………………………………………… (27)
　第二节　取得、确认和持续享有福利待遇的权利 ……………… (28)
　第三节　不当待遇的时效期间、失效及偿还 …………………… (31)
　第四节　年金重估、最高及最低标准以及社会保障人口缴费生育
　　　　　补助 ……………………………………………………… (32)
　第五节　社会服务 ………………………………………………… (36)
　第六节　社会援助 ………………………………………………… (36)
第五章　社会保障管理 …………………………………………… (38)
　第一节　经办机构 ………………………………………………… (38)
　第二节　公共服务部门 …………………………………………… (44)
　第三节　经办机构和公共服务部门的共同准则 ………………… (45)
第六章　社会保障管理合作 ……………………………………… (49)
　第一节　合作机构 ………………………………………………… (49)
　第二节　社会保障互助合作保险协会 …………………………… (49)

第三节　企业 …………………………………………… (70)
　第七章　经济制度 ………………………………………………… (71)
　　第一节　社会保障资产 ………………………………… (71)
　　第二节　社会保险财政资源和制度 …………………… (73)
　　第三节　社会保障预算、审计和核算 ………………… (75)
　　第四节　社会保障储备基金 …………………………… (77)
　　第五节　代际公平机制 ………………………………… (81)
　　第六节　社会保障合同签订 …………………………… (81)
　第八章　社会保障程序及通知 …………………………………… (83)
　第九章　社会保障监察、违规行为及处罚 ……………………… (86)

第二篇　社会保障一般计划

　第一章　适用范围 ………………………………………………… (89)
　第二章　企业注册和参加保险、缴费与筹资条款 …………… (91)
　　第一节　企业注册及雇员参保 ………………………… (91)
　　第二节　缴费 …………………………………………… (92)
　　第三节　筹资 …………………………………………… (99)
　第三章　保障措施共同点 ………………………………………… (100)
　第四章　关于待遇的一般规则 …………………………………… (102)
　第五章　暂时性丧失劳动力 ……………………………………… (107)
　第六章　生产育儿保险 …………………………………………… (114)
　　第一节　一般情况 ……………………………………… (114)
　　第二节　特殊情况 ……………………………………… (116)
　第七章　哺乳期的共同责任 ……………………………………… (118)
　第八章　孕期保险 ………………………………………………… (119)
　第九章　哺乳期保险 ……………………………………………… (120)
　第十章　患有癌症或其他重疾的未成年人护理保险 …………… (121)
　第十一章　缴费型永久性丧失劳动力保险 ……………………… (124)
　第十二章　非致残永久性伤害保险 ……………………………… (130)
　第十三章　缴费型退休养老保险 ………………………………… (131)
　第十四章　死亡和遗属保险 ……………………………………… (146)
　第十五章　家庭保护 ……………………………………………… (156)

第十六章　社会保障一般计划的共同条款	(158)
第一节　自愿改进一般计划的保护措施	(158)
第二节　一般计划职业安全和健康条款	(159)
第十七章　一般计划中特定雇员群体的适用条款	(161)
第一节　非全职劳动者	(161)
第二节　签订培训和学徒合同的雇员	(164)
第三节	(164)
第四节　公共演出艺术家	(164)
第十八章　家庭雇员和农业工人特别方案	(168)
第一节　家庭雇员特别方案	(168)
第二节　农业工人特别方案	(169)
第十九章　管理	(174)
第二十章　财务制度	(175)
第二十一章　制度通用规则的应用	(176)

第三篇　失业保险

第一章　一般规定	(179)
第二章　缴费型保护措施	(181)
第三章　援助型	(191)
第四章　待遇制度	(197)
第五章　适用于特定群体的特别条款	(200)
第一节　列入农业工人特别方案的劳动者	(200)
第二节　其他群体	(204)
第六章　财政制度和待遇管理	(205)
第七章　义务、侵权及处罚制度	(207)
第八章　补充法律	(210)

第四篇　自雇人士社会保障特别计划

第一章　适用范围	(213)
第二章　参加保险、缴费和筹资	(215)
第三章　保障措施	(221)

第一节　受保护的意外事件……………………………………（221）
　第二节　待遇规定………………………………………………（222）
第四章　农业自雇人士特别方案……………………………………（226）

第五篇　中断就业保险

第一章　一般规定……………………………………………………（231）
第二章　特殊情况下中断就业的法定情形…………………………（237）
第三章　保护制度……………………………………………………（241）
第四章　财政制度及待遇管理………………………………………（248）
第五章　义务、违法行为及处罚制度………………………………（251）

第六篇　非缴费型福利

第一章　非缴费型家庭福利………………………………………（255）
　第一节　福利……………………………………………………（255）
　第二节　受抚养未成年子女的经济补贴………………………（255）
　第三节　多子女家庭、单亲家庭和父母伤残家庭的生育或收养子女
　　　　　经济福利………………………………………………（257）
　第四节　多胞胎或多收养福利…………………………………（258）
　第五节　共同条款………………………………………………（259）
第二章　非缴费型年金……………………………………………（260）
　第一节　非缴费型伤残津贴……………………………………（260）
　第二节　非缴费型退休养老金…………………………………（263）
第三章　非缴费型福利的共同条款………………………………（264）

附加条款……………………………………………………………（265）

过渡条款……………………………………………………………（311）

最终条款……………………………………………………………（345）

词汇表………………………………………………………………（349）

第一篇

社会保障制度一般规则

第一章

初步规则

第一条　西班牙人享有社会保障的权利

《宪法》第41条规定的西班牙人的社会保障权利应符合本法规定。

第二条　社会保障原则和目标

1. 社会保障制度由缴费型和非缴费型的保障措施组成，以普遍性、统一性、团结性和平等性原则为基础。

2. 国家通过社会保障制度，保证被纳入本法适用范围、符合缴费或非缴费模式要求的个人、其家庭成员或受抚养人，在本法规定的情况和意外的情况下得到充分的保护。

第三条　社会保障权利的不可剥夺性

任何放弃本法赋予劳动者权利的个人或集体协议均无效。

第四条　职能划分

1. 国家拥有社会保障制度的组织权、管辖权和监察权。

2. 雇员和雇主应当根据本法规定建立社会保险管理关系，根据《宪法》第129条第1款规定，不得妨碍法律规定的有关各方的其他参与形式。

3. 在任何情况下，社会保障的管理都不得被用作商业营利活动的基础。

第五条　就业和社会保障部及其他部委的权限

*注意：根据2020年1月12日颁布的第2/2020号对部委进行重组的皇家法令第1条，本修订本中所有提及"西班牙就业和社会保障部"均应理解"西班牙融合、社会保障及移民部"。

1. 在社会保障问题上不属于政府职责的非国家管辖职权，应由就业和社会保障部行使，但不得妨碍其他部委在各自领域具体范围内行使自己的职权。

2. 在国家权力范围内，就业和社会保障部在本法规定的事项上有以下权限：

a. 为政府制定实施社会保障的一般法规。

b. 行使 a 项未涉及的监管权。

c. 除 2003 年 11 月 26 日颁布的第 47/2003 号《总预算法》中所规定的、根据相关规定委托给财政部的职能或委托给其他机构的特殊社会保障职能以外，该部门具有发展社会保障的经济财务职权；对社会保障经办机构、公共服务部门以及参与管理的机构的监管职权，以及在法律允许的条件下，按照程序和要求，暂停或修改上述机构的权力和权限的职权。

d. 通过社会保障劳动监察局进行社会保障制度监察。

e. 根据 2007 年 6 月 22 日颁布的第 11/2007 号关于公民以电子方式获取公共服务的规定第 27 条第 6 款，确保社会保障领域的责任主体有条件履行通过电子方式接收通知的义务。

3. 就业和社会保障部应当以适当的方式组织服务单位和机构，在社会保障领域进行适当的法律、社会学、经济和统计方面的学习，以及社会保障实施过程中行政业务和手续的简化与合理化。

4. 就业和社会保障部在行使社会保障方面的职权时，应当与本法及其实施发展条例或部门组织法中规定的机构和服务相对应。

第六条　相关职权的协调

政府有责任制定必要的规定，以协调社会保障体系机构、服务和管理部门与履行社会福利、卫生、教育和社会援助等相关职能机构之间的活动。

第二章

社会保障制度的适用范围和结构

第一节 一般规定

第七条 适用范围的扩展

1. 为了享受缴费型社会保险待遇，无论其性别、婚姻状况和职业，凡是在西班牙领土上参加生产劳动，且居住在西班牙的西班牙人和在西班牙合法居住或逗留的外国人，并符合以下情况之一的，都应被纳入社会保障体系：

a. 根据《劳工法》修订本第 1 条第 1 款的规定，在不同经济活动领域提供服务的劳动者，无论其工作性质是临时性、季节性或是长期性的，甚至是不连续的，乃至远程工作者，且不分劳动者的职业类别、获得报酬的形式和数额以及雇佣关系的普遍性或特殊性。

b. 符合本法及其实施条例中规定的，无论是个人或家庭企业业主，年满十八岁的自雇人士。

c. 工人合作社的工人成员。

d. 学生。

e. 公务员，文职人员和军人。

2. 为享受非缴费型社会保障福利，所有居住在西班牙境内的西班牙人都应当被纳入社会保障体系的适用范围内。

就非缴费型社会保障福利而言，根据 2000 年 1 月 11 日第 4/2000 号关于在西班牙境内的外国人的权利和自由及其社会融合组织法中的相关规定，以及为此批准签署的国际条约、公约、协议或文书协定（若适用），在西班牙境内合法居住的外国人也应被纳入社会保障制度的适用范围内。

3. 政府在公共社会保障体系的范围内，可以根据居住国的特点，制定有利于非西班牙居民的西班牙公民的社会保障措施。

4. 为促进顶级运动员充分融入社会，政府可以规定将其纳入社会保障体系。

5. 除上述条款之外，政府可根据就业和社会保障部的建议，在听取最具代表性的工会组织或主管官方机构意见后，应相关人员的要求，将因工作时间或报酬而被认为是边缘性的或不构成基本生活方式的有偿就业人员排除在相应的社会保障计划范围之外。

第八条　禁止强制性重复参保

1. 属于社会保障制度适用范围的个人，不得因同一工作而被强制纳入构成上述制度的其他保险计划中。

2. 除本法规定的强制性保险计划外，可能存在某些职业群体，应视情况将其强制性地纳入社会保障一般计划或社会保障特别计划中。

第九条　社会保障制度结构

1. 社会保障制度由以下计划组成：

a. 本法第二篇中规定的一般计划。

b. 以下条款规定的特别计划。

2. 社会保障制度的特别计划应根据第 10 款、第 3 款和第 4 款的规定进行管理。通过累计个人在每个计划下的年限（不允许有重合时间），规定从一个计划到另一个计划转移接续的权益保留时间、范围和条件。无论何种计划，上述规章的制定都应符合本款法规，并考虑到每个计划保障措施适用的内容和范围。

第十条　社会保障特别计划

1. 为自然属性、工作时间地点的条件或生产过程类型具有特殊性的职业制定特别计划，以给予其合适的社会保障福利待遇。

2. 特别计划适用于以下职业群体：

a. 自雇人士。

b. 海员。

c. 公务员，文职人员和军人。

d. 学生。

e. 就业和社会保障部认为有必要根据第 1 款规定为其制定特别计划的其他群体。

3. 与上款 b 项和 c 项所列群体相对应的特别计划，应受为此而颁布的具体法律所管辖，其管理应以与一般计划一致为目标，并符合下款规定。

4. 在不妨碍第四章规定的情况下，为与一般计划保持最大的一致性，并在系统的财政状况和受特别计划影响的职业群体特征允许的范围内，确定未列入前款特别计划管理规则的适用范围，并应根据本章规定对相关的不同事项进行管理。

5. 根据社会保障制度管理必须遵循统一化的趋势，政府可根据就业和社会保障部的建议，确定将与第 2 款所列群体相对应的特别计划纳入一般计划，但由具体法律所管辖的计划除外，只要是考虑到相关职业群体的具体特点以及相关特别计划法规与一般计划法规的一致性的可实现程度。

如果符合两个计划的特点并因此会与一般计划实现最大程度的一致，也可以规定将前款所述整合行为纳入另一项特别计划中进行。

第十一条　特别方案

除本法规定的特别方案外，在必要的社会保障计划中，可以专门在以下一个或多个方面建立特殊方案：参加社会保险、缴费或筹资形式。主管部门应根据其中人员的活动或个人情况，了解此类制度的管理情况。

第二节　适用于特定集体的法规

第十二条　家庭成员

1. 就第 7 条第 1 款而言，除非有证据证明，否则下列人员不应视为受雇人员：与雇主在其居所共同居住或受其照管时，在其工作场所或工作地点工作的雇主的配偶、后代、长辈和其他亲属、具有血缘或姻亲关系，包括二代亲，以及收养关系（若适用）。

2. 在不妨碍前款规定的情况下，根据 2007 年 7 月 11 日颁布的第 20/2007 号《自雇职业法规》附加条款第 10 条的规定，即便共同居住，自雇职业者仍可雇佣其三十岁以下的子女作为雇员。在此情况下，受雇家庭成员的受保障范围不包括失业保险。

上述情况同样适用于超过三十岁但在就业方面有特殊困难的子女，符合以下情况之一则被视为有特殊困难：

a. 脑瘫患者、精神病患者或智障人士，其伤残等级被认定为大于或等于 33%。

b. 首次在社会保障系统中登记的具有身体或感官残疾的人,其伤残等级被认定为大于或等于33%,小于65%,条件为首次参加社会保险。

c. 有身体或感官残疾的人,其伤残等级被认定大于或等于65%。

*注意:第2款经2017年10月24日颁布的第6/2017号《自雇职业紧急改革法规》附加条款第5条制定。

第十三条 伤残劳动者

1. 在特殊就业中心就业的伤残劳动者应当作为雇员纳入与其活动相对应的社会保障计划中。

2. 政府应当考虑到伤残劳动者工作的特殊性,批准与其工作条件和社会保障相关的具体实施准则。

第十四条 合作社的工人成员和会员

1. 工人合作社的社员可选择通过下列合作形式享受社会保障福利待遇:

a. 同化为雇员。合作社将根据其活动情况,将其纳入一般计划或某一特别计划。

b. 作为特别计划中的自雇人士。

合作社应行使其条例的选择权,并且只可在政府规定的情况和条件下对其进行修改。

2. 社区土地合作社的社员和在1999年7月16日颁布的第27/1999号《合作社法规》第13条第4款所述之社员,应当被同化为社会保障体系中的受雇职员。

3. 任何情况下关于工资保障基金缴费和待遇的法规均不适用于工人合作社、社区土地合作社或其社员。

4. 政府有权规范本条法规的选择范围、内容和条件,并在适用时调整社会保障计划的规则以适应合作社活动的特殊性。

第三章

参加保险、缴费及筹资

第一节　参加社会保险并在其隶属的社会保障计划中进行信息登记、注销和变更

第十五条　参加社会保险的强制性及范围

对于第 7 条第 1 款中提到的个人，其参加社会保险具有强制性和终生性，并且在整个社会保障体系中具有唯一性，但不影响其在不同社会保障计划下进行登记和注销，也不影响其参保后可能产生的信息变更。

第十六条　参加社会保险、信息登记、注销及变更

1. 参加社会保险可应负有该义务的个人和单位的要求强制进行，也可应有关方面的要求或由社会保障局依职权执行。

2. 法律规定个人和单位有履行申请参保、告知社会保障局相应机构前条法规规定的信息登记、注销及变更等情况的义务。

3. 对应履行上述义务的个人和单位未尽其义务的，在不妨碍落实其应该承担的责任，如征缴待缴的保险费的情况下，有关方面可以直接要求其参保、进行信息登记、注销或变更，并对其实施适当的处罚。

4. 社会保障局相关机构可根据其掌握的数据、社会保障劳动监察局的诉讼或通过其他任何诉讼程序，对上述未被遵守的义务进行稽核，并依权办理上条法律涉及的参保，信息登记、注销或变更所需的程序。

5. 当通过前款所述之任何程序发现参保和信息登记、注销和变更不符合法律规定及其附加条款时，社会保障局相关机构可随时依职权审查针对上述事项作出的行政行为，根据同一事项管理条例规定的程序，宣布其无效或废除（如适用），并行使必要的行政行为使其适应上述法律和附加条款。

对于参保、信息注册、注销和变更方面规定的行为中产生的实质性、事实性和计算性错误，也应随时进行纠正。

6. 在不妨碍《劳工法》修订本第 42 条规定的情况下，在将和自身工作相对应的工作服务承包或分包给他人，或在其工作单位连续提供工作服务的雇主，须在合同或分包活动开始之前，核实在合同或分包合同执行期间被雇佣人的参保申请和登记情况。

7. 当承包活动仅指房屋所有者就其名下住宅承包建造或维修，以及当业主因非商业活动而承包时，则不应强制执行上款规定的稽核工作。

＊注意：第 16 条第 5 款经 2023 年 1 月 10 日颁布的第 1/2023 号皇家法令《鼓励雇佣劳动力及改善艺术家社会保障的紧急措施法令》最终条款第 4 条增补，原条款第 5 款和第 6 款顺延至第 6 款和第 7 款。

第十七条 社会保障局的义务和知情权

1. 社会保障局主管社保事项的经办机构应当及时更新参保人员的相关数据信息，以及履行本节法规所规定的义务的人员和单位的相关数据。

2. 雇主和雇员有权向社会保障局经办机构查询与之有关的数据信息。根据本法规定，能够证明有切身直接利益的个人享有同样的权利。

为此，社会保障局应当根据年龄及法律规定的内容和周期，告知每位劳动者在第 205 条第 1 款规定中享有的正常退休权。

但告知劳动者正常退休权的行为应仅用于提供信息，不得产生任何有利于劳动者或第三方的权利或期待权。

该义务也适用于其他对退休协议具有补充或替代功能的保险或基金，如社会福利互助保险、替代型互助保险、企业社会福利计划、保险福利计划、以及用于企业年金承诺依据的个人和集体保险年金计划。上述信息的提供周期须与社会保障所提供的周期相同，并与之具有可比性和同质性。

第二节 社会保险及其他联合征收保险项目的筹资

第十八条 强制性

1. 缴纳社会保险费是所有社会保障计划的强制性规定。

应在本法、其实施条例以及其他相关监管条例的范围内强制征缴失业保险金、工资保障金和职业培训税金，以及与基本社会保险费联合征收的任何其他项目的保险金。

2. 缴费义务随相应的劳动关系形成而产生，每个社会保障计划的规章制度决定了履行其义务的主体。

3. 自然人、法人和非法人组织有履行缴费义务和缴纳其他社会保障资金的责任，每个社会保障计划和资金的监管条例直接规定了其缴费义务。此外，上述自然人、法人和非法人组织在实施任何提及或未明确排除社会保障义务的、具有法律地位的法规，或不违反法律的契约或协议的过程中，负有由于事实行为、不作为、商业活动或法律行为之人员带来的共同责任、补充责任或死因责任。上述连带责任、附属责任或死因责任应通过本法及其实施条例中的规定来宣布和执行征收程序。

4. 在雇主负有缴费义务的情况下，本法及其实施条例规定的征收程序也可针对实际接受雇员提供服务的人，即便其在雇佣合同、政府备案登记或经办机构和公共服务的存档中没有被正式认定为雇主。

第十九条 缴费基数和费率

1. 每年由相应的《国家总预算法》确定社会保险及其他联合征收的保险项目的缴费基数和费率。

2. 各个社会保障计划中社会保险的缴费基数，每年应以《国家总预算法》当年规定的数额为最高上限，以现行有效的跨行业最低工资标准为最低限额，在此基础上增加六分之一，除非另有明确规定。

3. 在不妨碍第 1 款规定的情况下，按照法定保险费率为各种经济活动、职业或情况确定的缴费费率来确定工伤事故和职业病险所需的费用。相应的保险费与基本社会保险费在所有方面具有相同的法律地位。

在所有涉及失业险的社会保障计划中，失业保险的缴费基数与工伤事故和职业病意外险的缴费基数一致。

同样，在所有需履行缴费义务的社会保障计划中，工资保障金和职业培训税的缴费基数与工伤事故和职业病险的缴费基数一致。

第二十条 缴费优惠的获取、持有、丧失和退还

1. 只有企业和其他责任主体按时履行缴纳社会保险费及联合征收的保险项目的社会保障义务，并履行缴纳其他社会保障征管涵盖的社会保障金的义务，自缴费优惠特许权发放之日起，才可在社会保险费缴费基数、费率和其他税款方面获得减免、抵扣或任何其他优惠。

*注意：本款经 2021 年 12 月 28 日颁布的《2022 年国家总预算法》最终条款第 28 条确定。

2. 为了获得并持有前款所述之缴费优惠，在任何情况下均要求已经申请或已获取该优惠的、具有强制履行缴费义务的企业和其他责任主体，应根据就业和社会保障部规定的条件，以电子方式提供包括企业注册、雇员参保、雇员信息登记、注销、变更以及有关社会保障方面缴费筹资的相关信息。

但是，社会保障基金管理总局可以在特殊情况下，且在过渡性的基础上，应有关方面的要求，考虑到雇员的数量及分散性或责任主体的公共性质，授权其以非电子方式提交上述材料。

3. 在获得缴费优惠后，对未在法定期限内缴纳基本社会保险费和其他联合征收的保险费用的，其在未缴费期间内的优惠自动丧失，但由社会保障管理局失误所导致的除外。

4. 对因非行政部门的原因，未按照法定条件扣除缴费中应享优惠的，则可自提交正确减免优惠的结算书之日计起三个月内，要求退还该款项。对未在上述时间段内提出要求的，取消该权利。

在此情况下，对在提出相应申请之日起三个月内未退回款项的，应根据第31条第3款的规定缴纳滞纳金，按照自提交申请之日到建议付款之日之间的优惠金额为基础计息。

第三节　基本社会保险费及其他社会保障资金的筹资和结算

第一目　一般规则

第二十一条　权限

1. 社会保障基金管理总局作为社会保障体系的唯一费用征缴机构，应在国家的指导和监督下，在自愿期和强制执行期，对其资金以及与基本社会保险联合征收的其他保险项目进行结算和征管。

2. 行使结算职能时不得妨碍社会保障劳动监察局行使其职能，在结算基本社会保险费以外的特定资金时，不得妨碍其他行政机关或机构职能的行使。

3. 为了行使筹资职能，社会保障基金管理总局可以联合各政府部门或授权的私人机构统筹适当的服务。

在任何情况下，对前款所述私人机构的授权都应是临时性的，与此类机构的协议应得到西班牙内阁授权批准。

第二十二条　基本社会保险费用及其他社会保障资金的缴纳和结算

1. 基本社会保险、失业保险及其他联合征收保险项目的缴费，应根据本法及其实施发展条例的规定，通过以下系统进行结算：

a. 由负责缴纳基本社会保险费和其他联合征收保险费用的责任主体所进行的自动结算系统。

b. 社会保障基金管理总局根据掌握的缴费义务主体的信息，以及具有履行缴费义务的主体必须提供的其他信息，根据第 29 条第 2 款规定对每位雇员进行直接结算的系统。

通过该系统，社会保障基金管理总局根据缴费责任主体的要求以及其提供可结算的信息确定每个劳动者相应的社会保险缴费。

即使承担缴费义务的责任主体为此提供了详细的信息，本系统也不会为在结算期对未在相应社会保障计划中登记的劳动者进行基本社会保险费的结算。

c. 简化结算系统。该系统用于确定属于自雇人士社会保障特别计划和海员社会保障特别计划下的劳动者的基本社会保险费金额；属于社会保障一般计划中的家庭雇员和农业工人在非工作期间的基本社会保险费金额；学校保险的固定缴费金额，以及特别协议和其他基本保险费金额。

2. 除基本社会保险费以外，社会保障体系中其他资金应按照本法或其实施条例中为各项资金规定的方式和要求进行结算。

3. 应根据本法及其实施条例、或适用于不同保障计划和特别方案的具体规定中规定的期限和方式，直接向社会保障基金管理总局或根据第 21 条设立的机构缴纳基本社会保险费和其他资金费用，或根据其他法律规定的条件缴费（如适用）。

同样可以向就业和社会保障部授权的机构缴纳基本社会保险费和其他资金。该部门需制定行使该职能的准则，并可在未遵守该规范时提起诉讼，撤销所授予的授权。

在经批准或授权的机构所缴纳的基本社会保险费和其他资金，自执行之日起，与在社会保障基金管理总局的缴费具有相同的效力。

第二十三条　缓缴

1. 社会保障基金管理总局可应负债人的要求，根据条例的规定，批准其缓缴社会保障欠款，此举将暂缓本法规定的筹资程序。

2. 缓缴的款项不得包含劳动者的基本社会保险、工伤事故和职业病险相对应的缴费。批准缓缴的行政决议自通知日起至缴清所欠款项之日，最多具有一个月的有效性。

3. 缓缴款项可包括债务本金，也包含（如适用）自申请之日起应支付的附加费用、利息和手续费，除非在违规的情况下，否则不包括缓缴决议签发后的其他应付款项。

4. 必须通过足够的担保来确保负债人遵守缓缴的规定，以清偿债务本金、附加费用、利息和手续费。对在批准缓缴决议规定的期限内未确定人身或物权担保的，视为未遵守规定。

鉴于缓缴款项的数额以及受益人的情况，可在法律允许的情况下，不强制执行上述义务。在特殊情况下，可以全部或部分免除前款法规的要求。

5. 缓缴的债务本金、附加费用以及办理缓缴的手续费将会产生利息，应自批准之日起至支付之日止，按照缓缴期间任何时间内有效的逾期利息缴纳滞纳金。对于因特殊原因被免除提供担保义务的负债人，该利息应增加两个点。

6. 对于不遵守缓缴的任一条件或不履行还款义务的，在批准缓缴之前已经启动的征缴程序将立即继续。对任何尚未征缴的债务，也立即采取强制措施，根据第29条第1和第2款规定的时限内履行缴款义务的，收取本金20%的附加费，对未在规定的期间内履行缴款义务的，则收取35%的附加费。

在任何情况下，应支付的滞纳金是指从相应债务法定缴纳期限届满后所累计的利息。

7. 受益人在缓缴后未按时缴纳强制性社会保险费的，则应视为未遵守缓缴规定。

第二十四条　有效期限

1. 下列权力和行为具有四年有效期：

a. 社会保障局通过适当的结算方式确定基本社会保险费和其他联合征收保险费用的权力。

b. 要求支付基本社会保险费及其他联合征收保险费用的权力。

c. 对不遵守社会保险条例行为处罚的权力。

2. 在基本社会保险费以外需强制缴纳的社会保障资金，应按照其法律性质，根据适用的法规确定其时效期限。

3. 因正常原因，以及任何正式通知缴费责任主体清算或征缴欠款的行政行为，特别是通过债务索赔或结算书提出的行政索赔，都会导致权利有效期的中断。同样，在 2015 年 7 月 21 日颁布的第 23/2015 号《社会劳动保障监察命令》第 20 条第 6 款所述之诉讼一旦开始，也将中断有效期。

第二十五条　偿付期限优先权

对基本社会保险费和其他联合征收的保险费用，以及（如适用）其产生的附加费用或利息，在整体上应与《民法典》第 1924 条第 1 款的规定享有相同的偿付期限优先顺序。其他社会保障金的偿付期限优先权应遵守上述法规第 2 款 e 项中的规定。

在破产程序中，应按照破产法的规定，确定基本社会保险费和其他联合征收保险项目、其产生的附加费用和利息（若适用），以及其他社会保障金的偿付期限。

在不妨碍法律规定的债权优先权顺序的情况下，当行政强制执行程序与其他行政或司法单一执行程序同时进行时，应优先考虑最先进行扣押的程序。

第二十六条　返还误收保险费用，偿还担保费用以及征缴判决费用

1. 有义务缴纳社会保险费或清缴其他由社会保险局筹资管理的社会保障债务的个人，有权根据法律规定，要求全部或部分退还任何误缴费用。

应返还的误缴费用包括：

a. 已经缴纳被视为误缴的费用。

b. 通过强制方式执行误缴费用征收时产生的附加费、利息和其他费用。

c. 根据第 31 条第 3 款规定的滞纳金，自其向社会保障基金管理总局误缴之日起至要求截止缴费日止计息。

在任何情况下，滞纳金应按照上述利息产生时间内的有效利率计息。

2. 在不影响其他可能出现的法律责任的前提下，不得返还恶意缴纳的基本社会保险费或其他保险费用。

3. 从缴费次日起，可在四年内保持要求退还误缴款项的权利。

4. 对于被最终判决结果或行政认定为不合理的费用，社会保障局应在核实后退还用来中止执行社会保障债务所支付的担保金。

如果部分债务被认定为不合理，将退还上述担保费用的相应部分。

如果上诉或索赔被部分认定为不合理，义务人有权根据法律规定的条件按比例减少提供的担保金。

5. 根据最终司法决议判定的应返还或宣布退还给有关方面的费用，应被视为误缴费用，并应根据上述决议的规定予以退还，如适用，需根据 2003 年 11 月 26 日第 47/2003 号《总预算法》第 24 条规定。

第二十七条　社会保障权权益交易

1. 除非在国务委员会指导下经内阁颁布皇家法令，否则不得对社会保障权利进行司法或法外和解，也不得将由此产生的纠纷提交仲裁。

2. 社会保险偿付期限的特权性质赋予社会保障基金管理总局在破产程序中拥有弃权权。但在执行破产程序过程中，社会保障基金管理总局可以签署破产法允许的协议和协定；在与债务人达成协议并认为有适当担保的情况下，也可就特殊付款条件达成一致，但付款条件不得比终止司法程序协议或协定中的规定更有利于债务人。

第二目　自愿期结算和筹资

第二十八条　未在法定期限内缴费的后果

未在法定期限内清缴债务会导致附加费用的产生，并根据本法规定计收滞纳金。

附加费用和滞纳金在到期时应与相关债务一起缴纳。

因行政部门失误造成未在规定期限内缴纳费用的行为，而行政部门不作为雇主时，则不收取附加费，也不应计入利息。

第二十九条　履行基本社会保险费清算和赔偿的义务

1. 除非是通过提交相应缴费文件的方式进行结算，在第 22 条第 1 款 a 项所述之基本社会保险费自动清算系统中，负责履行缴费义务的各方须通过电子方式向社会保障基金管理总局提交基本社会保险费和其他联合征收保险项目的结算内容。

可以在相应法定缴款期限的最后一个自然日之前提交前段规定的文件。

2. 在第 22 条第 1 款 b 项规定的基本社会保险费直接结算系统中，有责任履行缴费义务的各方须向社会保障基金管理总局申请核算每位雇员需结算的内容，在法定缴费期限的倒数第二个自然日之前，通过电子方式提交可供计算的信息。

该核算应基于社会保障基金管理总局所掌握的缴费义务人的信息，包括责任人在履行企业注册和参保、为雇员进行信息登记、注销和变更义务时已经提供的信息、影响缴费的其他数据，以及上述责任人在每个结算期提供的信息。

　　同样，根据从社会保障管理和合作机构收集的信息，社会保障基金管理总局可根据本条第 5 款的规定，对在法定期限内进行结算的雇员缴费进行相应的扣减，若有所需，用该核算期间应缴纳的保险费用对委托支付系统下缴纳的待遇费用进行抵扣。

　　对结算后基本社会保险费缴费义务人要求更正最初提供的信息的，只有在法定期限内有对该保险费重新办理结算的可能时，才可被认定为已履行本款第 1 段所述义务，除非因行政当局的原因导致无法在该期限内办理结算。

　　对在规定期限内完成结算后，缴费义务人为纠正上述结算中完全由行政部门造成的资料、计算错误而要求重新办理结算时超过了上述期限的，则不被认为是违规行为。

　　3. 针对上述条款中所述之不履行义务行为，或在法定期限内未缴纳基本社保费或仅缴纳雇员社保费的行为，将根据本法及其实施发展条款中的规定对其进行处理。

　　4. 在实施第 22 条第 1 款 c 项提及的简化缴费结算制度时，只要缴费义务人已在上述基本保险费对应的社保计划下、在法定期限内在进行登记，即无须履行本条第 1 款和第 2 款规定的义务。

　　超过法定期限登记申请的情况，提交申请后的缴费年限内的基本社会保险费的结算可根据简化缴费结算制度办理，无须履行本条第 1 款和第 2 款的规定。

　　本法规定适用于在法定期限内履行上述义务的情况。

　　5. 在法定期限内履行第 1 款和第 2 款所述之义务，可赋予缴费责任人对因与社会保障机构义务合作发放的待遇债务以及在相应结算期应缴的基本社会保险债务进行抵扣的权利，无须考虑保险费缴纳时间。

　　除本款规定的情况外，基本社会保险费缴费责任人均不得以基本社会保险金抵扣其在委托支付系统中或其他联合征收的保险项目下需支付的待遇的社会保障债务。无论该费用的缴纳时间是否在自愿期或强制征缴期，都不影响缴费责任人向社会保障基金管理总局或其他社会保障经办机构或合作部门申请偿还相应债务的权利。

　　第三十条　逾期付款的附加费用

　　1. 未按照规定在法定期限内缴纳基本社会保险费，但不妨碍缓缴特别规定的，应计入以下附加费用：

a. 对缴费责任人在第 29 条第 1 款和第 2 款规定期限内缴费的：

（1）在缴费期限届满的次月内足额清偿基本保险费的，收取欠缴金额 10% 的附加费。

（2）在缴费期限届满后的第二个月内足额清偿基本保险费的，收取欠缴金额 20% 的附加费。

b. 对缴费责任人未在第 29 条第 1 款和第 2 款规定期限内缴费的：

（1）债务索偿书或结算单中规定的清缴日期前足额清偿基本保险费的，收取欠缴金额 20% 的附加费。

（2）债务索偿书或结算单中规定的清缴日期后足额清偿基本保险费的，收取欠缴金额 35% 的附加费。

2. 对未在规定期限内清缴属于公法费用的社会保障债务，其对象是基本保险费以外的其他社会保障资金的，则应增加 20% 的附加费。

*注意：本条经 2017 年 10 月 24 日颁布的第 6/2017 号《自雇职业紧急改革法规》第 1 条制定。

第三十一条 滞纳金

1. 对自执行令或扣除程序通知发出后十五日内仍未清缴债务的，收取社会保障债务利息。

因对债务索偿书或结算书不服而提出上诉但被驳回者，如果驳回决议在行政争议上诉过程中被暂停执行，在驳回上诉的裁决书中规定的期限内未清缴债务的，也收取滞纳金。

2. 滞纳金是指自法定清缴日期起以债务本金为基础所产生的利息，以及缴款时所可能产生的附加费，根据前款规定的缴款日期起计息。

3. 滞纳金的利率应为计息期间的有效法定利率的基础上再增加 25%，除非《国家总预算法》中另有规定。

第三十二条 缴款分配

在不妨碍执行本法中对缓缴的特别规定以及破产程序中对债务人立法的情况下，强制征缴的部分债务应首先用于支付办理对该债务的扣押或担保过程中产生的费用，再用于其他债务。无论上述何种情况，征缴的款项将首先用于支付诉讼费，其次支付更早期的债务，在本金、附加费和利息之间按比例分配。

第三十三条 债务索赔

1. 对未在规定期限内缴纳基本社会保险费的，社会保障基金管理总局

第三章 参加保险、缴费及筹资

将根据第 30 条的规定，在以下情况下向缴费责任人征缴该款项及其附加费：

a. 未在法定期限内履行第 29 条第 1 款和第 2 款规定的义务，或在履行义务后，以电子方式传输的基本社会保险费结算报表和缴费数据，或提交的缴费文件中含有信息或计算错误，以致未为已登记的雇员缴纳保险费。

一旦社会保障劳动监察局核实上述情况，将向社会保障基金管理总局提案适当的结算建议。

b. 因已登记的雇员未被列入按时提交的电子基本社会保险费结算报表或缴费数据或提交的缴费文件中以致未为该雇员缴纳保险费的，即未履行第 29 条第 1 款和第 2 款规定的义务。

c. 已缴纳的费用与法定应缴费用之间存在差额，即通过由电子提交的结算报表和数据，或提交的缴费文件计算出的应缴费用。前提是当社会保障劳动监察局对应缴费用的性质不进行法律评估，在该情况下，应根据下条第 1 款 b 项的规定进行处理。

d. 清偿不符合社会保障劳动监察局规定的基本社会保险费债务。

2. 根据社会保障基金管理总局掌握的信息或社会保障劳动监察局通报的信息，并适用任何包括社会保障债务责任的具有法律效力的法规时必须要求支付上述债务时，也可提出债务索偿：

a. 对负有连带责任的，索赔内容应包括连带责任所涉及的债务本金，以及截至索偿书发出时的附加费用、利息和应计费用。

b. 对负有替代责任的，除非其责任受到法律限制，否则索赔内容将包括索偿书发出时应付给原债务人的债务本金，不包括附加费用、利息和应计费用。

c. 对因原债务人死亡而承担债务的，索偿内容应包括债务本金，索偿书签发前的附加费、利息和应计费用。

3. 对于基本保险费的债务索偿金额，无论是否有争议，都必须在以下期限内支付：

a. 在每月 1—15 日之间通知的，自通知之日起至次月 5 日或下一个工作日。

b. 在每月 16 日和最后一日之间被通知的，自通知之日起至次月 20 日或下一个工作日。

4. 基本社会保险费以外的其他社会保障债务也是索偿对象，在索偿书中将指明其欠缴金额以及缴纳期限。

5. 只有在提供了足够的担保或缴存了欠缴金额，包括可能产生的附加费用，债务索赔上诉才可中止收账程序。

在上诉被驳回的情况下，自通知后十五日内仍未清缴欠款的，将视情况通过发布催缴单或扣款来启动催缴程序。

第三十四条　基本社会保险费结算报表

1. 应就下列情况产生的基本社会保险费债务进行结算：

a. 劳动者未参加社会保险或未在任何一个社会保障计划中登记。

b. 已在社会保障计划中登记的雇员的缴费差额，无论其在法定期限之内或之外、是否直接由提交的结算报表或缴费数据或提交的缴费文件计算得出。

c. 根据任何不排除社会保障债务责任的具有法律地位的规定所衍生的缴费义务人的责任，无论何种原因，也无论其所属何种社会保障计划。在法律规定具有连带责任的情况下，社会保障劳动监察局可以向所有或部分责任人发出结算报表，其内容应包括连带责任所涉及的债务本金，截至结算书发出之日的附加费、利息和应计费用。

d. 对社会保险缴费的减免不当，该减免措施是针对职业培训子系统中的培训行为的财政支持而施行的法规。

在 a、b 和 c 项中涉及的情况下，在有义务清缴欠款的各方向执行官员认可债务后，社会保障劳动监察局可因任何原因向其发出传票。在此种情况下，应在社会保障劳动监察局规定的期限内支付传票所载保险费用，该期限不得低于一个月，超过四个月。在不履行该要求的情况下，将对欠缴行为发出清算报表和违约文书。

保险费结算书应由社会保障劳动监察局发出，并在所有情况下通过该局隶属机构进行告知，也应按照法定方式就同一事件发布违规报告。

2. 根据法规要求制定的结算报表一旦向相关方发出，便具有临时结算性。在听取相关方意见后，根据社会保障劳动监察局主管机构的建议（该建议具有规范性，但不具有约束力），由社会保障总局或各省社保局采取行政行为，确定其为最终结算方案。可针对最终结算报表，向制定该结算方案机构的上级提出上诉。应告知劳动者最终的结算方案，使受影响者可就结算所涉及的缴费时期或缴费基数提起申诉。

3. 一旦发布相应的最终结算报表，应在发布通知次月的最后一日前缴纳列入结算报表的债务，否则将根据本法及其实施条例的规定启动扣款程序或催缴程序。

4. 由社会保障劳动监察局同时处理同一事件的结算报表和违规报告。该决议的处理权限和程序在第 2 款中指出。

如果违法者同意在第 3 款规定的期限内清缴所有欠款，对该违规行为的处罚则自动减少到其金额的 50%。该自动减少准则只适用于结算金额超过最初拟定处罚金额的情况。

第三十五条　按保险费确定债务

1. 索偿债务书和基本社会保险费催缴令，在两者都适用的情况下，应根据以下规则发布：

a. 对缴费责任人在法定期限内履行了第 29 条第 1 款和第 2 款规定义务的，应根据已结算的相应基本社会保险费的缴费基数来制定。

b. 对缴费责任人未在法定期限内履行第 29 条第 1 款和第 2 款规定义务的，则应按该债务所属的职业群体或劳动者类别中最后已知缴费职业类别，取其最低和最高缴费基数之间的平均值作为缴费基数来制定，仅有单一缴费基数的情况除外。

2. 结算报表应根据劳动者有权获得或实际获得的总薪酬来制定，对受雇佣从事报酬更高的工作的，该薪酬必须根据法律或实施条款的规定纳入缴费基数。

当社会保障劳动监察局无法了解劳动者所获得的报酬数额时，应按结算报表中的职业群体中最后已知缴费职业类别，取其最低和最高缴费基数之间的平均值作为缴费基数来制定，仅有单一缴费基数的情况除外。

第三十六条　稽核权力

1. 通过第 22 条第 1 条款所述系统结算的基本社会保险费，社会保障基金管理总局有权对其进行稽核，并要求提供任何必要的信息或文件。该稽核核查出的缴费差额应通过以下方式征缴：

a. 在第 22 条第 1 款 a 项和 b 项规定的结算系统范围内，分别根据第 33 条第 1 款和第 34 条第 2 款的规定，通过债务索赔或社会保障劳动监察局出具的结算报表。

b. 在第 22 条第 1 款 c 项规定的结算系统范围内，社会保障基金管理总局通过基本社会保险费补充结算的方式，不施加附加费，在强制或自愿适用该系统的情况下，对作为稽核和征缴对象的费用通过直接借记系统在法定期限内征缴。对不支付的，社会保障征收程序将继续进行。

c. 社会保障基金管理总局通过社会保障电子政务网络和社会保障领域电子数据传输系统（RED 系统）的相应远程服务，向负责支付缴费差额的各方以及（如适用）被授权使用 RED 系统的各方提供根据新数据计算的须核查的缴费信息，提供的信息足以使其遵守 2015 年 10 月 1 日颁布的第 39/2015 号《公共行政部门公共行政程序法规》第 35 条的规定。

2. 上段规定不应妨碍社会保障劳动监察局在行使法律赋予其职能时相应的稽核权力。

*注意：第 36 条经 2023 年 1 月 10 日颁布的第 1/2023 号皇家法令《鼓励雇佣劳动力及改善艺术家社会保障的紧急措施法令》最终条款第 4 条第 2 款修订。

第三目 强制性征缴

第三十七条 临时措施

1. 为了确保收缴社会保障债务，当有合理迹象表明上述收缴行为将会严重受阻或失败时，社会保障基金管理总局可以采取临时预防措施。

上述措施必须与要避免的损害相称。在任何情况下，都不得采取可能造成难以或无法修复的损害的措施。

2. 临时措施可包括以下任何一项：

a. 在严格确保收缴债务需要的数额范围内，扣发社会保障基金管理总局应退回的不当缴费或其他款项。

扣发全部或部分不当缴费的退款必须与退款协议一起告知相关人员。

b. 预防性扣押货物或权利。此类预防性扣押应通过在相应的公共登记机构登记或通过存放被扣押动产来保证。

c. 其他任何其他合法规定。

3. 对已累积但并未结算的社会保障债务，如果已过其缴纳期限，只要其金额通过应用先前确定的缴费基数、费率和其他客观数据可允许确定最大负债数额，则社会保障基金管理总局可以采取临时措施，以确保征缴该债务，但必须在各自领域由其省社保局授权，或由社保总局（如适用）或其委托机构授权。

4. 即使在债务尚未清偿时，如果采取临时措施的正当理由消失，或者应有关方面的要求，同意以被认为足够的担保来代替，则上述临时措施即可被解除。

临时措施在执行程序中可能成为最终措施。否则，应被依职权解除，并在自通过之日起后的六个月内不得再延长。

5. 预防性扣押足够数量的金钱和物品，以确保其数额足以缴纳因劳动者未参保或未在相应的社会保障计划中登记（视情况而定）却进行有偿活动或工作而应缴纳的社会保障债务。

此外，对于未为劳动者参保、登记或缴纳社会保险费的企业，其公开表演的收入也可能被冻结。

第三十八条　征缴令、其他强制性程序决议和扣款程序

1. 法定缴纳期限后，一旦债务索偿书或结算书在行政程序中成为最终决议，以及在债务尚未支付的情况下（如适用），将通过发布征缴令来启动征缴程序，征缴令中将明确待缴纳的债务及相应的附加费。

2. 由主管机构签发的征缴令，赋予了社会保障基金管理总局启动强制征缴程序充分的执行权，并对负有偿还债务义务的责任主体的资产和权利的处理具有与法院判决具有同等执行力。

在征缴令中需警告责任人，如果自收到或公布征缴令起十五日内仍未清缴所欠债务，将需支付滞纳金并扣押其资产。

3. 对征缴令的上诉仅可基于以下理由得到充分证实的情况下才可受理。

a. 缴费费用。

b. 规定权限。

c. 在确定债务方面存在实质性或计算性错误。

d. 债务豁免、缓缴或程序中止。

e. 未发布债务索偿书、结算报表，或基本社会保险费自动结算决议。

提起上诉即中止征缴程序的执行，直至对上诉作出裁决，在此期间，无须提供担保。

4. 如果有关方面对执行过程中发布的除催缴令以外的决议提出上诉或行政诉讼，对未缴清所催缴的债务的、无足够的担保的，或者未向社会保障基金管理总局缴纳法律规定的附加费、应计利息及本金的3%的情况下，催缴程序不会中止。

5. 对债务人资产的强制执行应通过扣押、变现债务人的资产或根据具体情况将债务人的资产裁定给社会保障基金管理总局来实现。扣押的金额需足以支付债务本金、附加费、已经累积并预计将产生的利息和应计费用，直至缴清欠款或裁决结果利于社会保障，并始终按照比例原则来划分。

如果履行社会保障义务是通过担保、质押、抵押或任何其他个人担保或担保权来保证的，则在任何情况下都将由社会保障局的征收机构通过行政征缴程序来首先强制责任人偿付债务。

6. 对债务人是公共行政部门、自治机构、公共商业部门或其他任何公法机构的，未在第 1 款所述法定期限内进行缴款的，社会保障基金管理总局主管机构在听取有关部门意见后，可启动扣款程序，同意从《国家总预算法》中本应划拨给欠款部门的数额中，扣留其欠缴的社会保障本金、附加费和利息总额相应的部分。该扣除金额将抵消欠款部门所欠全部或部分债务。

只有在法律规定上述机构拥有扣押资产的所有权时，才可根据第 2 款的规定执行扣押该机构资产的强制程序。一旦行政诉讼决议执行扣押，社会保障基金管理总局的主管机构应同意前款的扣押规定，但不得妨碍继续对扣押资产执行扣押程序直至其完全缴清债务。

7. 执行强制收缴所产生的费用，一律由缴费方承担。

8. 政府应根据就业和社会保障部代表的提议，批准通过以强制执行的方式清缴社会保障债务的程序。

9. 前款规定不得妨碍第 39 条的特别规定和关于诉讼行政管辖权的法规。

第三十九条　第三人

1. 由社会保障基金管理总局负责对催缴程序中出现的第三人索赔做出决议。只有向该机构提出此类索赔要求后才可向普通管辖法院提起诉讼。

2. 第三人的债权只能基于债务人扣押物的所有权，或基于优先于征缴程序中追偿的第三方债权。

3. 第三人债权为所有权债权的，应暂停催缴程序直至债权消灭，并根据资产的性质采取扣押后的担保措施。第三人债权为优先权的，应继续执行催缴程序直至货物变现，所得收益存入第三人的保证金。在公证、出售相关资产后或判决支付社会保险费后，第三人债权所有权消灭；在收回变卖所得价款后，第三人债权优先权消灭。

第四十条　个人、非法人组织、金融机构、公务员、公职人员和当局方面提供信息的义务

1. 自然人、法人（包括公法人和私法人）和非法人组织，都有义务在必要时向社会保障基金管理总局和社会海洋局提供影响其社会保障管理局发挥职能的任何数据、报告、背景资料和证明文件，特别是在结算、管控社会保险缴费和社会保障资源及其他联合征收保险金征缴方面。

特别是在强制征缴的情况下，以现金或向社会保障存入债务人的账户、证券或其他资产的个人或实体，有义务通知社会保障基金管理总局并遵守其在行使其法定职能时的任何要求。

2. 前款所述之义务必须以社会保障局主管部门规定的方式和期限，按照一般或者个别要求予以履行。

3. 未履行本条前几款规定义务的行为不属于银行保密范围。

对银行、储蓄银行、信用合作社和任何从事银行业务或信贷交易的自然人、法人的活期账户、储蓄和定期存款、贷款和信贷账户以及其他主动或被动业务活动的相关调查，应事先得到社会保障基金管理总局局长授权，或在法律允许的其他情况下，可由社会保障基金管理总局省级主管部门代表授权，并须具体说明所调查的业务对象、相关纳税人以及所涉时间范围。

4. 包括公职人员在内的公务员有义务与社会保障局合作，并提供其掌握的一切信息，保证社会保障局履行职能，特别是在结算、监督社会保险缴费和社会保障资源及其他联合征收保险金筹资方面的信息，但以下情况除外：

a. 通信内容具有保密性。

b. 提供给公共行政部门的仅用于统计的数据具有保密性。

c. 公证书具有保密性，该文书包括1862年5月28日颁布的《公证法》第34和35条所述之公证书以及与婚姻事务有关的公证书，但与婚姻财产的经济制度有关的公证书除外。

5. 专业人士有义务向社会保障局提供的重要征缴信息，但不包括其在工作中获知的私人非财产数据，其披露会侵犯个人声誉或家庭隐私；也不包括因提供专业咨询或辩护服务而获知的客户的机密数据。

专业人士不得以保守职业秘密为由，阻止核查自身社会保险费的缴纳情况。

就1982年5月5日颁布的关于名誉权、个人和家庭隐私权以及个人形象民事保护的第1/1982号组织法第8条第1款而言，主管当局指的是：西班牙融合、社会保障及移民部代表，社会保障年金国务秘书处、国家社会保障劳动监察组织经办机构和中心代表，以及社会保障基金管理总局和省局代表。

6. 根据本条规定或一般情况下为保证与社会保障局合作履行其职能的义务，必须向社会保障局提交个人信息，特别是关于有效结算、管控缴费、社会保障资源以及联合征收保的社保项目的征缴，无须征得相关人员的同意。

就上述规定而言，对于非个人数据的传输，无论当局性质如何，无论其是否是国家机构、自治大区和地方当局的代表；自治团体、机构和公共商业部门；劳工当局；商会和企业、学院和专业协会；社会福利协会；或是其他行使或共同行使公共职能的公共机构，都有义务向社会保障局提供其行使职能所需的数据、报告和背景信息。特别是在其行使结算、缴费管控和征收职能时，按照一般规定或具体要求，为社会保障局及其工作人员在行使职权时提供支持、协助、援助和保护。

本款所述数据最好以电子方式提交，以便于社会保障局可通过其内部网络、查询数据中介平台或其他授权系统，获得其职权范围内办理手续所需的数据或信息。

7. 根据本条规定提供的数据、报告和背景资料，只能在社会保障局的职权范围内使用，特别是在缴费管控、社会保障体系资金征收和数据统计方面，无须征得相关人员的同意，也不得妨碍本法第 77 条的规定。

*注意：经 2021 年 1 月 26 日颁布的第 2/2021 号皇家法令《加强巩固保护就业的社会措施法规》最终条款第 5 条第 1 项修订。

第四十一条　可扣押资产的解除

持有可扣押资产的个人或机构，在已知社会保障部门实施扣押后，根据法律规定的行政催缴程序，在不遵守扣押令或同意解除扣押时，对债务承担连带责任，最高金额为可扣押或处置的资产价值。

第四章

保障措施

第一节　一般规定

第四十二条　社会保障体系的保障性措施

1. 社会保障体系的保障措施应包括：

a. 生育、常见病或职业病和事故的医疗保健，无论是否与工作有关。

b. 上述任何一种情况所需的专业康复。

c. 在以下情况下提供经济待遇：暂时性丧失劳动力；生产和育儿；孕期和哺乳期间风险；共同照顾婴儿；照顾患有癌症或其他重大疾病的未成年人；缴费型永久性丧失劳动力和非缴费型伤残；缴费型和非缴费型退休；缴费型和非缴费型失业；中断就业的保障，丧偶抚恤金；丧偶临时福利金；孤儿抚恤金；孤儿福利金；供养亲属抚恤金；供养亲属补助金；丧葬补助金；工亡补偿金；最低生活收入标准；以及应主管部委负责人的提议，在皇家法令规定的意外和特殊情况下给付的待遇。

＊注意：经 2021 年 12 月 20 日颁布的关于最低生活收入规定的第 19/2021 号法律最终条款第 4 条第 1 项修订。

d. 社会保障家庭福利待遇，包括缴费型和非缴费型。

e. 伤残人士的培训和康复、老年人的照料，以及其他适当方面设立的社会服务福利待遇。

2. 作为对前款所列福利待遇的补充，可提供社会援助福利。

3. 上述条款的保障性措施确定并限制了社会保障一般计划和特别计划以及非缴费型福利可能扩展的范围。

4. 任何旨在补充、扩展或变更缴费型社会保障待遇的公共性质的待遇都属于社会保障制度的一部分，并受本法第 2 条规定约束。

上述规定不妨碍各个自治大区在行使其职权时为居住在其境内的年金领取人所设立的其他类型的援助。

第四十三条　自愿改善

1. 社会保障制度向本法第 7 条第 1 款所列人员提供的保护措施的缴费方式可以按照一般计划和特别计划的监管规则规定的方式和条件自愿改进。

2. 除上款规定的自愿改善外，依前款之规定，社会保障不得成为集体协商之对象。

第四十四条　福利待遇的性质

1. 在不妨碍第 2 款规定的情况下，不得扣留、全部或部分转让、抵消或折现社会保障福利待遇及其社会服务和社会援助的福利。以下两种情况除外：

a. 为了履行对配偶和子女的供养义务。

b. 为了履行受益人在社会保障范围内承担的义务。

扣押方面适用于《民事诉讼法》的规定。

2. 从社会保障措施中所获得的款项应根据每项税收的规定进行征税。

3. 对社会保障局经办机构以及行政、司法或其他类型机构提供的与第 1 款所述待遇和福利有关的任何信息或证明，不得征收财政税或关税。

第四十五条　关于福利待遇的责任

1. 在遵循本法针对福利待遇制定的一般法规和特殊法规，或适用于不同特别计划的具体规则的前提下，由社会保障经办机构负责归其管理的福利待遇。

2. 由前款规定以外的个人或机构负责缴费型待遇时，应适用本法的规定及其实施发展条例或特别计划的规则。

第四十六条　给付普通意外产生的缴费型待遇和非缴费型福利

1. 社会保障体系中任何计划下因发生普通意外所领取的缴费型待遇应分十四次支付，对应一年中的每个月，但在 6 月和 11 月有两次额外的支付。

2. 非缴费型伤残抚恤金和退休养老金应分十四次支付，对应一年中的每个月，但在 6 月和 11 月有两次额外的支付。

第二节　取得、确认和持续享有福利待遇的权利

第四十七条　及时缴费要求

1. 在由劳动者承担社会保险费的情况下，为了确保其领取相应的社

保障经济待遇，参保人有必要及时缴纳社会保险费，即便是领取在受雇计划下作为缴费互惠被认可的待遇。

就此而言，应适用 1970 年 8 月 20 日颁布的关于规范自雇人士的社会保障特别计划的第 2530/1970 号法律第 28 条第 2 款规定的邀请付款机制，无论申请或领取待遇的参保人登记在何种社会保障计划下。

2. 对为领取待遇而延期缴纳应缴基本社会保险费的且已被认为是按时缴费的参保人，随后未能遵守上述延期条款的，则不被认为是按时缴费。同时，也会立即终止给付其正在领取的待遇。只有在全额偿还社会保障债务后才能恢复给付。根据第 44 条第 1 款 b 项的规定，待遇经办机构可以从参保人的月薪中扣除相应的保险费。

3. 为了确认领取待遇的权利，待遇致使事件发生的当月和之前两个月相应的缴费尚未在录入在社会保障信息系统中，可被推定为已经缴纳，参保人无须提供相关证明材料。在此情况下，经办机构在假定社保费按时缴纳的情况下，每年审查上一财年确认的所有待遇，以核实缴费是否按时有效。若查证不实，将立即暂停给付待遇，每月扣留部分款项用于分期偿还保险费，直至全部清偿，届时重新给付。

上述规定仅适用于能证明满足最低缴费年限的劳动者，但无须为此计入上述三个月期限。

第四十八条　时限转化为天数

为领取社会保障待遇并确定其数额，本法规定以年、半年、季度或月为单位，应通过相应的等价方式转换为天数。

第四十九条　在多个社会保障计划中叠加缴费对社会保障待遇的影响

当缴费计入多个社会保障计划，而在其中一个计划中未产生享受待遇的权利时，可将上述计划下的缴费基数累积于享受待遇的计划下，专门用于确定待遇的计算基数，但其基数之和不得超过给定时间内有效的最高缴费限额。

第五十条　为取得或持续享有受益权而计算收入

根据法律或行政法规的规定，除了非缴费型福利和失业金外，领取的待遇金额不得超过取得或持续享有本法保障范围内受益权设定的收入标准。此类收入包括来自工作、资产和经济活动的收入以及资本收益，其计算方式与第 59 条第 1 款中确定低于最低标准年金的补助的计算方式相同。

第五十条之二　国际标准认可的年金临时解决方案

*注意：本条第 5 款经 2023 年 3 月 16 日颁布的第 2/2023 号皇家法令

《扩大年金领取者权利并缩小性别差距以及建立可持续公共年金制度新框架的紧急措施法令》独立条款第 3 款增补。

1. 在处理根据国际标准提出的年金申请时，若申请人满足领取年金的所有要求（仅计入在西班牙的缴费），则将无须等待了解其他相关国家的有效缴费年限直接承认其领取该年金的权利。该权利的取得具有临时性，可能会受到相关其他国家出具的受保期限证明或在本决议之后通过的决议的影响。一旦收到上述证明，如果上述期间合计得出的年金金额与临时确认的年金金额数目不同，则应发布最终决议以确认临时决议或修改临时决议。

2. 前款规定也适用于根据另一国明确证明为临时缴费年限而计算得出的按比例确认的年金。

第五十一条　以待遇和最低补贴金为目的的居留

1. 经济待遇或最低补贴金的受益人，需以在西班牙的实际居住为条件，并按主管机构的要求定期传唤至其办公室。

2. 为了取得和维持社会保障经济待遇或最低补贴金的权利，受益人需在西班牙境内居住。在西班牙境内有常居地但逗留在境外的受益人，只要其停留时间不超过每个日历年内九十个自然日，或因正当的疾病原因离开西班牙境内的，都被视为在西班牙境内的常住居民。

失业待遇和失业救济金则适用具体条例的规定。

3. 在西班牙境内居住的受益人才可维持其享有医疗待遇的权利。境外受益人只有其在国外的停留时间不超过每个日历年内九十个自然日的，才可被视为在西班牙境内的常住居民。

第五十二条　采取临时措施

1. 未在法定期限内提交经办机构尚未掌握的且可能影响待遇或补贴金持续给付所需的规范性声明、文件、背景资料、证明材料或数据的社会保障制度经济福利受益人或领取人，社会保障经办机构可以预防性地暂停给付上述待遇或补贴金，直至正式确认上述受益人或领取人符合持续享有上述权利的基本法律要求。

2. 根据第 51 条第 1 款的规定，未前往主管机构的社会保障体系经济待遇或最低补贴金的受益人会暂停享受待遇或补贴金。

3. 对在法定日期截止后提交相关资料或现身的受益人，在其满足维持受益权的条件下，恢复享有待遇或最低补贴金的权利最长追溯期为九十个自然日。

4. 上述各款的规定不得与 2000 年 8 月 4 日第 5/2000 号皇家法令批准的《社会秩序违法行为和处罚法》修订本第 47 条第 1 款 d 项的规定相抵触。

第三节　不当待遇的时效期间、失效及偿还

第五十三条　时效期间

1. 享有待遇的权利，自给付的次日起具有五年的有效性。若未另行说明，则不妨碍本法规定的例外情况以及提交申请前三个月原待遇的取得。

已享有的经济待遇因复查而被影响时，新待遇的经济效力自提交该申请之日起最长可追溯期为三个月。该最长追溯规则不适用于纠正实质性、事实性或计算性错误的情况，也不适用于依审查结果需偿还第 55 条规定的不当待遇的情况。

2. 诉讼时效因《民法典》第 1973 条规定的普通诉讼、向社会保障局或就业和社会保障部提出索赔以及社会保障劳动监察局就相关案件进行审查而中断。

3. 对被指控的行为人提起刑事或民事诉讼时，诉讼时效在诉讼过程中暂时中断，并从通知撤诉令之日或最终判决之日起重新起算。

第五十四条　期满

1. 一次性领取福利待遇的权利自受益人收到通知后的次日起具有一年的有效期。

2. 每月定期领取福利待遇的权利在其期限届满年份失效。

第五十五条　偿还不当待遇

1. 劳动者和其他人员有义务偿还错发的社会保障福利待遇。

2. 因作为或者不作为而导致不当领取福利待遇的，除非是善意，否则应与受益人一起承担前款规定的偿还义务。

3. 自领取福利待遇之日起，或从可以提起要求偿还的诉讼之日起，偿还不当福利待遇的义务在四年后失效，包括因经办机构的对福利待遇的审查失误。

4. 本条规定不得与依法对应的行政或刑事责任相抵触。

第四节　年金重估、最高及最低标准以及社会保障人口缴费生育补助

第一目　一般规则

第五十六条　公共年金认定范围

根据1988年12月28日颁布的第37/1988号《1989年国家总预算法》第42条规定，就本节而言，计入社会保障一般计划和特别计划的年金以及非缴费型社会保障年金应被视为公共年金。

第二目　缴费型年金

第五十七条　年金初始限额

每个受益人的缴费型社会保障年金的初始金额不得超过每年《国家总预算法》确定的每月全部数额。

第五十八条　重估和保持年金购买力

1. 缴费型社会保障年金应根据本法规定保持其购买力。

2. 为保持购买力，缴费型社会保障年金，包括年金最低标准，应在每年年初按照上年度12月之前的十二个月的物价指数的年际变化率平均值的百分比进行重估。

3. 如果前款平均值为负数，则年金数额在年初保持不变。

4. 社会保障年金的年度重估金额不得高于每年《国家总预算法》中规定的年度总值。如若适用，该重估金额还包括年金领取人所领取的其他已经重估的公共年金的年度总额。

5. 根据国际规则对年金进行重新估算，如果该年金由西班牙社会保障机构承担，则应将该理论金额相当的比率应用于由西班牙社会保障机构完全承担上述年金时的增长额。

*注意：本条经2021年12月28日颁布的第21/2021号《保证年金购买力及加强公共年金制度社会财政可持续性的其他措施法规》第1条制定。

*注意：本条第5款经2023年3月16日颁布的第2/2023号皇家法令《扩大年金领取者权利并缩小性别差距以及建立可持续公共年金制度新框架的紧急措施法令》独立条款第5款增补。

第五十九条　低于最低标准年金的补助

1. 根据个人所得税中此类税收的规定，未从工作、资本或经济活动和资本收益中获取收入的，或者年收入低于《国家总预算法》每年确定金额的社会保障体系内缴费型年金的受益人，只要其居住在西班牙境内，就有权依法律规定获取补助以达到最低年金标准。

当上述所有款项的总和（不包括要给付的年金）超过每财年《国家总预算法》中规定的限额时，受益人则无权领取上述补助。

为了确认缴费型社会保障补助，需计入年金领取人从工作、经济活动和不动产中获得的根据税法条款计算的全部收入，不包含根据税法规定的可扣除费用。

2. 国际标准认可的按比例计算的年金，一旦根据第 58 条第 5 款的规定进行重新估算，应酌情增加相应的最低补助。该补助为将西班牙社会保障局承担的比率应用于每年为相关年金确定的最低金额所产生的金额与西班牙按比例分摊的年金加上受益人被认可的外国公共年金总和之间的差额。

3. 在适用前款规定后，如果根据前款规定计算的根据国际标准认可的年金数额的总和以及补助金额（如适用），低于西班牙任何给定时间有效年金的最低限额，则只要受益人居住在西班牙境内并满足要求，即可保证其获得西班牙和国外认可的年金总和与上述最低限额之间的差额。为此，已取消的强制性养老和残疾保险的固定金额将被视为最低限额。

4. 该补助的金额在任何情况下都不得超过每财年为非缴费型退休养老金和伤残抚恤金确定的数额。对于有需照料的配偶的年金领取者，该补助的金额不得超过第 364 条 1 款 a 项规定的适用于两名受益人的经济单位有权领取的非缴费型年金金额。

孤儿抚恤金因丧偶抚恤金而增加数额时，上段所述的最低补助限额仅指导致孤儿抚恤金增加的丧偶补贴金。

重度残疾人的护理补助不受本款规定的限制。

* 注意：本条经 2023 年 3 月 16 日颁布的第 2/2023 号皇家法令《扩大年金领取者权利并缩小性别差距以及建立可持续公共年金制度新框架的紧急措施法令》独立条款第 6 款重新制定。

第六十条　为缩小性别差距的缴费型年金补助

1. 由于性别差距对妇女领取的缴费型社会保障年金数额的普遍影响，育有一个或多个孩子并享受缴费型退休养老金、永久性丧失劳动力津贴或丧偶抚恤金的妇女，将有权获取每个孩子对应的补助。只要父母另一方未申请并领取每个孩子对应的补助，则妇女具有领取及持续领取该补助的权利。如果另一方也是女性，该补助则将发放给公共年金领取总额较低的一方。

男性有资格享受该补助的男性必须满足以下条件之一：

a. 领取丧偶抚恤金并与死亡一方有共同子女，且子女有权领取孤儿抚恤金。

b. 领取缴费型退休养老金或永久性丧失劳动力津贴，并因生子或收养孩子而影响或中断其职业生涯，且符合以下情况：

（1）男性所认可的年金总额低于妇女年金总额的情况下，对于在1994年12月31日之前出生或收养的子女，在出生前九个月至出生后三年内，或确定收养关系的司法判决之日起至随后三年内，有超过一百二十日未缴纳社会保险费。

（2）男性所认可的年金总额低于妇女年金总额的情况下，对于1995年1月1日以后出生或收养的子女，自出生后或确定收养关系的司法判决之日起至随后的二十四个月内，缴费基数之和低于前二十四个月15%以上。

（3）计算条款（1）和（2）所诉之缴费年限和缴费基数时无须计入第237条规定的缴费待遇。

（4）对监护人双方均为男性且同时满足上述条件的，则公共年金领取总额较少的一方有权利享受上述补助。

（5）根据法律规定监护人双方都有权享受缴费型待遇的情况下，为了有权领取该补助，受益人的年金总额必须低于另一方监护人的年金总额。

＊注意：第60条第1款经2023年3月16日颁布的第2/2023号皇家法令《扩大年金领取者权利并缩小性别差距以及建立可持续公共年金制度新框架的紧急措施法令》独立条款第7款重新制定。

2. 承认第二位监护人享受该补助的权利会导致第一位监护人享受该补助的权利被消灭，并在决议通过后次月的第一日产生经济效力。条件是该决议是在申请或认可年金六个月后做出的，在该期限后，从第七个月的第一日产生经济效力。

在公布认可第二位监护人权利的决议之前，领取该补助的一方需进行听证。

3. 该补助具有缴费型公共年金的法律地位。

每个子女所对应的补助金额应在每年的《国家总预算法》中确定。领取的金额应限于每个孩子每月设定标准的四倍，并应在每年年初按相应的《国家总预算法》中为缴费型年金规定的同比百分比予以增加。

领取补助须遵守以下规则：

a. 每个子女只能享受一次补助。

为了确定享受补助的权利及其数额，仅包括在该年金致使事件发生前生育或收养的子女。

b. 因未履行父母义务或在刑事或婚姻诉讼中被强制剥夺亲权的父母，无权获得该补助。

根据法律或西班牙批准的国际文书的规定，因对子女母亲实施暴力行为被判有暴力侵害妇女行为的父亲，或者被判有对儿童实施暴力行为的父母，也无权领取该补助。

c. 该补助应连同应得的年金一起分十四次给付。

d. 在实行第 57 条和第 58 条第 7 款规定的最高年金标准时，该补助不计在内。

e. 该补助金额不应被视为收入或劳动收入，以确定是否满足第 59 条低于最低标准年金的补助的规定。当满足所述要求时，将根据相应的《国家总预算法》每年确定的标准发放最低年金。在此数额之外应加上用于缩小性别差距的补助。

f. 当确定获得补助权的缴费型年金是根据国际条例按累计参保时长比例而决定的，实际补助金额应是在前款所述数额（视为理论数额）基础上按比例适用于其所附年金的计算结果。

4. 在第 215 条和过渡条款第 4 条第 6 款所述之不完全退休的情况，无权享受该补助。

自不完全退休至完全退休后，在每种情况下达到相应的年龄，则应发放该补助。

5. 在不妨碍第 2 款规定的情况下，只要受益人正在领取第 1 款中所述其中一种年金，即有权领取该补助金。因此，该年金决定了补助金的发放、暂停发放和终止。对暂停或终止发放上述年金的，但受益人有权领取第 1 款规定的另外一种年金时，即可继续领取该补助金，与后领取的年金挂钩。

6. 该补助金只可在一种社会保障计划下领取，并应在年金领取者登记时间最长的保障计划中得到支付。

7. 为确定取得年金或年金总额较小的一方监护人，在计算此类年金时需考虑其初始金额，一旦重新估算，不计入可能对应的补助金。

当监护人双方为同一性别且各自可计入的年金数额相同时，先申请领取补助金的一方将获得该权利。

＊注意：本条第 7 款经 2023 年 3 月 16 日颁布的第 2/2023 号皇家法令《扩大年金领取者权利并缩小性别差距以及建立可持续公共年金制度新框架的紧急措施法令》独立条款第 7 款增补。

第六十一条　恐怖主义行为产生的特别年金

1. 社会保障局认可的由恐怖主义行为产生的特殊年金，不受本法规定的年金初始额和重估的限制。

2. 社会保障局认可并给付的恐怖主义行为特别年金的月最低标准应为西班牙收入指标（IPREM）的三倍。

本应给付与实际给付的年金之间的差额应从国家预算中拨款。

就本款而言，由同一事件引起的死亡抚恤金和遗属抚恤金应一并计算。

第三目　非缴费型年金

第六十二条　重新估算

非缴费型社会保障年金应在相应的《国家总预算法》中，至少以该法规定的缴费型社会保障年金普遍增长的相同百分比重新进行估算。

第五节　社会服务

第六十三条　对象

作为与社会保障特别保护情况相对应的待遇福利的补充，后者应根据相应部委的规定，依靠其各自的机构和服务部门，根据第 42 条第 1 款 e 项的规定，将其保障措施扩大至法律或条例规定的社会服务待遇和福利。

第六节　社会援助

第六十四条　概念

1. 社会保障可借用为社会援助设立的资金，向其适用范围内的个人以及受供养的家庭成员或同类型的人，鉴于其所需现状和情况，提供服务和经济援助，并且在证明（紧急情况除外）相关人员缺乏面对此类状态或情况的不可或缺的资源之后，上述服务和援助被认定为是必不可少的。

在合法分居或离婚的情况下，配偶或前配偶以及因婚姻或亲子关系而成为受益人后代在同样条件下有权享受社会援助福利。

在事实分居的情况下，由法规确定社会保障适用范围内人员的配偶和子女的社会援助福利条件。

2. 经办机构可在每年预算中在为此划拨的资金范围内提供社会援助，但所提供的服务或财政援助不得占用下一财年的资金。

第六十五条　福利援助的内容

福利援助应包括在特殊情况下由特定医生或特定机构提供的特殊治疗或干预措施；因假肢装置意外破损而失去收入，以及本法或适用于特别计划具体规则中未规定的任何其他类似援助。

第五章

社会保障管理

第一节　经办机构

第六十六条　概述

1. 社会保障的管理和行政工作应在各部委的指导和监督下，遵循简洁化、合理化、节约成本、财政一体化和现金统一、社会效率和权力下放的原则，由以下经办机构管理：

a. 国家社会保障局，负责社会保障体系经济福利待遇的管理和行政工作，下文 c 款所述内容除外。

b. 国家卫生管理局，负责医疗服务的行政和管理工作。

c. 社会养老服务局，负责非缴费型残疾津贴和退休养老金，以及社会保障体系福利的补充服务的管理工作。

2. 为了实现服务的同质化和合理化，不同的经办机构应通过之间为此签署的协议或合作协调服务行动，以便使用卫生设施。

第六十七条　结构和权限

1. 政府听取部级监管部门的提议，对上条所述机构的结构和权限进行规范。

2. 经办机构在分散的体制下，在不同的地域开展活动。

3. 经办机构的援助中心可由地方当局管理。

第六十八条　法律性质

1. 经办机构具有公法机构的性质和实现委托事务的法律能力。

2. 上述机构的法律制度在 1997 年 4 月 14 日颁布的第 6/1997 号《国家行政总局组织和运作法规》附加条款第 6 条中有所规定。

第六十九条　参与管理

政府有权对从国家到地方层面的经办机构在管理方面进行控制和监督，

该机构由工会组织、商业组织和公共行政部门的代表均衡组成。

第七十条　国际关系和服务

经办机构在事先得到主管部门的批准后，可以加入国际协会和组织，进行业务合作，与具有类似性质的外国机构建立服务互惠关系，并在规定的程度和范围内参与实施国际社会保障协议。

第七十一条　向管理社会保障经济福利待遇的机构提供信息

1. 在以下情况下须向社会保障局提供信息：

a. 根据2003年12月17日颁布的第58/2003号《总税法》第95条和相应的地区法规，财政部、自治大区或省议会下属的主管机构应在每财年内，应主管经济福利待遇的社会保障经办机构的要求，向其提供有权享受福利的受益人及其配偶和其他家属的收入水平、资产和其他收入的数据或情况，以核实其是否始终满足享受福利待遇的必要条件且符合法定金额的要求。

同样，应向管理公共援助或补贴的社会保障经办机构提供有关履行纳税义务的信息，以及在确认权利或给付援助或补贴数额时必须计入的相关数据。

必须通过已建立的远程信息处理和自动化程序，向社会保障基金管理总局提供其掌握的所有必要的附加信息，以实现第308条所述之基本社会保险费正规化。必须在纳税人提交相应纳税申报的最后期限结束后尽快提供上述信息，并且必须建立适当的信息交流机制。

＊注意：本条经2022年7月26日第13/2022号皇家法令第1条第1款修订，自2023年1月1日起生效。该法令规定了为自雇人士建立新的缴费制度并改善对其中断就业的保护措施。

b. 司法部指定的机构应向社会保障经办机构提供后者要求的有关社会保障经济福利受益权确定、修改、维持或消灭的注册信息和数据。

此外，国家刑事登记册处和预防措施、禁令和非最终判决登记处负责人应至少每周向社会保障经办机构通报与处罚相关的数据，以及当受害者是被调查者的长辈、后代、兄弟姐妹、配偶或前配偶，或与其有类似于配偶的情感关系时，由于存在故意杀人罪的合理犯罪迹象而采取的安全措施和预防措施有关的数据。上述信息应根据本法第231、232、233和234条的规定、1987年4月30日颁布的第670/1987号皇家法令批准的《国家年金法》修订本第37条之二和第37条之三以及2020年5月29日颁布的规定了最低生活收入标准的第20/2020号皇家法令第4、5、6、7和10条的规定而告知。

c. 只要能够使用远程方式通过电子系统，保证雇佣人员的社会保障福利待遇的监督和发放有一个灵活的沟通程序，雇主即可通过远程信息处理方式向社会保障经办机构提供所要求的数据。

所提供的与雇员相关的数据需包含姓名、身份证号码或外国人身份号码以及地址。

d. 国家统计局应向负责经济福利管理以及海员海事和健康培训的社会保障经办机构提供所需时间段内公民市政登记的户籍资料；若有所需，还包括其历史户籍和/或集体户籍的资料；当所述数据与建立、变更、保存或注销公民受益权有关时，应提供其现居地址或曾居地址；以及更新社会保障系统数据库中信息所需的数据。

e. 内政部应通过远程方式向社会保障经办机构提供外国公民在西班牙授予、延长或变更身份的日期，居留许可的续期、恢复或终止的日期及其影响，以及在西班牙合法有效居留且有权享受某种福利的居民在边境的活动情况。

同样应当通过计算机手段向社会保障经办机构提供国民身份证件中包含的信息。外国人应提供同类身份证件中在上述经办机构实施程序时具有重要性的信息。

f. 社会保障互助合作保险协会可以电子方式向负责管理社会保障经济福利待遇的经办机构提供影响受益权的确认、变更、保留或终止以及给付金额的信息。同样也应在需要时向社会保障组织总局提供因中断就业而影响福利待遇的信息。

g. 社会养老服务局以及自治大区主管机构应向社会保障经办机构提供影响受益权的确认、变更、保留或终止，以及社会保障系统数据库和数字社会卡信息系统中更新的数据，包括参保人生活依赖程度和水平，以及残疾证中包含的信息。

出于同一目的，应提供 2006 年 12 月 14 日颁布的第 39/2006 号《促进个人自主及照顾无生活自理能力者法规》规定的经济福利待遇的受益人信息、给付金额、福利待遇授予、变更或取消的日期。

在不妨碍前款规定的情况下，社会养老服务局应向国家社会保障局提供根据 2006 年 12 月 14 日颁布的第 39/2006 号法中第 37 规定的有关自主和护理生活不能自理系统所需上述经济福利待遇的信息。

第五章 社会保障管理

h. 自治大区应通过远程方式向社会保障经办机构提供多子女家庭的确认日期和失效日期，以及与其家庭成员有关的信息，该信息会影响受益权的确认、变更、保留或终止，以及系统数据库中信息的更新。

同样，自治大区应向管理公共援助或补贴的社会保障经办机构提供有关履行纳税义务的信息，以及在确认权利或给付援助或补贴的数额所需的相关数据。

此外，自治大区应向海员特别计划经办机构提供有关渔业捕捞许可证的信息，该信息与渔业捕捞工人纳入上述特别计划相关。

i. 商船总局应向海员特别计划经办机构提供与该机构提供的海事培训有关的海员资格信息。

j. 自雇人士特别计划的替代型互助保险协会和同业公会，应在要求时，向社会保障局提供可能影响福利待遇以及参保、缴费登记、取消和信息变更的职业群体数据。

*注意：本款经 2021 年 1 月 26 日颁布的第 2/2021 号皇家法令《加强巩固保护就业的社会措施法规》最终条款第 5 条修订。

k. 在 2002 年 11 月 29 日颁布的关于第 1/2002 号皇家立法法令批准的《年金计划及基金管理法》修订本框架内，负责管理纳入年金计划的年金基金的机构，在其就业体系模式中以及通过由对未纳入社会保障的互助保险协会事务具有专属权限的自治区立法所建立的社会福利就业模式的工具，在每年 3 月底之前向社会保障劳动监察局以及社会保障基金管理总局提供有关雇主通过此类工具为每位雇员每个月缴费的信息。

*注意：本条第 1 款 k 项经 2023 年 3 月 16 日颁布的第 2/2023 号皇家法令《扩大年金领取者权利并缩小性别差距以及建立可持续公共年金制度新框架的紧急措施法令》独立条款第 8 款修订。

2. 社会保障福利待遇申请者的信息，无论是由经办机构持有并由其他公共机构或企业通过远程信息传输方式提交，或是通过直接电子访问其他机构或企业的数据库而归并入社会保障系统中，都将完全有效，并与上述机构或企业的书面通知具有相同效力。

向本款和前款所述之社会保障经办机构提供信息，无须事先征得信息主体人的同意。

根据本款和前款规定提供之信息、报告和背景资料，只能在归属于社会保障经办机构和公共服务的福利待遇管理职能框架内处理，不得与第 77 条规定相抵触。

3. 在永久性丧失劳动力的申报和审查程序中，为了获得相应的社会保障经济福利待遇，并确认监督暂时性丧失劳动力津贴、孤儿抚恤金或受抚养子女的家庭补贴，卫生机构，与社会保障合作的互助保险协会和合作企业应向社会保障经办机构提交对决议起重要作用的，与被保障人所受伤害和疾病有关的报告、医疗记录和其他医疗信息。

隶属于国家社会保障局的医疗检查员在履行职责时，如需对社会保障体系中的劳动者福利待遇领取情况进行确认和监督、确认紧急情况以及社会海洋局的海事健康医生进行海上登船体检，可根据国家社会保障局、自治大区卫生局与国家卫生管理局之间商定的法规和条件报告该行动，以电子和书面的方式查阅公共卫生服务机构，与社会保障机构合作的互助保险协会、合作企业和私营保健中心掌握的上述劳动者的医疗记录。

社会保障经办机构在行使福利待遇确认和监督权时，将收到由公共卫生服务机构，与社会保障合作的互助保险协会和合作企业出具的参保人暂时性丧失劳动力的医疗报告，用于处理其中的信息。同样，经办机构和与社会保障合作的机构可以相互提供与受益人有关的数据，该数据对于识别和监督孕期保险和哺乳期保险的待遇是必要的。

公共卫生服务部门的医疗检查员在行使其权力时，有权通过电子方式查阅社会保障经办机构掌握的医疗信息。

根据欧洲议会和欧洲理事会于 2016 年 4 月 27 日颁布的有关处理个人数据时保护个人数据以及该数据自由流通的条例（UE 2016/679）第 6 条第 1 款 e 项和第 9 条第 2 款 h 项，在本款规定的情况下无须征得数据主体人的同意。该条例废除了第 95/46/EC 号指令（《通用数据保护条例》）。

*注意：本款经 2021 年 1 月 26 日颁布的第 2/2021 号皇家法令《加强巩固保护就业的社会措施法规》最后条款第 5 条修订。

4. 应通过法规决定负责管理社会保障年金的机构提供其履行其职能所需数据的提交形式。

第七十二条 公共社会福利登记

*注意：该条已经 2018 年 6 月 3 日颁布的第 6/2018 号《2018 年国家总预算法》第 1 条废止条款废除，但不妨碍其过渡条款第 3 条的规定。

1. 国家社会保障局根据法律法规规定负责社会保障公共社会福利待遇登记的管理和运作。

2. 公共社会福利待遇登记包括下列面向个人或家庭的具有经济性质的公共社会福利待遇：

a. 国家年金制度给付的年金，以及一般由《国家支出预算》第七节拨款划付之年金。

b. 一般计划和特别计划给付的年金，以及公共资源拨款的任何由社会保障系统的经办机构和合作机构给付之年金。

c. 1978年6月23日颁布的第1879/1978号皇家法令所述作为社会保障体系经办机构的替代型机构给付之年金，该法令规定了适用于管理一般计划或特别计划的替代型社会保障机构的规则。

d. 非缴费型社会保障年金。

e. 国家公务员总互助会特别基金、武装部队社会局特别基金和司法总互助协会特别基金给付之年金，如适用，还包括由上述总互助会给付之年金，以及由国家社会保险局特别基金给付之年金。

f. 自治大区、地方企业和机构的社会福利系统给付之年金。

g. 全部或部分由公共资源拨款的互助保险协会、蒙特皮奥基金或社会福利待遇机构给付之年金。

h. 国家、自治大区、地方企业或自治机构直接或间接持有多数股权的企业给付之年金。由于受益人缴纳的保险费不足以给付其领取的福利待遇而需要由其他公共资源（包括该企业的受益人）予以补充时，可直接或是通过其他机构（不论该机构的法律性质如何）认购相应保险，或由互助保险协会或企业福利待遇机构给付。

i. 根据1960年7月21日颁布的第45/1960号《国家税收和储蓄社会应用基金法》和1981年7月24日颁布的关于国家社会援助基金向老年人和劳动能力丧失的病人或残疾人提供援助的第2620/1981号皇家法令，国家行政局或自治大区给付之年金。

j. 1982年4月7日颁布的第13/1982号《残疾人社会融合法》规定的最低收入保障和第三人援助之经济补贴，要持续享有该补贴需遵守2013年11月29日颁布的第1/2013号皇家法令批准的《残疾人权利和社会融入总法》修订本的过渡独立条款的规定。

k. 根据1993年5月14日颁布的关于利于西班牙移民（移出）的福利养老金的第728/1993号皇家法令，以及2008年1月11日颁布的有关面向居住在国外的西班牙人和回国人员需求的福利待遇的第8/2008号皇家法令规定之经济福利待遇。

l. 为五十五岁以上的劳动者提供的失业救济金，以及五十二岁以上劳动者持续领取的津贴。

m. 为十八岁或以上且残疾程度等于或大于65%的受抚养子女提供社会保障经济补贴。

n. 2005年12月14日颁布的第39/2006号《促进个人自主及照顾无生活自理能力者法规》中，与服务、家庭护理以及个性化援助有关的经济福利待遇。

o. 最低生活收入的非缴费型社会保障经济福利。

＊注意：本款经2021年12月20日颁布的规定了最低生活收入标准的第19/2021号法律最终条款第4条第2项增补。

3. 负责管理上款所列福利待遇的机构、组织或企业有义务按照法律规定的方式和期限向国家社会保障局提供经济社会福利受益人的详细身份资料，为了决定或限制受益权是否得到认可和持续享有，还需提供受益人、配偶和其他家庭成员的资料、给付的金额和类型及授予福利的日期。

4. 负责管理第2款所列公共社会福利的机构和组织可以根据条例规定，查阅公共社会福利登记册中的数据，需要该数据才能确认其管理的公共福利是否得到认可和持续享有。

第二节　公共服务部门

第七十三条　建立

政府有责任听取就业和社会保障部的提议，建立公共服务部门，并规范其结构和权限。

第七十四条　社会保障基金管理总局

1. 社会保障基金管理总局是具有独立法人资格的公共服务部门，根据财政统一和单一账户原则，通过预算内和预算外的运作统一所有财政资源。社会保障基金管理总局负责基金、证券和信贷和一般服务以及社会保障体系的缴费义务和筹资权利服务的管理。

2. 社会保障基金管理总局适用第70条的规定。

第七十四条之二　社会保障信息技术管理

＊注意：本条经2017年6月27日颁布的第3/2017号《2017年国家总

预算法》最终条款第 31 条增补。

1. 社会保障信息技术管理部门是社会保障体系中负责信息和通信技术行政管理的公共服务部门，具有独立的法人资格和为实现其职能而行事的完全行为能力，依附于就业和社会保障部，隶属于社会保障国务秘书处，副司职级。

2. 根据 2015 年 10 月 1 日颁布的第 40/2015 号《公共部门法律制度法规》补充条款第 13 条制定适用于社会保障经办机构和公共服务部门的法律制度。

第三节　经办机构和公共服务部门的共同准则

第七十五条　名称权益保留

任何公共或私人机构不得在西班牙使用社会保障经办机构和公共服务的标题或名称，也不得在其上添加某些词语或将关键词以另外的组合形式组成标题或名称。除非得到就业和社会保障部的明确授权，否则也不得在其名称中包含"社会保障"（Seguridad Social）这一表述。

第七十六条　免税和其他优惠权

1. 经办机构和公共服务部门在国家范围内，遵循现行税法规定的限制和例外，享有绝对的免税待遇，包括因其行使职能或因获得资产产生的公证费、登记费及税费。前提是相关税款或税收直接由作为法定纳税人的有关机构承担，且在法律上不得税负转嫁。

2. 在与国家同等程度享受邮政和电报豁免权。

3. 本条规定的免税和其他特权也适用于影响第 43 条规定的自愿改善管理的经办机构。

第七十七条　数据权益保留

1. 社会保障管理局在行使其职能时获得的数据、报告或背景资料具有保密性质，只能用于委托给组成社会保障局的不同经办机构、公共服务部门和机关，不得转让或传达给第三方，以下情况除外：

a. 司法机关、检察院或社会保障管理局对公共犯罪进行调查或起诉。

b. 与税务机关合作，在其权限范围内履行纳税义务。

c. 与社会保障总干预机构或与社会保障的其他经办机构和公共服务部

门（转让人和社会保障管理局的其他机构除外）合作行使其内部监督。

d. 与任何其他公共管理部门合作，在行使其法律赋予的与社会保障管理局获得的数据相关的职能时，用来打击从公共基金（包括欧盟基金）获取援助或补贴方面的欺诈行为，以及在不同社会保障计划中获取不兼容福利待遇的行为。

e. 在法律规定的框架内与议会调查委员会进行合作。

f. 司法机构或检察院保护未成年人和已对其法律行为能力采取支助措施的人的权益。

*注意：本款 f 项经 2023 年 3 月 16 日颁布的第 2/2023 号皇家法令《扩大年金领取者权利并缩小性别差距以及建立可持续公共年金制度新框架的紧急措施法令》独立条款第 9 款重新制定。

g. 与审计法院合作，对社会保障管理局行使审计职能。

h. 在诉讼过程中与法官和法院合作执行最终司法判决。进行信息司法申请时需要有决议阐明在其用尽所有其他方法了解债务人资产和权利后，有需要从社会保障管理局获得数据的理由。

i. 与国家社会保障劳动监察组织合作行使其监察职能。国家社会保障劳动监察局在行使其职能时，可在需要时直接获取由社会保障管理局在行使其职能时获得的数据、报告和背景资料。

j. 与中央交通总部自治机构合作，酌情启动宣布机动车驾驶执照或许可证因不符合颁发要求而失效的程序，原因如下：在处理认可职业驾驶司机永久性丧失劳动力津贴的程序时，主管机构发布决议宣布受益人永久性丧失劳动力的情况是由于出现了机体或功能受限疾病而削弱或丧失了驾驶机动车辆的能力。

该合作将通过国家社会保障局相应的省局根据主管机构的意见或提案向上述机构发出通知的方式来进行，但通知中不得包括与受影响雇员健康相关的其他数据。

k. 提供信息的目的必须是，通过遵守信息处理程序和相应经办机构规定的信息处理要求，认可和监督由自治大区和地方机构负责的社会福利待遇所需。未经有关方面的同意，所提供的信息不得用于任何其他目的。

l. 根据规范上述公共职能的立法条款，与任何其他公共行政部门合作，为实现公共统计而提供和交换的社会保障数据。

m. 在欧洲议会和理事会于 2016 年 4 月 27 日颁布的关于个人数据处理

及自由流通的个人数据保护条例(《通用数据保护条例》)的第 2016/679 号条例(欧盟)的框架内,为开展社会保障领域的科学研究,包括在所需时与直接开展此类研究的人员以外的受试对象进行的工具性沟通。上述研究包括社会保障领域公共政策的评估活动。

在开展上述研究时应遵循不允许识别数据主体的适当程序,仅限于获取执行有关活动不可或缺的数据。对必需且不可或缺,且确保不得将其用于其他目的,以及后续过程中数据主体不被识别的数据,可允许非匿名数据的纯粹工具性沟通。

只有在得到数据主体的明确同意后才可进行 2016/679 号条例(欧盟)第 9 条和第 10 条中所述之数据处理。

n. 与商船总局合作,监督社会保障登记状况,并在处理船舶调度事宜时,对登船船员体检和船舶急救包进行医学检查。

本款所述之数据、报告或背景资料应通过电子方式传递,除非鉴于报告或背景资料的性质,社会保障管理局决定不得使用上述方式。传递此类数据、报告或背景资料的经办机构、公共服务部门或组织应制定传递程序和确定传递的数据。

o. 与西班牙就业局和自治公共就业服务机构合作,以保证在 2023 年 2 月 28 日的第 3/2023 号《就业法》以及西班牙其他法规赋予的权力框架内以最佳方式制定积极的就业政策,特别是保护失业者和中断就业者及其就业活动期间有关的信息。

*注意:前款经 2023 年 2 月 28 日颁布的第 3/2023 号《就业法》最后条款第 4 条增补。

p. 通过自动化程序向税务机关提供第 308 条所述缴费基数和基本社会保险费规范化所需之信息。

2. 社会保障管理局工作人员出于其职责以外的目的获取社会保障管理局掌握的关于自然人或法人的任何类型的数据、报告或背景资料,无论其适用何种媒介,都应被视为严重的违纪行为。

3. 社会保障管理局所有部门和工作人员都有义务严格彻底地对其知悉的上述数据或报告进行保密,但在上述犯罪情况下,仅为减轻罪责或向检察院发送被认为构成犯罪事实的详细说明的情况除外。无论相应刑事或民事责任如何,违反此类特殊保密义务应被始终视为情节非常严重的违纪行为。

*注意:经 2022 年 7 月 26 日第 13/2022 号皇家法令第 1 条第 27 款修

订，自 2023 年 1 月 1 日起生效。该法令规定了为自雇人士建立新的缴费制度并改善对其中断就业的保护措施。

＊注意：本条第 1 款 p 项经 2022 年 7 月 26 日第 13/2022 号皇家法令第 1 条第 2 款增补，自 2023 年 1 月 1 日起生效。该法令规定了为自雇人士建立新的缴费制度并改善对其中断就业的保护措施。

＊注意：本条第 1 款 j 项经 2021 年 12 月 20 日颁布的第 18/2021 号法律最终条款第 2 条修订。

＊注意：2021 年 1 月 26 日颁布的第 2/2021 号皇家法令《加强巩固保护就业的社会措施法规》最终条款第 5 条第 3 项对第 1 段和 c、d 项进行修订，并在第 1 款中增补了 i、j、k、l、m、n 项。

第七十八条 人事制度

1. 社会保障管理局公职人员应遵守 2007 年 4 月 12 日颁布的第 7/2007 号《公职人员基本章程法》和 1984 年 8 月 2 日颁布的第 30/1984 号《公共职能改革措施法》，以及适用的其他法规。

2. 经主管大臣的提议，政府应负责任命和解雇总干事或类似级别的行政职务。

第六章

社会保障管理合作

第一节　　合作机构

第七十九条　概述

1. 社会保障系统的合作管理由社会保障互助合作保险协会（Mutuas colaboradoras con la Seguridad Social）按照本章规定进行。

2. 在公共登记处进行登记后，协会、基金会以及公共和私人机构也可以开展管理合作。

第二节　　社会保障互助合作保险协会

第一目　一般规定

第八十条　定义和对象

1. 社会保障互助合作保险协会是经就业和社会保障部授权成立并在该部的特别登记处注册的私人雇主协会，其目的是在就业和社会保障部的指导和监督下，在非营利的基础上对社会保障进行合作管理，其成员在本法规定的情况和范围内共同承担责任。

社会保障互助合作保险协会一经成立，即获得法人资格和实现其工作目标的行为能力，其行动覆盖范围为整个西班牙。

2. 社会保障互助合作保险协会旨在通过与就业和社会保障部合作，开展以下社会保障活动：

a. 管理经济福利待遇和医疗保健，包括社会保障中的工伤事故和职业病意外险中的康复，以及其所提供的预防同样意外事件的其他措施。

b. 管理因普通意外导致暂时性丧失劳动力的经济待遇。

c. 管理孕期保险和哺乳期保险的待遇。

d. 根据第五章规定的条件，管理自雇人士因中断就业领取的经济待遇。

e. 管理护理患有癌症或其他严重疾病的未成年人的津贴。

f. 其他依法属于其职权内的社会保障活动。

3. 互助保险协会在社会保障方面的合作管理，不得作为商业营利运作的依据，也不得开展吸引协会成员企业或劳动者的业务。不得给予其协会企业任何形式的福利，或替代履行其作为雇主应尽的义务。

4. 社会保障互助合作保险协会根据其职能和所管理的财政资源的公共性，是具有行政性质的国家公共部门，但不影响该机构的私营性质。

第八十一条 社会保障互助合作保险协会章程

1. 成立社会保障互助合作保险协会，必须满足以下要求：

a. 必须包含至少五十名企业及三万名雇员，并且不少于2000万欧元的职业意外险缴费。

b. 仅限于行使第80条规定的职能。

c. 为保证履行其义务，需提供保证金，其数额由本法的实施条例确定。

d. 在通过互助会章程后，须得到就业和社会保障部的授权，并在依附于就业和社会保障部的行政登记处登记。

2. 在核实符合前款a、b和c项的要求，且企业章程符合法律规定后，就业和社会保障部应授权成立社会保障机构互助合作保险协会，并命令其在社会保障互助合作保险协会登记册中登记。授权令及注册号需在《国家官方公报》上公布，其法人资格即时生效。

3. 互助保险协会名称应包括"社会保障互助合作保险协会"（Mutua Colaboradora con la Seguridad Social）的表述，后面标注其注册号。该名称需要机构所有中心和办公室中，以及协议成员、参保人以及第三方有关部门使用。

第八十二条 受管理福利待遇和服务的特性

1. 社会保障互助合作保险协会，其管理的福利待遇和服务构成该体系保障措施的一部分，应根据劳动者所属社会保障计划的规则，在经办机构职能的相同范围内，为协会成员自雇人士和被雇佣的劳动者提供福利待遇，具体情况参阅以下各款规定。

2. 在职业意外的情况下，互助保险协会应负责初步确定事故的职业性质，但不妨碍主管机构根据适用规则对其进行可能的审查或分类。

互助保险协会发布的承认、中止、取消或消灭归属权利的行为，应以书面形式说明理由，在通知参保人后才可生效。同样，当受益人仍存在雇佣关系并因其产生效力时，也需告知雇主。

工伤事故险保护措施中包括的医疗待遇可根据第 258 条以及规范机构运作规则中的条款，通过与其他互助协会或公共卫生管理部门签署的协议，以及非工资性收入协定来提供。

3. 社会保障措施中的预防活动是有利于协会成员企业及其雇员以及自雇人士的待遇，不产生主观权利，旨在协助其监督并适时减少社会保障中工伤事故和职业病的发生；为协会成员企业和自雇人士提供咨询活动，以调整其工作场所和结构，重新安置受伤或患有职业病的工人；由互助保险协会直接开展研究、开发和创新活动，以减少社会保障的工伤事故。

社会保障互助合作保险协会的管理和监督机构需向就业和社会保障部报告，负责定期制定由其开展的社会保障预防活动标准、内容和优先顺序的规划，并监督其工作、评估其有效性和效率。共同负责执行职业风险预防活动的自治大区，在不影响其各自自治章程规定的情况下，可向互助保险协会的监管机构告知其认为应在其各自辖区范围内开展的活动，以便将其纳入社会保障预防活动的规划中。

4. 根据第 83 条第 1 款 a 项第 2 段和第 83 条第 1 款 b 项第 1 段、第二篇第五章及其实施条例的规定，以及本款适用的特别计划和方案中规定的特殊情况，管理为协会成员雇主提供服务的雇员和作为成员的自雇人士的暂时性丧失劳动力经济待遇。

a. 社会保障互助合作保险协会具有宣布给予、拒绝、暂停、取消和宣布终止经济福利待遇权利的职能，但不妨碍公共卫生部门对劳动能力鉴定的医疗监督，以及本法及其发展条例中赋予医学诊断证明的效力。

在行使上段所述职能时，应以书面形式说明理由，通知参保人后才可生效。同样，当受益人仍存在雇佣关系并因其产生效力时，也需告知雇主。

收到劳动能力丧失医疗鉴定报告后，互助保险协会将核实受益人是否符合相应社会保障计划的参保、注册、缴费年限等要求，根据受益权的初始声明协议确定待遇金额。

补贴金结算给付后的两个月内属于临时给付，互助保险协会可将临时给付的款项规范化，在上述两个月期限届满后成为正式给付款项。

b. 当互助保险协会基于在此过程中出具的医疗报告内容，通过监督跟踪或 d 项规定的医疗服务中获得的信息，认为受益人可能具有劳动能力时，可通过受益人的医生，制定合理的取消病休提案，提交至公共卫生服务医疗检查局。互助保险协会同时告知该受益人和国家社会保障局上述劳动能力恢复鉴定结果。

公共卫生服务医疗检查局有义务在收到上述取消病休申请的次日起，于最多五个工作日内告知互助保险协会和国家社会保障局是否接受提案，并签发劳动能力恢复确定书或拒绝书，在该情况下，应附上医疗报告说明理由。对取消病休提案被接受的，互助保险协会需通知劳动者和企业终止给付待遇及其生效日期。

对医疗检查机构认为有必要传唤劳动者进行体检的，则应在前段规定的五日期限内进行，并继续履行应尽义务。如果劳动者未如期参加体检，应在当天通知提出提案的互助保险协会。互助保险协会应在四日内核实其是否具有正当理由缺席体检，并从缺席次日起暂停给付津贴。对因正当理由缺席体检的劳动者，互助保险协会应恢复给付津贴之额度；反之，对无故缺席体检的，则应根据 a 项规定之权利消灭协议并告知受益人和企业，同时告知停止给付的生效日期，即告知函发布次日。

当公共卫生服务医疗检查局未按规定形式和规定期限答复互助保险协会提出的终止病休提案时，后者可以根据第 170 条第 1 款和附加条款第 1 条第 4 款规定赋予的权力，要求国家社会保障局或社会海洋局出具劳动能力恢复鉴定报告。需自收到提案后的五个工作日内对其进行处理。

＊注意：第 4 款 b 项经 2023 年 3 月 16 日颁布的第 2/2023 号皇家法令《扩大年金领取者权利并缩小性别差距以及建立可持续公共年金制度新框架的紧急措施法令》独立条款第 10 款增补。

c. 互助保险协会医生、公共卫生服务部门医生以及经办机构之间最好通过电子方式进行沟通，并从其履行职责的部门收到对方来信时生效。

同样，互助保险协会应向就业和社会保障部报告在其与公共卫生服务机构联系中发生的所有事件，或当企业未能履行其义务时，就业和社会保障部应视情况采取相应措施。

互助保险协会不得以协调方式履行其管理福利待遇的职能，但不妨碍 d 项规定的在授权卫生中心进行所要求的诊断、治疗和康复治疗。

d. 对经济福利待遇的监督跟踪行为是指核实产生需求之情况与确定或

维持受益权之要求是否一致,以及对受益人进行医疗检查和体检。根据第174条的规定,且不与第175条第3款规定的关于临时中止措施相抵触的情况下,社会保障互助合作保险协会可从病休当天开始实施上述措施,受益人无故缺席体检会导致其终止享受该经济福利待遇的权利。

同样,社会保障互助合作保险协会可以在事先得到公共卫生服务机构医生的授权和病人知情同意的情况下,对参保人进行诊断、治疗及康复治疗,以避免不必要地延长本条款规定的程序。

通过国家卫生系统的互操作性服务向负责劳动者的公共卫生服务从业人员提供检查和治疗结果,以纳入病人的电子医疗记录中。

诊断、治疗处理和康复治疗应主要在互助保险协会管理的护理中心进行,以便在允许使用的范围内,使用指定用于护理职业病病征的方式,提供因职业意外所需的护理。作为辅助手段,也可在遵守上段规定和法律规定的情况下,在被授权在职业意外领域提供服务的协同中心进行护理。在任何情况下,检查和治疗都不意味着要承担提供普通意外险的医疗保健待遇,或承担用于该方面的资金。

e. 社会保障互助合作保险协会可与社会保障经办机构和公共卫生服务机构签订协议,经就业和社会保障部授权,在其合作职能范围内,于其管理的护理中心进行医疗检查、诊断、提供报告、健康治疗以及康复治疗,包括外科手术干预。授权协议中应确定因服务补偿而向互助保险协会支付的经济补偿,以及给付形式和条件。

作为前段规定协议的补充方案,只要在社会保障互助合作保险协会管理的护理中心的使用范围内,经就业和社会保障部的授权,采用法定经济补偿方式,即可与私人机构签订协议,向申请者提供申请的检查和治疗,但所确定的内容不得扰乱中心提供的服务,不得影响对受保障劳动者或公共部门转送的劳动者的应有护理,也不得降低其护理质量。

由协议产生的拨款权利属于社会保障公共资源,适用于第84条第2款的规定。

f. 与前几款规定的机制和程序不相抵触的情况下,社会保障经办机构或社会保障互助合作保险协会可与国家卫生管理局或各自治大区的卫生服务机构签订合作协议,以提高对暂时性丧失劳动力方面的管理和监督。

g. 在与卫生部门或社会保障经办机构随后可能提供的赔付不相抵触的情况下,社会保障互助合作保险协会将自费承担依法签署的协议中规定的诊断、治疗及康复治疗的费用，以避免不必要地延长社会保障系统中劳动者因普通意外而导致病休期延长。

第八十三条　协会成员企业和自雇人士的选择制度

1. 企业和自雇人士在社会保障基金管理总局履行企业注册、参保和登记义务时，应根据其所属社会保障计划的法律规定，向经办机构或社会保障互助合作协会声明其选择的是职业意外保险，因普通意外导致暂时性丧失劳动力的经济待遇，以及中断就业保险，并向其告知后来所有的变更信息。社会保障基金管理总局应根据法律规定，承认上述声明及其法律效力，但在选择社会保障互助合作保险协会时与以下各款具体规定不相抵触。

选择社会保障互助合作保险协会应按以下方式和范围内进行：

a. 选择提供社会保障工伤事故和职业病意外险的互助保险协会企业应与该互助保险协会正式签订协会协议，对位于同一省份工作地点的该企业所有员工提供保障，即《劳工法》修订本中对其的定义。

同样，协会成员企业也可以选择同一互助保险协会来管理因普通意外而造成的暂时性丧失劳动力经济待遇，用于保护员工免受职业危害。

协会协议是与互助保险协会正式建立联系的文书，有效期为一年，可延长一年。应根据法律规定确定签订协议的程序、协议内容和效力。

b. 纳入自雇人士社会保障特别计划适用范围的劳动者，必须在社会保障互助合作保险协会中正式确定职业意外、暂时性丧失劳动力和中断就业的保险覆盖范围，并且必须选择提供上述所有保险的同一互助保险协会。更换单位的劳动者必须与合作的互助保险协会正式签订上述保险协议。

为了规范中断就业的管理，应根据合作条例中的规定，签署加入协会文件的附件。

纳入海员社会保障特别计划的自雇人士可以选择向经办机构或社会保障互助合作保险协会投保职业意外险。列入第三缴费组的劳动者必须与社会保障经办机构正式签订普通意外险的协议。在任何情况下，必须与经办机构或与为职业意外提供保障的互助保险协会正式签署为中断就业提供保障的协议。

应通过签署加入协会文件的方式正式确定上述保障措施，根据该文件，自雇人士可在会员基础之上加入互助保险协会的管理层面，但并不具有享受协会权利和履行其规定义务的资格。会员有效期为一年，可延长一年。应根据法律规定确定签订协议的程序、协议内容和效力。

*注意：本款经2018年12月28日颁布的用于重新评估公共年金以及社会、劳动和就业方面的其他紧急措施的第28/2018号皇家法令最终条款第2条第1款修订。

2. 社会保障互助合作保险协会须接受其所有成员的建议，不缴纳社会保险费不得成为其免除履行所需义务的理由，也不构成终止所签署的协议或文件或其附件的理由。

3. 社会保障互助合作保险协会所掌握的关于成员雇主、自雇人士和参保人的信息和数据，以及一般在与社保合作管理过程中产生的信息和数据，均具有保密性质，并受第77条规定的约束。因此，除非在上述条款规定的情况下，不得提供给第三方。

第八十四条　经济财政制度

1. 互助保险协会以及其开展的活动、给付的待遇和提供的服务的保持和运作将从以下方面获得财政支持：由社会保障基本社会保险费划付的部分、对该资源的财务投资和分配给协会的社会保险动产与不动产所有权的处置和转让中获取的收益、资金增长及补偿，以及一般通过行使合作职能而获得的其他收入。

在扣除向社保系统公共部门缴纳的强制再保险和公共服务部门管理的费用，以及法律规定的金额后（如适用），社会保障基金管理总局向互助保险协会划付各协会成员雇主或自雇人士为工伤事故和职业病意外险缴纳的保险费、普通意外造成的暂时性丧失劳动力待遇对应的社会保险费部分、自雇人士中断就业保险费，以及其他由社会保障基金管理总局管理的事故险和待遇对应的社会保险费。

2. 由于互助保险协会向未参保人给付待遇或提供服务，或者在参保的情况下因其他原因支付给第三方，以及因给付不当待遇而产生的债权索赔，都属于社会保障制度分配给互助保险协会的公共资源。

上述索赔款项将由互助保险协会结算，互助保险协会将根据生成义务的条例或协议所要求的方式和条件向债务人进行索赔，直至其清偿债务，否则，根据本法及其实施条例中规定的程序，向社会保障基金管理总局申请强制执行清偿债务的法定权利。

对将第82条第2款规定之社保费发放给互助保险协会保险范围外的劳动者的情况，应记入提供服务的互助保险协会的支出预算债务中，性质与上述服务待遇的费用性质相同。

就业和社会保障部在所有征缴债务的程序中，可以授权以非现金的形式清偿债务、确定要被抵销债务的流动金额，并确定在债务抵消前适用的条款和条件。对债务人是公共行政部门或同性质机构而且债务是因提供医疗服务产生的，就业和社会保障部也可以在与该部的其他权力不相抵触的情况下，授权通过资产抵债以清偿债务。

3. 互助保险协会的经济债务应从划付给其开展合作关系的公共资源中给付，但不影响根据第 110 条第 3 款规定划付年金所产生的债务。

4. 社会保障互助合作保险协会的行政费用是指维护运行合作关系中行政服务所产生的费用，包括人事费用、资产和服务的流动开支、财务费和有形资产的折旧费用。每年费用金额应根据法律规定，以每财年社会保险费收取额的相应比例为限。

5. 根据第 76 条第 1 款为经办机构制定的条款，社会保障互助合作保险协会享有免税待遇。

第二目 管理和参与机构

第八十五条 概述

社会保障互助合作保险协会的经办机构是股东大会、董事会和常务董事会。

参与机构是监督跟踪委员会。

特别福利委员会负责给付第 96 条第 1 款规定之自愿性社会援助福利。

第八十六条 股东大会

1. 股东大会是互助保险协会的最高经办机构，由所有雇主成员、一位符合规定条件的自雇人士代表和一位互助保险协会的雇员代表组成。未及时缴纳社会保险费的雇主成员以及自雇人士代表，不享有投票权。

2. 股东大会通常每年召开一次，批准初步预算草案和年度决算。在满足会议召开规定的条件后，由董事会召集，可临时召开股东大会。

3. 大会有权在任何情况下任命和更新董事会成员，了解资产的捐赠和应用、章程改革、机构合并、机构收购和解散、人事任命以及问责董事会成员。

4. 股东大会的召开程序和要求、决议审议和批准制度，以及会员对违反法律和互助保险适用章程或为维护一个或多个协会成员或第三方利益而损害机构利益提出诉讼的行为，应受到法规规范。诉讼有效期为一年。

第八十七条　董事会

1. 董事会是直接管理互助保险协会的合议机构。由十至二十名雇主成员（其中 30%应是由法定部门确认拥有雇员数量最多的企业），以及一名自雇人士成员组成，上述所有人由股东大会任命，也包括前条所述之雇员代表。

除雇员代表外，董事会成员的任命须经就业和社会保障部确认，并从其成员中任命董事会主席，同时也是该协会主席。

2. 董事会负责召开股东大会，执行股东大会通过的决议，制定初步预算草案和年度决算（必须由董事会主席签署），行使常务董事的问责制以及其他不受股东大会约束的职能。董事会的运作规则及问责要求应受到法规规范。

3. 董事会主席代表社会保障互助合作保险协会，召集董事会会议并主持审议。

拟建立的报酬制度应根据董事会主席所承担的具体职能而规定其薪酬，但不得超过常务董事的总薪酬。

4. 无论是代表其本人或是其他成员企业，同一人不得同时在董事会中担任多个职务，与互助保险协会具有雇佣或服务关系的个人或企业也不得成为董事会成员，雇员代表除外。

第八十八条　常务董事会和互助保险协会的其他工作人员

1. 常务董事会行使互助保险协会的行政管理权，并负责总目标的制定和企业的日常管理，但须遵守董事会和董事会主席给出的标准和指示（如适用）。

总常务董事会应随时向主席汇报互助保险协会的管理情况，并应遵循主席指示（如适用）。

常务董事会应受 1985 年 8 月 1 日颁布的规定了高级管理人员劳动关系特殊性的第 1382/1985 号皇家法令中有关高级管理层合同规定的约束。常务董事由董事会任命，经就业和社会保障部确认其任命和雇佣合同的效力。

董事会成员或该人员在与互助保险协会有关的任何企业从事有偿活动，或持有相当于或超过该企业 10%股份，或其配偶或子女拥有该股份，都不得担任常务董事的职务。因纪律处分而被停职的人员，在停职解除前也不得被任命为常务董事。

2. 其余行使行政职能的工作人员须向常务董事会汇报工作，并受高级管理层合同的约束，同时也要遵守为常务董事会制定的不能兼任性和限制制度、融合、社会保障及移民部需确认其任命的有效性、具有行政职能的工作人员的高级管理合同的有效性，以及其内容修改的有效性。

*注意：本款经 2022 年 12 月 28 日颁布的第 22/2021 号《2022 年国家总预算法》最终条款第 28 条制定。

3. 为支付薪酬，以及确定在互助保险协会中行使行政职能的最大人数，就业和社会保障部长应根据基本保险费缴费量、参保人数和管理能力，将互助保险协会按组分类。

4. 互助保险协会的常务董事和行政人员的薪酬应分为基本薪酬和补充薪酬，并应遵守 2012 年 3 月 5 日颁布的设定了公共商业部门和其他机构高级管理人员与行政人员薪酬制度的第 451/2012 号皇家法令为每组规定的最高限额。同样每个互助保险协会行政人员人数也应遵守上述第 451/2012 号皇家法令规定的限额。

常务董事和行政人员的基本薪酬包括强制最低薪酬，并应由董事会根据互助保险协会所属的分类组确定。

常务董事和行政人员的补充薪酬包括由互助保险协会董事会确定的职位补贴和浮动补贴。

在设定职位补贴时，应参考市场中类似职位衡量管理人员的薪酬状况、考虑该职位的组织结构、该职位在组织内的相对权重以及责任级别。

浮动补贴是可选的，根据就业和社会保障部制定的标准，为实现互助保险协会董事会先前制定的目标给予奖励。该目标是年度目标，基于互助保险协会在管理其合作的社会保障不同活动方面取得的财政年度成果。

在任何情况下，总薪酬不得超过基本薪酬的两倍，任何职位的总薪酬不得高于 2014 年 12 月 26 日颁布的第 35/2014 号法律生效前之前的总薪酬水平，该法律修订了有关社会保障工伤事故和职业病互助保险协会法律制度的《社会保障总法》修订本。

5. 非管理人员适用《劳工法》修订本中关于普通劳动关系的规定。在任何情况下，互助保险协会任何人员不能获得高于常务董事的总薪酬，所有人员的薪酬均应符合工资法案的规定及限制，也应符合每年《国家总预算法》的规定（如适用）。

6. 社会保障互助合作保险协会不得从公共基金中给付雇员终止劳动关系的赔偿金，无论这种关系的形式和终止的原因如何，也无论其是否违反管辖上述关系的法律和管理规定。

7. 未经就业和社会保障部批准，互助保险协会不得为其员工制定年金计划、实施年金承诺的集体保险政策以及设立企业社会福利计划。年金计划、保险合同和企业社会福利计划，以及所缴纳的社保费和定期保险费，都应遵守《国家总预算法》在该领域为公共部门规定的限制和标准。

第八十九条　监督跟踪委员会

1. 监督跟踪委员会是社会代理人参与的机构，负责了解和报告组织在不同合作形式下开展的管理情况，在社会保障原则和目标框架内提出改善发展的措施，报告初步预算草案和年度决算，并了解互助保险协会在发展其企业宗旨方面应用和维持的标准。

为了开展该项工作，委员会应定期准备有关诉讼、索赔和上诉的报告，以及监督、管理和监察机构的要求，并提供合规情况的信息。委员会应每年制定一系列建议送交董事会和管理监督机构。

2. 委员会最多由十二名成员组成，由最具代表性的工会组织和雇主以及自雇人士的职业协会任命的一位代表。委员会主席为届时的董事会主席。

除主席及机构工作人员外，监督跟踪委员会的成员不得是董事会成员。

3. 就业和社会保障部应在国家社会保障局总理事会提出报告后，规范监督跟踪委员会的结构和运作制度。

第九十条　特别福利委员会

1. 特别福利委员会应负责从社会保障互助合作保险协会设立的社会援助储备金发放福利，以帮助遭受工伤事故或职业病并处于特殊或需要状况下的参保员工和合法索赔人。上述福利是自愿性的，并且独立于社会保障之外。

2. 委员会成员人数应按法规设定，成员企业的雇员代表和雇主成员的代表应平均分配，后者由董事会任命。主席由委员会从其成员中任命。

第九十一条　理事机构和参与机构成员的不兼任性和责任

1. 在另一机构中具有行政职能的人员，以及社会保障互助合作保险协会的董事会、监督与跟踪委员会或特别福利委员会中的任职人员，不得代表本人、或成员企业或社会组织，在另一互助保险协会的上述任何机构中任职。

2. 担任上述职位的人员或代表以及互助保险协会行政人员不得为本人购买或出售该企业的任何资产；也不得签订实施工程、提供服务或交付供用品的合同，得到就业和社会保障部授权的金融服务企业或提供必需品的企业除外；也不得签订存在利益冲突的合同。与上述人员有婚姻或亲属关系的，不论直系或旁系关系、血缘关系、收养关系或亲缘关系（不超过四代），都不得实施上述行为。上述人员或亲属直接或间接持有等于或超过 10% 的股本并具有决策权职能或属于行政管理阶层的法人也不得实施上述行为。

3. 董事会、监督跟踪委员会以及特别福利委员会的成员不取酬，其所在的互助保险协会可根据条例规定，考虑到第 87 条第 3 款有关董事会主席的规定，对其参加各机构会议的费用进行补贴。

4. 董事会成员、常务董事会和行政人员应就其违反适用法律规则、企业章程或监督机构发布的指示的行为和不行为所造成的损害，以及因未履行其工作职责而引起欺骗或严重过失，直接向社会保障、互助保险协会和成员雇主负责。在各自职能范围或权限内的行为和不行为都将视为适当行为。

董事会成员需承担共同责任，但以下成员可获得豁免：证明没有参与通过或执行上述损害行为的；不了解上述损害行为的；了解该行为后采取了一切适当的措施以避免损害，或至少表示明确反对的。

根据第 100 条第 4 款规定的共同责任，社会保障互助合作保险协会应对在执行中存在轻微过失或无直接责任人的损害行为承担直接责任。在直接责任人资产不足的情况下，也应承担补充责任。

5. 本条规定的责任以及第 100 条第 4 款规定的由成员雇主承担的共同责任所产生的债权索赔，属于拨给需向致使事件负责的互助保险协会的社会保障公共资金。

管理和监督机构负责申报前款规定的责任和该责任产生的债务并确定其净额，根据机构合作规则要求清偿，并确定清偿方式，其中可能包括资产转让，以及适用的形式、方法、模式和条件，直至清缴所有债务。当审计法院针对同一事件启动亏空偿还程序时，管理和监督机构应同意暂停行政程序，直至达成最终决议，其实质性规定在行政程序中具有法律约束力。

管理和监督机构可向社会保障基金管理总局申请强制征收上述责任产生的债务，并向其移交该债务的清算权和责任方确定权。获得的金额应按照管理和监督机构规定的条件支付给负债账户。

就业和社会保障部在应用其指导和监护权时，可以要求清偿债务或采取必要的法律措施，以说明或提出因合作而产生的责任，并参与影响既定责任的法律诉讼。

第三目　资产及签署和约

第九十二条　分配给互助保险协会的社会保障资产

1. 根据第 19 条第 3 款和第 101 条第 1 款的规定，第 84 条第 1 款规定之收入，可投资的动产和不动产，以及一般与之有关的债务、股份和资源，均构成社会保障资产，在就业和社会保障部的指导与监督下，分配给互助保险协会，以履行其社会保障职能。

2. 对为履行其职能需要而购买或转让不动产产权的，应由互助保险协会商定，在得到就业和社会保障部授权后，由社会保障基金管理总局负责在授权条款下将其备案，以公共服务的名义在财产登记处登记其产权。产权购买意味着将其转让给被授权的互助保险协会。互助保险协会在得到相关方面的同意后，并且接受产权方对转让机构做出经济补偿的基础上，可以申请授权要求将其社会保障资产分配给经办机构、公共服务部门或其他互助保险协会，以及转让涉及的资产。

社会保障互助合作保险协会在就业和社会保障部的指导与监督下，负责保管、享有、改善和维护分配给其的资产。对于不动产，互助保险协会可行使占有诉讼权，社会保障基金管理总局对其可行使追索诉讼权。

3. 尽管资产具有公共性，但鉴于其单一化管理和为开展合作而建立的经济财务制度，资产的分配将受制于管理结果，并可被清算以满足管理需求、给付福利或因上述活动产生的债务，不改变成员雇主的共同责任。转让上述资产或将其分配给另一互助保险协会或系统内的公共机构而获得的收益，应支付给其原互助保险协会。

第九十三条　历史资产

1. 1967 年 1 月 1 日之前或自该日起至 1975 年 12 月 31 日期间纳入互助保险协会的资产构成互助保险协会历史资产。后一种情况下的资产需为来自超额盈余的 20% 以及基本社会保险缴费以外的构成互助保险协会的历史资产的其他基金，其所有权属于雇主协会，但不得与第 98 条第 1 款所述之监护权相抵触。

上述历史资产的使用应严格遵循机构的社会宗旨，不会因为机构对其的使用而获得的收入或资产增值以对社会保障唯一资产形成征税。该资产的使用严格服务于互助合作保险协会与社会保障合作的目的，其资产和收入（若有）不得转用于开展商业活动。

2. 在不与前段一般规定相抵触的情况下，经就业和社会保障部授权后，根据法定条款和条件，以下收入将构成互助保险协会历史资产：

a. 不动产作为互助保险协会拥有的历史资产，若被指定用于建立卫生服务或行政中心用以开展与社会保障合作相关的活动，可在其损益账户中计入使用该不动产的租用或补偿费用。

b. 若互助保险协会拥有属于历史资产的空置建筑，因其位置所限不能用于成立卫生服务或行政中心以开展与社会保障合作相关的活动，可以以市场价出租租给第三方。

c. 互助保险协会可从为减少社会保障职业意外做出有效贡献的企业处获得第 97 条第 2 款所述奖励部分，但双方需事先达成协议。互助保险协会领取上述奖励的最高标准需依法制定。

第九十四条 签署合约

1. 社会保障互助合作保险协会应根据 2011 年 11 月 14 日颁布的第 3/2011 号皇家法令批准的《公共部门合同法》修订本及其实施条例中适用于不具备公共行政地位的订约当局的规则，调整其签署合同的活动。

＊注意：2011 年 11 月 14 日颁布的第 3/2011 号皇家立法令已经 2017 年 11 月 8 日颁布的第 9/2017 号《公共部门合同法》废除条款废除，该法令并将欧洲议会和理事会于 2014 年 2 月 26 日颁布的第 2014/23/EU 号法令转换为西班牙法律。

2. 就业和社会保障部应在社会保障管理局法律事务处提交报告后，批准适用于合同签订的一般规范，以及适用于不受统一规定约束的合同签订程序说明。

3. 签约程序应保证公开、一致、透明、保密、平等和不歧视的原则，雇主成员和其雇员可以参与竞标，在该情况下，不得自己或通过代理人成为签约机构的一部分。与投标人有血缘或婚姻关系的人员（不超过四代），或直接或间接持有等于或超过 10% 股本的企业，或具有行使决策权职能的企业，也不得成为缔约机构的一部分。

4. 应制定适用于涉及不动产投资、金融投资或被排除在《公共部门合同法》修订本适用范围之外的合约签署的特殊条款。

第四目 管理经济效益

第九十五条 经济效益和储备

1. 经济资产效益应根据每年归属于下列各管理范畴内的活动收入和支

出之间的差额来确定：

a. 管理工伤事故和职业病险、孕期保险待遇或哺乳期保险待遇、患有癌症或其他严重疾病的未成年人护理津贴、社会保障预防性措施。

b. 管理由普通意外造成的暂时性丧失劳动力经济待遇。

c. 管理对自雇人士中断就业的保障，但不妨碍互助保险协会在该领域仅作为经办机构行事。

在职业意外的管理方面，应设立待办事故储备金，包括因工伤事故和职业病造成的永久性丧失劳动力和死亡及遗属定期津贴在财年末仍未被确定的未再保险部分的预估金额。

2. 在第 1 款中所述之每个范畴中，都应设立稳定储备金，该储备金由每年取得的经济效益拨付，其目的是消除每个范畴不同财年之间经济效益中可能出现的不平衡。储备金的数额如下：

a. 职业意外稳定储备金的最低数额应相当于过去三年为意外事故和第 1 款 a 项所述之待遇缴纳的基本社会保险费年平均缴款额的 20%，可自愿增加至 30%，即该储备金的最高标准。

b. 普通意外稳定储备金的最低数额应为本财年内为上述事故缴纳的基本社会保险费的 5%，可自愿增加至 20%，即该储备金的最高标准。

c. 中断就业稳定储备金的最低数额应为本财年为该保险缴纳的基本社会保险费的 5%，可自愿增加至 20%，即该储备金的最高标准。

互助保险协会将向社会保障基金管理总局支付款项以补充中断就业稳定储备补助金，保证该保障系统财政充足。该款项金额为中断就业稳定储备金缴纳的保险费与净盈余总额之间的差额。

＊注意：第 2 款经 2023 年 12 月 23 日颁布的《2023 年国家总预算法》最终条款第 25 条制定。

3. 在第 1 款 a 项和 b 项所述范畴的亏损应使用相应的稳定储备金予以弥补。对稳定储备金资金低于其最低标准的，应从第 96 条 b 项规定之储备补助金中拨付款项以补足到上述标准。

对在进行了前段规定的操作后职业意外管理范畴仍存在赤字的，或其特定稳定储备金资金低于法定最低标准的，则应从普通意外稳定储备金的自愿基金部分拨款来消除赤字，以保证稳定储备金的资金达到上述法定最低标准，在不足的情况下，应酌情适用第 100 条的规定。

在由普通意外引起的暂时性丧失劳动力经济待遇管理范畴内，对在从第一段规定所述之储备补助金拨款后仍存在赤字的，或特定储备金的资金低于法定最低标准的，则应从职业意外稳定储备金中拨款以消除赤字并使该范畴特定稳定储备金达到其最低标准。如果使用后一种储备金达到第 100 条第 1 款 a 项所述之标准，则应施行本条规定之措施。

在适当的情况下，就业和社会保障部可以制定规则授权给法定结构条件基础上综合系数财政不足的互助保险协会，在用以支付由普通意外造成的暂时性丧失劳动力经济待遇的基本社会保险费部分的基础上采用额外比例。

4. 中断就业待遇管理的亏损应通过从互助保险协会设立的特定储备金拨款来弥补，在不足的情况下，应根据法律规定，从社会保障基金管理总局设立的中断就业稳定储备补助金中拨款，以消除赤字并使储备金补充到其最低标准。

第九十六条 盈余

1. 在拨付职业意外稳定储备金后的盈余应按以下方式使用：

a. 第 95 条第 1 款 a 项所述管理范畴内其盈余的 5% 应在每个财年 7 月 31 日前拨付到社会保障职业意外基金的特别账户，该账户以社会保障基金管理总局为开户名在西班牙银行开设，受西班牙融合、就业和社会保障部管辖。

b. 本款第 1 段所述盈余的 5% 可用于向互助保险协会设立的储备补助金拨款，如果无须用其实现第 95 条第 3 款规定之目的时，其资金可用于支付超额行政费用、非社会保障福利待遇索赔和行政处罚的诉讼费用。

储备补助金的最高标准不得超过第 95 条第 2 款 a 项所述之职业意外稳定储备金最高数额的 25%。

c. 本款第一段所述盈余的另外 10% 可用于向社会援助储备金拨款，用于给付授权的社会援助福利，为参保人，特别是有后遗症的劳动者提供包括康复训练、职业重新定位以及支持适应基本环境和工作的措施，并在适用的情况下，为受益人的受抚养人提供作为独立于社会保障的保障措施之外的补充资助。该储备金的应用规则应受法律规范。

d. 本条第一款所述盈余的 80% 应于每年 7 月 31 日之前存入社会保障储备基金。

*注意：本条第 2 款经 2023 年 12 月 23 日颁布的《2023 年国家总预算法》最终条款第 25 条制定。

2. 在任何情况下，储备补助金和社会救助储备金均不得用于支付不当费用，因为它们与合作中包含的福利、服务或其他项目不对应，也不能用于支付合作伙伴人员的报酬或赔偿。相互保险公司支付的金额高于适用法规规定的金额，应按照第 100 条第 4 款规定的方式支付。

3. 在任何情况下，储备补助金和社会援助储备金都不得用于支付不符合合作范围内的福利待遇、服务或其他项目的不当费用，也不得用于支付高于适用法规规定数额的互助保险协会人员的薪酬或赔偿金，应根据第 100 条第 4 款规定的方式支付。

4. 向普通意外稳定储备金拨款后的所有盈余都应拨付给社会保障储备基金。

5. 向中断就业稳定储备金拨款后的盈余应上交给社会保障基金管理总局，用于向中断就业稳定储备补助基金拨款，以消除互助保险协会在使用其中断就业稳定储备金后在该管理范畴可能产生的所有赤字，并根据第 95 条第 4 款规定的条件将其补充到最低标准。但不得与第 97 条第 3 款关于基金的具体和过渡条款相抵触。

第九十七条　社会保障职业意外基金

1. 社会保障职业意外基金应包括存入特别账户的现金、该基金所投资的可转让证券和其他动产与不动产，以及一般由互助保险协会使用社会保障资源盈余所创收的资金、收入和增值。除非就业和社会保障部另有规定，否则金融资产和特别账户产生的收益和支出应记入特别账户。

该基金受就业和社会保障部领导，并被指定用于其社会保障目标。

2. 就业和社会保障部可将社会保障职业意外基金用于创建或改造互助保险协会附属的援助和康复中心；用于治疗和康复技术的研究、开发和创新；在互助保险协会附属的援助中心进行的工伤事故和职业病的病理治疗；鼓励企业通过受法规监管的系统，采取有效促进减少职业性事故的社会保障措施和程序；若适用，可提供与预防和控制职业意外有关的服务。取得动产和不动产应遵守第 92 条之规定。

3. 社会保障基金管理总局可将存放在特别账户中的基金变现成公共法人发行的金融资产，也可以按照就业和社会保障部确定的金额、限期和其他条件进行转让，直至其可用于上述目的。

社会保障基金管理总局可以临时使用存放在特别账户中的资金，以过渡形式实现社会保障目的，并根据就业和社会保障部规定的方式和条件满足基金管理总局需求或现金短缺，直至由就业和社会保障部用于实现上述目的。

第五目 其他条款

第九十八条 就业和社会保障部的权力

*注意：根据2020年1月12日颁布的第2/2020号对部委进行重组的皇家法令第1条，本修订本中所有提及"西班牙就业和社会保障部"均应理解"西班牙融合、社会保障及移民部"。

1. 根据第5条规定，就业和社会保障部对社会保障互助合作保险协会拥有管理和监督权，并通过被赋予该职能的行政机构行使。

2. 根据2003年11月26日颁布的第47/2003号《总预算法》第168条a项规定，社会保障互助合作保险协会应接受年度决算审计，审计工作由社会保障审计总署负责。同样，还应根据上述法律第169条规定，进行年度合规审计。

3. 社会保障互助合作保险协会应按年度编制社会保障管理收支预算草案，并将其提交就业和社会保障部以纳入《社会保障预算法案》。同样，也应遵守2003年11月26日颁布的第47/2003号法律第五章规定的会计制度（该法根据适用于社会保障体系机构法规规范国家公共部门的会计工作），但不影响在其年度决算中，主管机构依据上述法律规定而制定的条款，提交由于管理第95条第1款中所述每个范畴而取得的经济效益。社会保障互助合作保险协会应根据2003年11月26日颁布的第47/2003号法律第五章的规定，向审计法院提交年度决算。

4. 社会保障劳动监察局根据2000年8月4日颁布的第5/2000号皇家法令批准的《社会治安违法处罚法》修订本的规定，对社会保障互助合作保险协会进行核查，并向管理监督机构通报其行动的结果以及行动结果报告和建议。

5. 社会保障互助合作保险协会有义务向就业和社会保障部提供其要求的任何数据和信息，以便充分了解合作情况、其职能和开展的活动以及其历史资产的行政管理情况，并应遵守管理监督机构的指示。

6. 就业和社会保障部应每年公布一份综合报告，介绍互助保险协会本财年在不同授权范畴开展合作方面的管理活动，以及公共资源分配、管理和使用情况。同样根据前款规定，公布向其提出的投诉和请愿，以及其管理范畴内发生事故的报告。

第九十九条 知情权、投诉权和索赔权

1. 社会保障互助合作保险协会雇主成员、其雇员和自雇人士有权从互助保险协会获知其被掌握的相关信息。同样，也可以向管理监督机构提出申诉和请愿，说明互助保险协会在履行职能时的不足。因此，社会保障互助合作保险协会应在其所有行政或护理中心放置意见簿，供有关方面使用并递交给上述经办机构。但不妨碍适用 1992 年 11 月 26 日颁布的第 30/1992 号《公共行政部门及公共行政程序法律制度》第 38 条（可被理解为 2015 年 10 月 1 日颁布的第 29/2015 号《公共行政部门及公共行政程序法规》第 16 条）规定的方式，以及由其他法规规定的方式。

在任何情况下，互助保险协会应直接答复其收到的投诉和索赔，并将该投诉书和索赔书与回信一起告知管理监督机构。

2. 与社会保障福利待遇和服务相关的索赔，作为合作管理的对象或基于该待遇和服务的索赔，包括补偿性质的索赔，应根据 2011 年 10 月 10 日颁布的第 36/2011 号关于社会管辖权的法律规定，由社会管辖机构审理。

第一百条　预防措施和共同责任

1. 互助保险协会出现以下情况之一时，就业和社会保障部可采取第 2 款规定的预防措施：

a. 职业意外稳定储备金未达到其最低标准的 80%。

b. 经国家行政总局核查，有事实情况表明该企业存在经济财务失衡，进而危及其清偿能力或现金流动性，其成员、受益人和社会保障的利益，或履行合同规定的义务。以及当核查确定账目或行政管理存在不足或不规范时，以致无法了解互助保险协会的真实情况。

2. 应根据情况特点采取与之相符的预防措施，包括以下内容：

a. 要求协会在一个月的期限内提交一份经其董事会批准的短期或中期经济活力、恢复或改善方案；提议采取适当的财政、行政或其他性质的措施，并对结果及影响作出预测；同时规定实施期限以改善上述状况，在任何情况下都应保证参保人和社会保障系统的权利。

该方案的实施时间不得超过三年，视情况明确规定所要采取措施的形式和频率。

就业和社会保障部应在提交拟议方案一个月内对其作出批准或拒绝决议，并规定该企业报告其进展的频率（如适用）。

b. 召集协会理事机构，指定专人主持会议并报告情况。

c. 暂停该协会所有或部分董事的职务，该协会必须指定由就业和社会保障部事先认可的人员来临时替代。若该协会未按上述要求指定人员，该部可直接任命董事。

d. 命令采取措施以纠正在过往财政年度分析报告中经济发展和社会目标实现方面出现的不利趋势。

e. 对该协会进行干预，以核实并保证正确遵守上述部委发布的具体命令，否则违反该命令会直接或间接导致对参保人或社会保障系统的损害。

f. 根据2000年8月4日颁布的第5/2000号皇家法令批准的《社会治安违法处罚法》修订本的规定，在发生被认定情节严重的违法行为时，责令停止合作。

3. 为了采取前款规定的预防措施，应在事先听取相关协会意见后执行相应的行政程序。当无理由采取上述措施时，经就业和社会保障部同意，应停止采取该措施。

预防措施与对同一事件的法律制裁无关，也与下条规定的共同责任无关。

4. 互助保险协会成员雇主的共同责任应包括以下义务：

a. 在就业和社会保障部认为有必要保证协会适当分配社会保障待遇或履行其义务，在按照第95条规定的方式使用储备金后，对职业意外稳定储备金未达到其最低标准80%的，将职业意外稳定储备金补充到最低保障标准。

b. 与社会保障管理合作所包含的福利待遇、服务或其他项目不相符的不当开支。

c. 行政费用和经济税务处罚的超额部分。

d. 互助保险协会服务人员的报酬或赔偿超过适用劳动关系法规中规定的金额或超过法定限额。

e. 清算过程中资产（包括第93条规定的资产）耗尽后由于缺乏足够的资金消除互助保险协会清算所产生的赤字。

f. 互助保险协会未按法定方式履行其所承担的义务。

g. 根据第91条第4款的规定，因共同或补充责任而归属于互助保险协会的义务。

共同责任应延伸至雇主承担清偿其作为协会成员期间或在该期间开展的业务所产生的债务。如果合伙关系终止，该责任将在合伙关系终止的财年结束后五年到期。

用于确定缴费的分摊制度将维护成员雇主权利义务的平等，并应与受互助保险协会保护的意外事故而缴纳的基本社会保险费成比例。

分摊缴费具有社会保障公共资源的性质。因适用共同责任而产生的分摊费用索赔声明应由就业和社会保障部作出，并根据第 91 条第 5 款的规定，确定其净额进行索赔，并规定适用的形式、方法、方式和条件，直至其缴清所有费用。

5. 互助保险协会也可借助第 93 条规定的资产来履行该责任。对在短期内资产不足以用来履行上述责任的，就业和社会保障部可听取互助保险协会股东大会的提议，在法定条件和法定期限内对其进行授权。

第一百零一条　取缔协会与清算

在以下情况，社会保障互助合作保险协会应停止在社保管理方面的合作，对协会应予解散：

a. 股东大会特别会议通过决议。

b. 合并或收购互助保险协会。

c. 不符合成立或运作所需要求。

d. 因未在决议规定期限内完成第 100 条第 2 款所述的经济活力、恢复或改善方案，就业和社会保障部作出决议。

e. 在第 100 条第 2 款 f 项规定的情况下。

f. 当第 93 条规定的资产不足以承担第 100 条第 5 款规定的共同责任，或未遵守第 100 条第 5 款规定的可行性或延期计划。

在上述情况下，根据法定程序，就业和社会保障部同意解散互助保险协会，随后开始清算程序，其运作和结果须经该部门批准。由此产生的盈余应交付给社会保障基金管理总局用于实现社会保障功能，但从清算历史资产中获得的盈余除外，该盈余应在互助保险协会债务清偿后用于实现其组织章程规定的职能。

清算一旦获批，就业和社会保障部即同意在清算过程中终止该协会作为互助保险协会的身份，命令其取消注册，并在《国家官方公报》上公布该决议。

在合并和收购的情况下，不得对合并后的互助保险协会启动清算程序。合并或收购后的新互助保险协会应代位享有被取消协会的权利和义务。

第三节 企业

第一百零二条 企业合作

1. 单独就各企业及其员工而言，可以以下列一种或多种方式专门合作管理社会保障：

a. 自费承担因工伤事故和职业病造成的暂时性丧失劳动力待遇，以及医疗保健待遇和职业康复补贴金，包括上述情况相应的津贴。

b. 由经办机构或有义务的互助保险协会承担费用，向其雇员给付暂时性丧失劳动力经济待遇，以及其他法定福利待遇。

*注：b 项经 2018 年 12 月 28 日颁布的用于重新评估公共年金以及采取社会、劳动和就业方面的其他紧急措施的第 28/2018 号皇家法令最终条款第 2 条第 2 款删除，c 项转为 b 项。

2. 就业和社会保障部可为所有企业或某些特定企业，针对上条 b 项所述的待遇给付方面建立强制性合作。

强制合作包括由企业向其雇员提供经济待遇，费用由管理或合作机构承担，该金额将在结算企业缴纳的社会保险费中得到偿付。企业必须通过既定的电子方式，按照法定条件，将病休医疗报告中所要求的强制性数据告知经办机构。当企业未能遵守既定义务时，就业和社会保障部可以暂停或取消强制合作。

3. 就业和社会保障部应确定本条前几款所述的合作条件。

4. 第 1 款所述之企业在社会保障管理方面的合作模式，可以授权给符合就业和社会保障部规定条件、专门为此目的而成立的企业集团。

5. 在规范第 1 款 a 项和第 4 款规定的合作模式时，改善福利待遇和援助措施的特定权益应与国家团结的要求相协调。

*注：第 5 款经 2018 年 12 月 28 日颁布的用于重新评估公共年金以及采取社会、劳动和就业方面的其他紧急措施的第 28/2018 号皇家法令最终条款第 2 条第 2 款修订。

第七章

经济制度

第一节　社会保障资产

第一百零三条　资产

1. 基本社会保险费、资产、税收、股份和任何其他种类的资源构成了实现社会保障目的的独有资产，不同于国有资产。

同样，构成社会保障资产的房地产，除了优先用于社会保障目的之外，还可以根据第 104 条规定的方式转让，或 107 条规定的方式转让其使用权，以用于公共事业。

2. 社会保障的资产管理应遵循本法及其实施发展条例中的具体规定，并且在上述法规中未规定的所有事项上，应遵循 2003 年 11 月 3 日颁布的第 33/2003 号《公共行政资产法》的规定。上述法律中提及的经济财政代表团、国家资产总局和财政部，分别指社会保障基金管理总局的省级局、社会保障基金管理总局以及就业和社会保障部。

＊注意：本条经 2022 年 12 月 23 日颁布的第 31/2022 号《2023 年国家总预算法》最终条款第 25 条制定。

第一百零四条　所有权、分配权、管理权和保管权

1. 社会保障独有资产的所有权属于社会保障基金管理总局。上述所有权，以及上述资产的分配、管理和保管，应受本法和其他法规约束。

2. 社会保障资产的不动产可由融合、社会保障和移民部部长分配给国家行政总局或其公共机构、其他公共行政部门或具有独立法人资格的公法部门、公共行政部门或附属于该机构的公共机构。分配不改变财产的所有权。

当分配给国家行政总局的某个部门或附属于该机构的公共机构时，必须按照财产法规定的方式接受才能生效。

3. 除非在分配或转让协议中另有规定，由接受不动产的行政部门或机构行使下列职能：

a. 进行必要的维修以维护该不动产。

b. 进行其认为合适的修缮工程。

c. 为保障该资产而依法提起占有诉讼。

d. 以代位方式承担适用该资产的纳税义务。

4. 除非在分配或转让协议中另有规定，否则转让给其他具有公法性质的行政部门或机构的不动产在停用或改变其转让用途的情况下，应根据《公共行政资产法》的规定，将该资产归还给社会保障基金管理总局，由接受转让的行政部门或机构承担其养护费用，并代位履行纳税义务，直至转让或停用的财政年度末。然而，当融合、社会保障和移民部部长授权改变所分配或转让不动产的用途或目的时，不得将产业归还给社会保障基金管理总局。

5. 社会保障管理局持有的清单和官方文件相关的证书，足以证明其所有权和在相关的官方登记册中已备案。

＊注意：本条经 2022 年 12 月 23 日颁布的第 31/2022 号《2023 年国家总预算法》最终条款第 25 条制定。

第一百零五条　收购不动产

1. 为特地目的而有偿收购社会保障不动产，应由社会保障基金管理总局通过公开招标的方式进行，除非鉴于收购的紧迫性或为满足特殊需要，就业和社会保障部可授权直接收购。

2. 在报告社会保障基金管理总局后，国家卫生管理局总局可批准其为实现特定目的需要签署的不动产收购合同，根据同年的《国家总预算法》规定的金额收购，并获得卫生社会服务及平等部的授权。

3. 就业和社会保障部应制定适用于社会保障合作互助保险协会在管理合作中而分配的资产的收购程序。

第一百零六条　出让不动产和证券

1. 据专家评估，对于价值不超过《公共行政资产法》规定的数额的社会保障不动产，出售该类资产需得到就业和社会保障部的必要授权。其他情况下需得到政府授权。

前款所述资产的出让应通过公开拍卖进行，在听取就业和社会保障部负责人的提议后内阁授权直接出售的情况除外。对资产不超过《公共行政资产法》规定价值的不动产，就业和社会保障部负责人可直接授权。

2. 无论是股票或是固定收益证券，证券的出让都应根据前款规定的条件事先获得授权。作为例外情况，获准在官方市场交易的证券必须根据管理证券市场的现行法律，通过此类市场认可的系统进行出售。如果是为了给付法律认可的福利待遇，且出售的税前价格不超过当年《国家总预算法》规定的金额，则无须事先获得授权即可出售。出售此类证券应立即告知就业和社会保障部。

第一百零七条　不动产的租赁和转让

1. 社会保障机构的不动产应通过公开招标进行租赁，就业和社会保障部认为有必要或适宜直接租赁的情况除外。

2. 国家卫生管理局总局负责授权该局为履行职能所需的不动产租赁合同。当数额超过同年《国家总预算法》规定的年收入额时，则需西班牙卫生社会服务及平等部部长授权。

3. 就业和社会保障部应确定租赁资产的适用程序，该租赁资产仅用于社会保障互助合作保险协会在管理中实现合作目的。

4. 社会保障不动产，如果对于实现其用途非必需，则可在听取社会保障基金管理总局的建议后，事先告知国家资产总局，由包容、就业和社会保障部长授权免费转让，用于公共事业或社会保障利益。

*注意：本条第 4 款经 2022 年 12 月 23 日颁布的第 31/2022 号《2023 年国家总预算法》最终条款第 25 条第 5 项重新制定。

第一百零八条　不可扣押性

不得扣押构成社会保障资产的资产和税收。任何法院或行政当局不得对根据 2003 年 11 月 26 日颁布第 47/2003 号《总预算法》第 23、24、25 条规定的社会保障资产和税收，以及因其取得的收入、成果或收益发出扣押令或执行令。

第二节　社会保险财政资源和制度

第一百零九条　一般资源

1. 社会保障的资金来源应包括：

a. 国家的累进缴款，应永久纳入当年的总预算，以及商定因特别事务或形势紧迫性所需的缴款。

b. 义务人的基本社会保险费。

c. 以附加费、罚金或其他类似性质收取的款项。

d. 其资产的成果、收入或利息以及任何其他收益，但不得妨碍本章前节规定的非无偿遗产处置权。

e. 其他任何不违背第 10 项附加条款规定的收入。

* 注意：本条第 1 款经 2022 年 12 月 23 日颁布的第 31/2022 号《2023 年国家总预算法》最终条款第 25 条第 6 项重新制定。

2. 在不妨碍第 10 条第 3 款第 1 项以及同 1 条第 2 款 c 项规定的情况下，非缴费型和普遍性模式下的社会保障措施由国家向社会保障预算拨款实现，但管理权移交至自治大区的社会保障福利、社会保障医疗保健服务和社会服务的除外，在该情况下，应根据当下现行的自治大区筹资制度进行筹资。

缴费型待遇、其管理费用以及与参保、筹资、经济财政管理和资产管理相对应的服务运行费本质上由前款 b、c、d 和 e 项所述资源拨付款项，在适当情况下由国家向商定的特定服务拨付资金。

3. 就前款而言，社会保障福利待遇性质如下：

a. 缴费型：

（1）社会保障经济待遇，但下文 b 项所述除外。

（2）工伤事故和职业病意外险的待遇总额。

b. 非缴费型：

（1）社会保障措施中所包含的医疗保健服务和福利以及相应的社会服务，但因工伤事故和职业病引起的除外。

（2）非缴费型劳动能力丧失津贴和退休养老金。

（3）本法第 181 条和第 182 条规定的生育补贴。

（4）社会保障最低年金标准补助金。

（5）第六篇第一章规定的家庭福利。

（6）最低生活收入。

* 注意：本款经 2021 年 12 月 20 日颁布的规定了最低生活收入标准的第 19/2021 号法律最终条款第 4 条第 3 项修订。

第一百一十条　财务制度

1. 在不妨碍第 3 款规定的情况下，社会保障体系所有计划的财务制度应是现收现付制，适用于每个计划所涵盖的所有意外事故和情况。

2. 社会保障基金管理总局应为整个社会保障体系设立一个单一而稳定的基金，以满足因收支偏差所产生的需求。

3. 社会保障互助合作保险协会，或声明负责的企业（视情况而定）应负责发放因工伤事故或职业病导致的永久性丧失劳动力津贴或死亡抚恤金，上述企业应将相应的年金费用存入社会保障基金管理总局，但不得超过各自的责任限额。

上述年金费用是指该待遇的现值，应根据每项年金的特点并采用最合适的技术精算标准来确定，所得出的数额可保证待遇的覆盖范围具有最恰当的近似度，为此，就业和社会保障部应采用适用的死亡率和利率。

同样，就业和社会保障部规定社会保障互助合作保险协会有义务通过强制比例再保险和可选性非比例再保险制度，或通过任何其他补偿制度对确定的风险进行再保险。

4. 本条所述事项应受第 5 条第 2 款 a 项所述条例约束。

第一百一十一条　投资

不立即用于履行监管义务的稳定储备金的投资方式应保证社会用途与技术上获得必要的流动性、盈利性和安全性相协调。

第三节　社会保障预算、审计和核算

第一百一十二条　一般规定和审计规则

1. 社会保障预算作为国家总预算的一部分，应受 2003 年 11 月 26 日第 47/2003 号《总预算法》第二章的规定管辖，而社会保障核算和审计则分别受该法第五章和第六章的规定管辖，在这两种情况下，还应受本节法规的管辖。

2. 为了确保更好且更有效地执行和控制预算，政府应听取国家行政审计总局和社会保障审计总署的提议，批准实施细则，由后者对社会保障机构行使财务控制权。

国家卫生管理局的医院和其他卫生中心的审计职能可由社会保障审计总局长期财政监督所取代。

国家行政审计总局可以委托社会保障审查员以国家行政局的名义，并代表国家行政局对国家卫生管理局实施的所有行为行使审计职能。

第一百一十三条　修改国家卫生管理局借贷、余款和预算不足的问题

1. 尽管 2003 年 11 月 26 日颁布的第 47/2003 号《总预算法》有所规定，除了可能产生的借贷，任何国家卫生管理局不能通过内部借贷再分配或机构盈余来解决的支出增加，在该财年内应由国家拨款来支付。

2. 国家卫生管理局预算资金的结余部分以及因医疗保健预期收入增加的部分都可以用于为上述机构提供经费。

3. 财政和公共行政部部长有权通过增加国家卫生管理局的预算拨款，反映国家拨款的变化对其产生的影响。财政和公共管理部部长也有权授权拨款的变更部分由上述机构的盈余来供款。

第一百一十四条　购置物折旧

社会保障的固定资产应在就业和社会保障部部长根据《公共会计一般计划》规定的原则和程序，在规定的范围内每年进行折旧。

第一百一十五条　年度审计计划

1. 根据第 98 条第 2 款的规定，国家行政审计总局的年度审计计划应包括社会保障审计总署制定的审计计划，其中应包括经办机构、公共服务部门以及社会保障互助合作保险协会。

为了实施社会保障审计计划，在社会保障审计总署服务能力不足的情况下，可以寻求与私营企业合作，这些企业必须遵守上述管理中心的规定和指示，社会保障审计总署也可对其进行适当的审查和质量控制。

2. 与私营企业合作需取得 2003 年 11 月 26 日颁布的第 47/2003 号《总预算法》的补充条款第 2 项规定的授权。

当上述合作资金来分配给社会保障服务部门和经办机构之间的借贷，则须取得就业和社会保障部或西班牙卫生社会服务及平等部的指示。

*注意：根据 2020 年 1 月 12 日颁布的第 2/2020 号对部委进行重组的皇家法令第 1 条，本修订本中所有提及"西班牙就业和社会保障部"均应理解"西班牙融合、社会保障及移民部"。

第一百一十六条　社会保障账户

1. 组成社会保障体系各机构的账户应根据 2003 年 11 月 26 日颁布的第 47/2003 号法律第五篇规定的准则进行编制。

2. 就业和社会保障部部长有权责令不进行结算，或视情况取消所有导致债务低于预估数额以及不足以支付其征缴或筹资费用的结算，并将其从账户中删除。

第四节 社会保障储备基金

第一百一十七条 社会保障储备基金的构成

社会保障基金管理总局将设立社会保障储备基金，根据本法规定的方式和条件，以满足社会保障系统未来在缴费型待遇方面的资金需求。

*注意：第 117 条经 2023 年 3 月 16 日颁布的第 2/2023 号皇家法令《扩大年金领取者权利并缩小性别差距以及建立可持续公共年金制度新框架的紧急措施法令》独立条款第 11 款修订。

第一百一十八条 基金拨款

1. 由每一财年的预算拨款或预算结算所产生的用以为缴费型待遇和其他必要的管理费用拨款的收入盈余，只要经济方面和社会保障体系财务状况允许，应在大部分情况下优先拨付给社保储备金。

2. 根据第 96 条第 3 款的规定，社会保障互助合作保险协会的普通意外稳定储备金拨备后的盈余应拨付给社保储备金。

3. 第 96 条第 1 款 d 项所述职业意外险管理所产生的盈余比例相对应的金额应由社会保障互助合作保险协会缴存至社会保障储备金。

4. 第 127 条之二规定的最终缴款中获得的收入应缴存至社会保障储备金。

*注意：第 118 条经 2023 年 3 月 16 日颁布的第 2/2023 号皇家法令《扩大年金领取者权利并缩小性别差距以及建立可持续公共年金制度新框架的紧急措施法令》独立条款第 12 款修订。

第一百一十九条 确定预算盈余

1. 第 118 条第 1 款所述之盈余应是为缴费型待遇和其他社会保障体系管理费用拨付资金后的盈余，特别是根据第 109 条第 3 款 a 项划定的缴费型待遇，不包括社会保障互助合作保险协会的盈亏结果和第 118 条第 4 款所述为最终交费筹集的流动金额。

2. 每一财年与社会保障体系缴费型待遇相关支出的盈余，应是根据法定方式、遵守《公共会计一般计划》中规定的核算准则，按照最大审慎标准进行修正的社会保障经办机构和服务部门非金融交易净额支出差额。

3. 最终缴费由第 127 条之二第 1 款确定。

*注意：第 119 条经 2023 年 3 月 16 日颁布的第 2/2023 号皇家法令《扩大年金领取者权利并缩小性别差距以及建立可持续公共年金制度新框架的紧急措施法令》独立条款第 13 款修订。

第一百二十条　基金分配协议及其实施

1. 只要经济和社会保障财务状况允许，应至少每一财年由融合、社会保障及移民部部长，经济事务和数字转型部部长以及财政和公共职能部部长联合提案，经内阁商定一次社保储备金的实际分配。

2. 就第 127 条之二第 1 款规定的最后缴款所筹集的金额应自动存入社会保障储备基金。

3. 储备基金账户和储备基金拨款的金融资产所产生的任何性质的收益应自动存入储备基金中。

*注意：第 120 条经 2023 年 3 月 16 日颁布的第 2/2023 号皇家法令《扩大年金领取者权利并缩小性别差距以及建立可持续公共年金制度新框架的紧急措施法令》独立条款第 14 款修订。

第一百二十一条　基金资产的使用

1. 社会保障储备基金的资产应专门用于拨付缴费型年金，以加强社会保障体系的平衡和可持续性。

2.《国家总预算法》将从 2033 年起为每个财年规定社会保障储备基金的年度支出，其中包括每年确定的国内生产总值的百分比，最高限额规定如下：

年份	占国内生产总值比例（%）
2033	0.10
2034	0.12
2035	0.15
2036	0.17
2037	0.19
2038	0.22
2039	0.25
2040	0.28
2041	0.46
2042	0.50
2043	0.54
2044	0.77

续表

年份	占国内生产总值比例（%）
2045	0.82
2046	0.87
2047	0.91
2048	0.86
2049	0.84
2050	0.82
2051	0.53
2052	0.51
2053	0.50

*注意：第121条经2023年3月16日颁布的第2/2023号皇家法令《扩大年金领取者权利并缩小性别差距以及建立可持续公共年金制度新框架的紧急措施法令》独立条款第15款修订。

第一百二十二条　基金财务管理

储备基金变现的证券由公共法人发行。

构成储备基金投资组合的证券、其流动性程度、构成其金融资产的转让情况以及其他储备基金的财务管理行为应依法确立。

第一百二十三条　社会保障储备基金管理委员会

1. 社会保障储备基金管理委员会负责对负责上级指导、监督和组织储备基金的经济管理工作。

2. 该委员会由社会保障国务大臣担任主席，并由以下人员组成：

a. 第一副主席，由经济商业支持国务大臣担任。

b. 第二副主席，由负责预算和支出的国务大臣担任。

c. 社会保障基金管理总局局长。

d. 财政部部长。

e. 社会保障局总审计长。

f. 社会保障基金管理总局储备基金支付和管理财务办公室副干事担任委员会秘书，无发言权和表决权。

3. 该委员会的职能是为基金管理、咨询、基金投资组合证券的选择、其金融资产的转让、金融市场倡导的其他行为和社保储备金的监管制定方案，以及制定提交给议会的基金发展报告。

第一百二十四条　社会保障储备基金投资咨询委员会

1. 社会保障储备基金投资咨询委员会的职能是向社会保障储备基金管理委员会提供建议，包括选择纳入基金投资组合的证券、制定资产收购及转让方案和其他基金金融活动。

2. 该委员会将由经济商业支持国务大臣担任主席，并将由以下成员组成：

a. 社会保障基金管理总局局长。

b. 财政部部长。

c. 经济政策总局局长。

d. 社会保障局总审计长。

e. 社会保障基金管理总局储备基金支付和管理财务办公室副干事担任委员会秘书，无发言权和表决权。

第一百二十五条　社会保障储备基金监督委员会

1. 社会保障储备基金监督委员会负责及时了解社保储备金的发展情况。

2. 该监督委员会由社会保障国务大臣或其指定人员担任主席，并由以下人员组成：

a. 由社会保障国务大臣任命的就业和社会保障部的三名代表。

b. 经济竞争力部的一名代表。

c. 财政和公共行政部的一名代表。

d. 拥有最多会员的不同工会组织的四名代表。

e. 最重要的商业组织的四位代表。

f. 社会保障基金管理总局储备基金支付和管理财务办公室副干事担任委员会秘书，无发言权和表决权。

3. 监督委员每六个月需了解一次社保储备金的发展和结构，管理委员会、投资咨询委员会和社会保障基金管理总局应在监督委员会召开会议之前提供相关事项的信息。

第一百二十六条　预算管理和分配的性质

每个财政年度的社会保障储备基金金融资产的变现、投资、再投资、撤资和其他交易、支配和管理都属于预算外，并应在该财年的最后一个工作日，根据该日的基金资产和负债情况，明确记入社会保障基金管理总局的预算以调整拨款预算。

第一百二十七条　年度报告

政府应向议会提交关于关于社会保障储备基金发展和结构的年度报告。

该报告由政府通过其预算处送交议会，以提交至众议员、参议员和议会委员会。

第五节　代际公平机制

第一百二十七条之二　代际公平机制

1. 为了保持代际平衡，加强社会保障制度的长期可持续性，特此建立代际公平机制，包括适用于所有计划和退休养老险的最终缴款，该缴款不得用于计算福利待遇，并应存入社会保障储备基金。

缴费为 1.2 个百分点。就雇员而言，由企业承担 1 个百分点，由雇员承担 0.2 个百分点。如果企业和雇员之间对普通意外险的缴费分配结构发生变化，上述最终缴款将根据新的结构进行调整。

2. 存入社会保障储备基金的最终额外缴款不得作为任何形式的奖励、减免、豁免或扣除。同样，也不得通过应用系数或其他公式来减少缴款，或通过任何其他可能适用于雇主或雇员缴款的变量来减少缴款，具体取决于所属特殊社会保障计划和方案而适用的缴款条件，或取决于决定缴费义务的登记或类似登记的情况，以及承担缴费义务的主体，但 2015 年 10 月 21 日颁布的规范海洋渔业部门工人的社会保护的第 47/2015 号法律第 10 条规定的第二和第三组除外。

＊注意：第一篇"社会保障制度的一般规则"中第七章"经济制度"第五节经修订成为第七章第六节，经 2023 年 3 月 16 日颁布的第 2/2023 号皇家法令《扩大年金领取者权利并缩小性别差距以及建立可持续公共年金制度新框架的紧急措施法令》独立条款第 16 款起草第五节"代际公平机制"，并增补第 127 条之二。

第六节　社会保障合同签订

第一百二十八条　缔约

社会保障经办机构和公共服务部门的合同制度应符合由 2011 年 11 月 14 日颁布的第 3/2011 号的皇家法令批准的《公共部门合同法》修订本的规

定、2001年10月12日颁布的第1098/2001号皇家法令批准的《公共行政合同法》的一般条例及其实施补充细则的规定，具备以下特点：

*注意：2011年11月14日颁布的第3/2011号皇家立法令已经2017年11月8日颁布的第9/2017号《公共部门合同法》废除条款废除，该法令并将欧洲议会和理事会于2014年2月26日颁布的第2014/23/EU号法令转换为西班牙法律。

a. 不同经办机构和公共服务部门的负责人具有签订合同的权力，但金额超过当年《国家总预算法》规定限额的合同需要获得授权。

根据上述机构和服务部门的提议，由其所属部委负责人授权，若有所需，由内阁根据《公共部门合同法》修订本中规定的权限授权。

b. 经办机构和公共服务部门的负责人在未得到所属部门负责人授权的情况下，不得委托或下放签订合同的权力。

c. 社会保障经办机构和公共服务部门制定的项目必须由其所属部委的项目监督处进行监督，除非上述机构部门已自行成立办公室行使监督职能。

d. 国家立法要求的法律报告或技术报告可由社会保障领域的主管机构或相关部委发布。

第八章

社会保障程序及通知

第一百二十九条　程序、认证和签署规则

1. 非征收或具有制裁性的社会保障福利待遇和其他社保措施（包括失业保险），须符合2015年10月1日颁布的第39/2015号《公共行政部门公共行政程序法规》对此类行为在质疑和审查方面以及本章或其他适用条款中关于此类特性的规定。

＊注意：标题和第1款经2021年1月26日颁布的第2/2021号皇家法令《加强巩固保护就业的社会措施法规》最终条款第5条第4款修订。

2. 若需委派代表行事，该代表须提供合法有效的具有可信性的证明获得认可，或通过相关方亲自前往主管行政机构作出声明来获得认可。就上述情况而言，由社会保障管理局为特定程序批准的代表制式文书具有有效性。

3. 应相关方要求启动的程序，一旦超过相关法定决议和通知发布期限而未作出明确决议时，则被视为因行政沉默而拒不受理。

应相关方要求而启动的与企业注册、参保、雇佣人员登记、注销登记和信息变更有关的程序以及特别协定有关的程序均不属于前款规定的范围内，在规定期限内未作出明确决议的，则被视为因行政沉默而获得受理。

4. 社会保障管理局应根据社会保障年金国务秘书处决议规定的方式和条件，通过该处电子政务网络提供的电子方式，或通过其他保证核实相关方身份并表达其意愿和知情同意的方式，为相关方行使其权利、提交文件、开展服务和办理手续提供便利。

同样，在处理失业保险时，国家公共服务部门应通过国家公共就业服务总局电子政务网络提供的电子方式，或通过其他保证核实相关方身份并表达其意愿和知情同意的方式，根据国家公共就业服务总局决议规定的方式和条件，为相关方行使其权利、提交文件、开展服务和办理手续提供便利。

此类决议应通过电话或语音渠道、视频通话或视频识别、数据对比或其他诸如此类的可靠方式建立安全的自然人身份认证方式。上述方式也应确保对身份验证的依据进行管理。

5. 根据 2015 年 10 月 1 日颁布的第 39/2015 号法律第 10 条第 1 款的规定，只要附上国民身份证或同类身份文件的副本，并通过身份和居住数据核查服务部门（SVDIR）进行切实验证后，即可在社会保障管理局和国家就业公共服务总局的程序处理中，承认上述法律第 11 条第 2 款中所述文件有效或在其所附文件中插入的签名。

6. 通过社会保障年金国务秘书处或国家公共就业服务总局局长在失业保障问题上作出的决议，可与相关方在确定程序和手续的联系中建立非加密的电子签名系统。

非加密电子签名系统要求事先通过第 4 款所述方式核实数据主体的身份。

使用非加密电子签名系统的应用程序要求数据主体应明确表达其知情同意及签名意愿，并确保不可抵赖性、案件可追溯性、认证依据可管理性和提交信息的密封性。

*注意：本条第 4、5 和 6 款经 2021 年 1 月 26 日颁布的第 2/2021 号皇家法令《加强巩固保护就业的社会措施法规》最终条款第 5 条第 4 款增补。

第一百三十条 社会保障程序的电子化处理

根据 2015 年 10 月 1 日颁布的第 40/2015 号《公共部门法律制度法规》第 41 条第 1 款规定，第三章中规定的失业保险和本法规定的其他社会保障待遇（不包括非缴费型年金）的管理程序，以及参保、缴费和筹资程序，可以以自动的方式被通过和通知决议。

国家社会保障局、国家公共就业服务总局、社会保障基金管理总局或社会海洋局的局长（视情况而定）应就此签署决议，负责事先确定相关程序和主管机构，用于根据情况明确信息系统及其源代码的具体定义、编码、维护、质量监督和控制，并对其进行审计（如适用）。同时也需指明负责对其提出怀疑的机构。

*注意：本条经 2021 年 12 月 20 日颁布的规定了最低生活收入的第 19/2021 号法律最终条款第 4 条第 5 项修订。

第一百三十一条 以电子方式提供社会保障缴费信息

为了征收管理社会保障系统资源，就业和社会保障部部长应规定企业以电子方式提交参保、缴纳社保费和社会保障筹资信息以及法规中要求的其他信息的情况和条件。

同样，就业和社会保障部部长应规定企业以电子方式提交其雇佣工人在暂时性丧失劳动力期间病休和取消病休的情况和条件。

第一百三十二条 以电子方式告知行政行为

1. 以电子方式通知的社会保障领域的行政行为应通过社会保障电子政务网络，送达由就业和社会保障部长确定的义务方和无义务但选择以电子方式接受此类通知的人员。

无义务也未选择电子通知方式的人员，行政行为的通知将会直接送达其在每个程序中明确指定的地址，若未指定地址，将会送达其在社会保障管理局中登记的地址。

2. 由于必须通过 RED 系统以电子方式传送的数据而启动的行政行为，必须强制性地在社会保障电子政务网络以电子方式告知，对信息涉及的企业和义务方均具有法律效力和法律约束力，除非义务方表示倾向于电子政务网络直接向其或第三方发出此类通知。

3. 就 1992 年 11 月 26 日第 30/1992 号法律第 59 条第 4 款（改为 2015 年 10 月 1 日颁布的第 39/2015 号《公共行政部门公共行政程序法规》第 41 条第 5 款）规定而言，当有证据表明发给相关方的通知十日后仍未被阅读，通过社会保障电子政务网络发出的通知应视为已被拒绝。

4. 根据 1992 年 11 月 26 日第 30/1992 号法律第 59 条第 5 款（改为 2015 年 10 月 1 日颁布的第 39/2015 号法律第 44 条）的规定，无法如前款所述，通过社会保障电子政务网络或相关方的地址发出通知，则根据上述法律补充条款第 21 条规定，仅须在《国家官方公报》上发布通知。

除前款所述情况外，社会保障管理局在行使其权力时发布的公告、协议、决议和函件，以及该局普遍关注的其他信息，都将由社会保障国务秘书处管理，公布在其电子政务网络的社会保障公告栏中。该方式对于法规要求以其他方式公布的决议具有补充作用。

根据就业和社会保障部制定的条款应在上述布告栏进行公布。

第九章

社会保障监察、违规行为及处罚

第一百三十三条　监察局权限

1. 社会保障监察应通过社会保障劳动监察局进行，执行 2015 年 7 月 21 日颁布的第 23/2015 号《社会保障劳动监察制度规范》和本法及相关规定赋予的职能和权限。

2. 社会保障劳动监察局具体负责以下工作：

a. 监督本法规定义务的履行情况，特别是在缴纳基本社会保险费和筹资方面的欺诈和拖欠行为。

b. 对适用于合作经办机构法规的实施和履行情况进行监督管理。

c. 应要求向社会保障机构和部门提供技术援助。

3. 应根据适用条款规定的职能和程序行使上述职权。

4. 除非政府另有规定，本法有关监察的规定不适用于国家公务员、武装部队和司法行政部门的特别保障计划。

第一百三十四条　与监察局合作

社会保障管理和合作机构以及社会保障公共服务部门应与社会保障劳动监察局合作，以监督雇主和劳动者履行本法规定义务的情况。

第一百三十五条　违法行为和处罚

1. 就违法和处罚问题，应适用本法和 2000 年 8 月 4 日颁布的第 5/2000 号皇家法令批准的《社会治安违法处罚法》修订本的规定。

2. 根据《社会治安违法处罚法》修订本第 47 条的规定，福利待遇经办机构对劳动者和待遇受益人作出的处罚决定，可根据 2011 年 10 月 10 日第 36/2011 号法律第 71 条规定的方式向主管机构提出申诉后，向社会治安管辖法院提出上诉。

第二篇

社会保障一般计划

第一章

适用范围

第一百三十六条 适用范围的扩展

1. 受雇于他人的劳动者以及本法第 7 条第 1 款 a 项所述同类劳动者应被强制纳入社会保障一般计划的适用范围内,除非其劳动活动要求其必须被纳入其他特别计划的适用范围。

2. 就本法而言,前款所述包括以下内容:

a. 列入家庭雇员特别方案和农业工人特别方案的劳动者,以及第 11 条所述一般计划中其他特别方案的劳动者。

b. 有限企业的合伙人和雇员,即便其属于行政机构成员,但只要无须同时履行企业行政管理职能,也无第 305 条第 2 款 b 项规定之企业控制权。

c. 有限企业的雇员、董事和管理者。只要根据第 305 条第 2 款 b 项之规定对企业无控制权,即便履行其本职职能时需要执行企业的管理行政职能,且因此或作为企业雇员获得薪酬。

上述董事和管理者不享受失业保险和工资保障金。

d. 工人自有企业的合伙人。其股本中的股份符合 2015 年 10 月 14 日第 44/2015 号《劳务投资公司法》第 1 条第 2 款 b 项的规定,即便其属于行政机构成员,但只要无须同时履行企业行政管理职能,也无第 305 条第 2 款 b 项规定之企业控制权。

e. 工人自有企业合伙人。与受雇人员类似,因其管理者身份履行企业管理职能而获得薪酬,或与工人自有企业同时存在特殊高级管理雇佣关系而获得薪酬,无第 305 条第 2 款 b 项规定之企业控制权。

上述合伙人不享受失业保险和工资保障金,除非工人自有企业的合伙人人数不超过 25 人。

f. 公证处、土地登记处和其他类似办公机构之工作人员。

g. 在产品生产地或生产地以外从事香蕉处理、包装、装箱和销售的劳动者。香蕉可属于劳动者自身财产或第三方财产，可以是个人业务或与任何类型的协会或团体合作（包括各种工人合作社）业务。

h. 在社会慈善组织机构中提供有偿服务的个人。

i. 在教会机构或下属机构中提供有偿服务的非宗教人士。通过与教阶制度主管部门签订特别协议，规范向教会团体或机构提供有偿服务的非专门宗教人士（其主要任务是直接协助礼拜活动）的情况。

j. 为私人旅游服务的汽车司机。

k. 公共行政部门及其相关或下属部门的非编制内文职人员，前提是该人员未根据特别法律被强制纳入其他社会保障计划中。

l. 公共行政部门和其相关或下属部门的公务员（包括试用期间），除非该人员被纳入国家养老等级计划或根据特别法律纳入其他计划。

m. 符合第 3 条补充条款条件的公务员。

n. 调排到自治大区的国家公务员。已经或自愿在自治大区地方部门工作，无论其准入方案如何。

o. 公共行政部门和其相关或下属部门，且不具有公务员身份的高级官员。

p. 除 1985 年 4 月 2 日颁布的第 7/1985 号《地方政权基础规范》第 74 条和第 75 条规定的内容外，以专职或兼职的方式担任职务的地方当局成员和特许政权历史领地委员会、加那利群岛议会和巴利阿里岛议会成员。

q. 受 1985 年 8 月 2 日颁布的第 11/1985 号《工会自由组织法》保护的工会组织代表，以全职或兼职行使工会管理职能并领取薪酬。

r. 根据就业和社会保障部的提议，其劳动行为与皇家法令第 1 款规定之劳动活动相似的任何个人。

第一百三十七条　排除适用

以下人员不纳入一般计划中：

a. 偶尔通过所谓的友好、仁慈或邻里服务的方式进行劳动的人员。

b. 被纳入特别计划之一的工作人员。

c. 2001 年 12 月 21 日颁布的第 6/2001 号《大学组织法》补充条款第 22 条规定的大学名誉讲师，以及 2003 年 12 月 16 日颁布的第 55/2003 号《卫生部门法定工作人员框架章程》补充条款第 4 条中规定的名誉医疗保健人员。

第二章

企业注册和参加保险、缴费与筹资条款

第一节　企业注册及雇员参保

第一百三十八条　企业注册

1. 作为开展活动的先决且不可或缺的条件，雇主应在社会保障一般计划中注册，注明其管理的企业。若有所需，还需注明其选择的社会保障互助合作保险协会，该保险协会为其提供职业意外险，给付因普通意外导致雇工暂时性丧失劳动力的待遇。

雇主须通报在申请注册时所提供信息的变更情况，特别是为上述意外事件提供保障的保险协会。

2. 前款所述关于注册之行为，须以拥有该企业的自然人或法人或非法人单位的名义在社会保障管理局的相应机构进行登记。当通过本法第16条第4条款所述任何程序发现违反履行注册义务时，社会保障管理局相应机构可依职权执行本法第16条第4款的规定，并在第16条第5款所述情况下，着手审查其在此类事项上的行为。

3. 就本法而言，任何自然人或法人或公共或私人的单位，只要属于第136条所述人员且受雇于自己，即使其活动并非出于盈利动机，也应被视为雇主。

＊注意：本条第1款和第2款经2023年1月10日颁布的第1/2023号皇家法令《鼓励雇佣劳动力及改善艺术家社会保障的紧急措施法令》最终条款第4条第3款修订。

第一百三十九条　参加社会保险、登记和注销登记

1. 雇主有义务为雇员申请办理社会保险登记，并告知劳动关系开始和结束的时间，以便在一般计划中为雇工进行登记和注销登记。

2. 若雇主未履行前款规定之义务，雇员可直接向社会保障管理局主管机构提出参保、登记或注销登记的要求。该主管机构也可依职权执行本法第 16 条第 4 款的规定。并在第 16 条第 5 款所述情况下，着手审查其在此类事项上的行为。

* 注意：本款经 2023 年 1 月 10 日颁布的第 1/2023 号皇家法令《鼓励雇佣劳动力及改善艺术家社会保障的紧急措施法令》最终条款第 4 条第 4 款修订。

3. 根据法律设立的社会保障管理局负责对一般计划登记权和注销权进行确认。

4. 除非法律另有明确规定，雇员在一般计划中注册应符合本篇规定。

第一百四十条　程序和期限

1. 履行前条规定义务的形式、期限和程序应符合法律规定。

2. 雇主或雇员在截止日期后申请办理社会保险注册和在一般计划中登记不具有任何追溯效力。当依职权实施上述行为时，其时间效力和责任归属应由本法及其实施发展条例所确定。

第二节　缴费

第一目　一般规则

第一百四十一条　义务方

1. 一般计划适用范围内的劳动者以及与其具有雇佣关系的雇主有义务向一般计划缴纳保险费。

2. 该缴费将包括两部分供款：

a. 雇主缴纳之保险费；

b. 雇员缴纳之保险费。

3. 尽管有前款规定，工伤事故和职业病意外险保费应完全由雇主承担。

第一百四十二条　责任方

1. 雇主有责任为自己和其雇员履行足额缴纳保险费的义务。

第 18 条和第 168 条第 1 款和第 2 款所述之非法人单位或个人也应承担共同责任、补充责任或死因责任。

前述第 168 条所规定的因开采业、工业或商业所有权继承而产生的连带责任,适用于继承前所产生的全部债务。即使是仍继续进行开采业、工业或商业活动的工人自有企业,无论企业是否由为前任雇主提供服务的劳动者组成,都视为存在这种继承关系。

若雇主是已解散并进行清算的企业或机构,其未缴的社会保障缴费义务将转接给企业合伙人或股权持有人,并对该义务承担共同责任,最高限额为结算基本社会保险费的价值。

2. 雇主应在支付雇员工资时从中扣除雇员应缴纳的社会保险费。若未在当时扣除,其后也不得扣除,雇主有义务自行缴纳足额保险费。

雇主须在工资单中告知雇员其缴纳对社会保险费总额,并根据第141条第2款的规定,注明法定雇主缴费金额和雇员缴费金额。

3. 在进行上述扣除后未在期限内代雇员缴纳相应保险费的雇主,应向雇员和社会保障管理局相关机构承担责任,但不影响其承担适用的刑事和行政责任。

第一百四十三条　契约无效性

任何由雇员承担缴纳全额或部分保险费,或雇员承担雇主缴费义务的个人或集体协议均无效。

同样,任何试图改变第147条规定的缴费基数的协议都属于无效。

第一百四十四条　缴费义务的期限

1. 缴费义务应从劳动关系开始时计起,包括试用期。仅向社会保障管理局主管机构为雇员申请参保或进行登记具有同等效力。

2. 雇员在一般计划中已登记或提供服务的整个期间,即便不具备连续性,仍具有缴费义务。只要不导致请假旷工,上述义务也适用于正在履行公共职责或担任工会代表职务的雇员。

3. 只有向社会保障管理局主管机构提出符合在一般计划注销登记的要求的申请时,上述义务才会被取消。但是若继续存在劳动关系,该申请并不能取消缴款义务。

4. 在暂时性丧失劳动力的情形下,无论其原因如何,包括因继发性月经失调、中断妊娠(无论是否自愿)和从第三十九周第一天起的妊娠等特殊情况造成的暂时丧失劳动能力;在分娩和照顾未成年人的情形下;在孕期风险和在哺乳期间风险的情形下;以及在第166条规定的其他情形下,根据法律规定仍有缴费义务。

在不妨碍前款规定的情况下,企业有权在年满六十二岁的雇员暂时性丧失劳动力期间，减免雇主75%的普通意外险费。第20条第1款不适用于上述基本保险费的减免。

*注意：第4款经2023年2月28日颁布的第1/2023号组织法最终条款第3条第1款增补，该组织法修订了2010年3月3日颁布的第2/2010号《性健康和生殖健康以及自愿中止妊娠组织法》。

5. 在罢工和中断就业的情况下，应暂停缴费义务。

6. 即使企业违反本法规定，未就上述意外为雇员或部分雇员提供保障，但其仍具有为雇员缴纳工伤事故和职业病意外险的义务。该情况下，应缴保险费需存入社会保险基金管理总局。

第一百四十五条　费率

1. 在一般计划的整个保障范围内缴费率是唯一的。应在相应的《国家总预算法》中设立和分配费率，以确定有缴费义务的雇主和雇员各自的应缴金额。

2. 对于与雇员同类性质的劳动者以及法定的其他情况，不包括在第155条第2款规定的保障措施的缴费率应按相应的比例减少。

第一百四十六条　工伤事故和职业病意外险缴费

1. 尽管有前述规定，工伤事故和职业病意外险的缴费应按照针对每种经济活动、职业或情况确定的法定费率进行缴纳。计算上述缴费率时应计入待遇费用以及预防和康复费用的需求。

2. 对于有职业病风险的企业，可根据行业或工种风险以及所采用预防手段的有效性，确定额外的职业意外险费率。

3. 对采用有效预防措施、表现突出的企业可降低前述费率。如果企业未能履行职业健康和安全义务，也可提高前述费率。本款规定费率的降低和提高不得超过缴费率的10%，但在多次违反上述义务的情况下，费率可提高达20%。

4. 雇主雇佣因劳动活动而适用退休年龄折减系数的雇员时，应按最高费率为其缴纳工伤事故和职业病意外险，只要该折减系数不会增加该险种的保险费。

本款规定不适用于雇佣2003年12月5日颁布的第1539/2003号皇家法令适用范围内劳动者的雇主，该法令规定了有利于重度残疾劳动者的退休年龄折减系数。本款规定也不适用于海员特殊保障计划中的在总注册吨位不超过10吨的渔船上工作的雇员。

* 注意：第 4 款由 2018 年 12 月 28 日颁布的关于重新评估公共福利金和采取社会、劳动和就业事务中的其他紧急措施的第 28/2018 号皇家法令最终条款第 2 条第 3 款修订。

第一百四十七条　缴费基数

1. 一般计划保障措施所涵盖的所有意外和情况，包括工伤事故和职业病意外险，其缴费基数由雇员或与雇员同类性质劳动者每月有权获得的现金和实物的总薪酬构成，无论其形式或面值如何。若其受雇从事的工作获取的薪酬更高，则其实际获得的薪酬总和为缴费基数。

超过每月一次的到期工资应在一年十二个月中按比例发放。

在劳动关系结束时需支付的带薪未休积存年假的薪酬，应在合同终止的当月进行结算并补缴保险费。即使累计年假天数已达到次月，或在同一期间开始了新的劳动关系，结算和补缴款应包括休假天数，无须按任何比例，并适用受影响月份对应的最高社保费缴费限额。

尽管有前述规定，当法律规定或在执行法律时确定雇员薪酬必须包括工资和应计假期按比例对应部分的薪酬，则应按照社保缴费一般规则中的条款执行。

2. 只有以下细目不应包括在缴费基数中：

a. 雇员使用公共交通工具离开其通常的工作地点到其他地点开展工作的交通费用补贴，该费用必须有发票或同类文件证明。

b. 不包括上款所述雇员离开其通常的工作地点到其他地点开展工作的差旅费补贴，以及在除雇员常居城市和常工作城市以外的城市所需的正常生活费用，其金额和范围根据国家个人所得税管理条例规定。

c. 死亡抚恤金以及与调职、停职和解雇有关的赔偿金。

死亡、调职和停职赔偿金应免于缴费，最高金额不得超过适用的部门法规或集体协议规定的最高数额。

解雇雇员的赔偿应按《劳工法》修订本及其实施条例或判决执行条例（如适用）强制规定的数额予以免除，不予考虑凭借协议、契约或合同确定的数额。

对调解之前终止雇佣合同的，如果遣散费未超过被判定为无理解雇应支付的金额，且未在自愿裁员集体计划或制度框架内共同商定而终止的，则遣散费可予以豁免。

在不影响前述规定的情况下，根据《劳工法》修订本第 51 条规定处理因集体裁员，或由上述修订本的第 52 条 c 项所列事由发生集体解雇而解雇或终止合同之情形，只要上述两种情况均是由经济、技术、组织、生产或不可抗力原因造成的，则收到的赔偿金中未超过上述法规中为无理解雇所制定的强制性限额部分将被豁免。

d. 社会保障待遇、企业发放的改善暂时性丧失劳动力津贴，以及企业根据雇员工作的开展情况和岗位的特点为雇员提供培训或职业再培训的费用。

e. 加班费，但工伤事故和职业病意外险保险费除外。

3. 雇主必须在每个结算期向社会保障基金管理总局通报其支付给雇员的总薪酬数额，无论是否被纳入社保费缴费基数，即便采用单一基数。

在 2002 年 11 月 29 日颁布的第 1/2002 号皇家法令批准的《年金计划及基金管理法》修订本框架内，雇主在其就业系统模式下向年金计划缴纳的费用，以及向对未纳入社保的互助保险协会事务具有专属权限的自治大区立法规定的自有就业模式工具缴纳的费用，在申请计算相应的缴费结算前，必须将每个雇员的缴费账户代码和结算期告知于社会保障基金管理总局。

＊注意：第 3 款最后一段经 2022 年 6 月 30 日第 12/2022 号法律最终条款第 4 条第 4 款增补，该法令制定了关于促进就业年金计划的规定，并对 2002 年 11 月 29 日颁布的第 1/2002 号皇家立法法令批准的《年金计划及基金管理法》修订本进行修订。

4. 尽管第 2 款 e 项有所规定，就业部门就业和社会保障部可以针对一般情况或行业特点为延长日工作时间的劳动部门确定加班费的计算方法。

第一百四十八条　最高缴费基数和最低缴费基数

1. 缴费基数的最高限额，对于一般计划中的所有劳动、行业类别和意外情况都是独一无二的，由相应的《国家总预算法》为每年确定上限。

2. 上述最高缴费基数也应适用于兼职的情况。就本法而言，兼职应理解为一个人在两个或多个不同企业工作，从事的活动使得其被纳入本一般计划的适用范围。

3. 最低缴费基数为第 19 条第 2 款规定的数额。

4. 就业和社会保障部应根据工作天数和小时数，就法律明确规定按日或按小时缴纳社保费的情况，为每组行业类别确定缴费基数的最低和最高上限。

第一百四十九条　加班额外缴费

雇员获得的加班薪酬，无论其是否缴纳工伤事故和职业病意外险，雇主和雇员都应按照相应的《国家总预算法》规定的费率缴纳额外社保费。

超过《劳工法》修订案文第 35 条第 2 款规定的最长八十个小时的结构性加班，将采用《国家总预算法》中为加班规定的一般费率缴纳额外社保费。

第一百五十条　标准化

就业和社会保障部应根据本节的规定制定标准化的缴费基数。

第二目　特殊情况下的社会保险缴款

第一百五十一条　定期合同中的额外缴费

1. 少于三十日的定期合同，雇主需在合同结束时缴纳额外的社会保险费。

2. 上述额外缴费的计算方法为：一般计划第 8 组普通意外险最低日缴费基数上适用企业为普通意外险缴费的一般费率，得出的缴费金额再乘以 3.

3. 本条所述的定期合同不包括与下列人士签署的合同：农业工人特别方案、家庭雇员特别方案、煤炭开采工人特别方案下的劳动者，或从事表演、视听和音乐的艺术家，以及从事开展上述活动所需的技术或辅助人员，也不包括替代岗合同。

＊注意：本条经 2021 年 12 月 28 日颁布的第 32/2021 号皇家法令《制定劳动改革、保障就业稳定及劳动力市场转型的紧急措施法规》第 3 条第 1 款制定。

＊注意：本条第 3 款经 2022 年 3 月 22 日颁布的第 5/2022 号皇家法令的最终条款第 1 条重新起草，该皇家法令调整了从事文艺活动的人员及其发展所需的技术和辅助活动人员的特殊雇佣关系制度并改善了该行业工作条件。

第一百五十二条　退休年龄后一般计划社会保险缴费

1. 企业雇员、合伙人或合作社工人成员一旦达到根据第 205 条第 1 款 a 项为每种情况设定的法定退休养老金年龄，企业和雇员则免于为普通意外缴纳社会保险费，但因该意外事件导致的暂时性丧失劳动力险除外。

2. 失业险、工资保障基金和职业培训税也适用于本条规定的豁免缴款范围内。

3. 2015 年 10 月 1 日颁布的第 40/2015 号《公共部门法律制度法规》规

定的、为公共行政部门提供服务的劳动者的相关保险费不适用于本条规定的豁免缴款范围内。

4. 本条规定的豁免适用期应视为为获得待遇和确定待遇金额而履行缴费义务。豁免期待遇计算基数应根据第 161 条第 4 款的规定确定。

＊注意：该条款由 2021 年 12 月 28 日颁布的第 21/2021 号《保证年金购买力及加强公共年金制度社会财政可持续性的其他措施法规》第 1 条第 3 款制定。

第一百五十三条　在退休与工作兼容机制下缴费

根据第 214 条规定的条款，在领取退休养老金允许的情况下受雇于其他工作期间，雇主和雇员应根据一般计划的管理法规，仅为暂时性丧失劳动力和职业意外向一般计划缴纳保险费。尽管其在普通意外险缴费基数上缴纳 9% 的特别统一缴款，但不可用于计算待遇，该缴费由雇主承担 7%，雇员承担 2%。

＊注意：该条款经 2020 年 12 月 30 日颁布的第 11/2020 号《2021 年国家总预算法》最终条款第 38 条之一修订。

第一百五十三条之二　在减少日工时或中止合同的情况下缴费

在临时减少日工时或临时中止劳动合同的情况下，无论是雇主根据《劳工法》修订本第 47 条或第 47 条之二的规定作出决定，或是司法程序在破产诉讼中通过决议，企业有义务缴纳雇主方的基本社会保险费。

如果有权领取失业待遇或第 41 条附加条款中所述待遇，社保待遇经机构应分别根据第 273 条第 2 款和上述附加条款的规定缴纳雇员方的社保费。

在该情况下，用于计算雇主方需缴纳的普通意外险和职业意外险，其缴费基数为相关企业在每次减少日工时或中止合同情况开始之前的六个月内缴费基数的平均值。在计算此平均值时，应考虑雇员于上述六个月期间在该企业名下的社保登记天数。

在临时减少工时的情况下，按照上述规定计算的缴费基数将根据未工作的时间而缩减。

但是，如果雇员在每种情况开始前的一个月或当月已在企业登记，则在计算上述平均值时应分别采用与情况开始前的一个月或当月相关企业相应的缴费基数。

在临时中止劳动合同和临时减少日工时期间，暂时性丧失劳动力、产假和育儿假，以及孕期和哺乳期保险相对应的社保缴费规则不应适用于未工作的时间。

*注意：本条款经 2023 年 1 月 10 日颁布的第 1/2023 号皇家法令《鼓励雇佣劳动力及改善艺术家社会保障的紧急措施法令》最终条款第 4 条第 5 项修订。

第一百五十三条之三　退休养老金领取者在从事文艺活动期间的缴费

在从事第 249 条之四规定的与退休养老金相兼容的受雇工作期间，雇主有义务根据一般计划的管理法规，在一般计划下登记并仅为职业意外险缴费。尽管其在普通意外险缴费基数上缴纳 9% 的特别统一缴款，但不可用于计算待遇，该缴费由雇主承担 7%，雇员承担 2%。

*注意：第 153 条之三经 2023 年 1 月 10 日颁布的第 1/2023 号皇家法令《鼓励雇佣劳动力及改善艺术家社会保障的紧急措施法令》最终条款第 4 条第 6 款引入。

第三节　筹资

第一百五十四条　一般规则

1. 就本法第一篇第三章的规定而言，雇主及第 18 条和第 168 条第 1 款、第 2 款所指人员（若适用），有义务根据本法及其实施发展条例规定的期限、地点和方式缴纳一般计划的所有基本社会保险费。

2. 负责履行缴费的义务方应承担第 30 条和第 31 条规定的附加费用和滞纳金。

3. 基本社会保险费的逾期缴款应按缴费期限届满日的有效费率征缴。

第三章

保障措施共同点

第一百五十五条　保障措施的范围

1. 一般计划的保障措施包括第42条所规定的保障措施，但中断就业保险和非缴费福利除外。

应根据本篇及其监管条例中规定的条件发放待遇和津贴。

2. 第136条第2款q项所述与雇员同类性质的劳动者，规定该同化的条例本身应确定所给予的保障范围。

第一百五十六条　工伤事故的概念

1. 工伤事故是指雇员在工作时或因为工作而遭受的任何身体伤害。

2. 以下情况被视为工伤事故：

a. 雇员上下班时受到的伤害。

b. 雇员在履行工会性质的选举职务时或因此而受到的伤害，以及在来往行使该职责的场所时受到的伤害。

c. 即使行业类别不同，但由雇员遵照雇主的命令或为了企业的正常运作而自发执行的工作中受到的或因此受到的伤害。

d. 在与工作职责相关的救援行为和其他类似性质行为中受到的伤害。

e. 劳动者因执行工作而罹患的不包括下条所述之疾病，但必须证明该疾病完全是由其所从事的工作引起的。

f. 劳动者先前患有的疾病或缺陷，由于工伤而加重。

g. 由工伤事故引起的疾病恶化或为康复所需新环境的条件，即工伤的性质、持续时间、严重程度或康复因并发症而有所变化。

3. 劳动者在工作时间和工作区域受到的伤害应被认定为工伤事故，除非另有证明。

4. 尽管有前述规定，以下情况不应视为工伤事故：

a. 因工作以外不可抗力造成的伤害，即与事故发生时所从事的工作性质无关。

在任何情况下，日晒、雷电和其他类似的自然现象均不被视为不可抗力。

b. 因受伤工人欺诈或严重失慎而造成的伤害。

5. 以下行为不应妨碍将意外归类为工伤事故：

a. 因工作熟练自信而导致的工作疏忽。

b. 雇主、伤者同事或第三方共同承担的民事或刑事罪责，除非与工作无关。

第一百五十七条　职业病的概念

职业病是指在作为雇员从事本法实施发展条例中表格规定的工作而感染的疾病，上述表格中针对每种职业病列出了导致该疾病的元素或物质。

此类规定须确立将认为应列入该表的新职业病的列入程序。作为强制性程序，上述程序应包括西班牙卫生社会服务及平等部出具的报告。

第一百五十八条　非工伤事故和普通疾病的概念

1. 根据第 156 条的规定，不具有工伤事故性质的应被视为非工伤事故。

2. 任何不属于第 156 条第 2 款 e、f 和 g 项，以及第 157 条所指的工伤事故或职业病的健康问题，应被视为普通疾病。

第一百五十九条　其余意外事件的概念

其余意外事件的法律概念是鉴于每种意外事件是否具有享受待遇权利所需条件而产生的概念。

第一百六十条　灾难性风险

在任何情况下，由特别立法认定的灾难性的风险都不在一般计划保障范围内。

第四章

关于待遇的一般规则

第一百六十一条　待遇数额

1. 本法未确定之经济待遇金额应在其实施条例中确定。

2. 按计算基数计算的年金和其他待遇的数额应根据每项待遇在各自规定的期间内缴费基数总额确定。

第149条所述加班费额外缴费不可计算以确定待遇的计算基数。

无论如何，每项社会保险待遇的计算基数都不得超过第148条规定的最高缴费基数。

3. 在兼职的情况下，应根据雇员在不同企业缴纳保险费的缴费基数总额确定待遇的计算基数，并以上段所述最高缴费基数为限。

4. 未为普通意外缴纳保险费的工作期间，根据第152条规定，为确定免于缴费的待遇计算基数，每个财年免于缴费的月缴费基数不得超过上一历年缴费基数平均值的基础上增长上一年度消费物价指数已知平均浮动比例再加上两个百分点的结果。

第一百六十二条　待遇特点

1. 一般计划的待遇具有第44条规定的一般特点。

2. 根据第167条第2款和第173条第1款第2段的规定，由雇主自行给付的或在合作管理中由社会保障互助保险协会再结算制度下（若适用）给付的待遇，应具有优先清偿的特性，为此适用《劳工法》修订本第32条规定的制度。

3. 前述规定也应适用于第164条所述的待遇附加费。

第一百六十三条　年金不兼容性

1. 除非法律另有明确规定，同一受益人不可同时领取一般计划下的不同年金。

如果依法获得的新年金不可与已享有的年金同时领取，经办机构应按年度选择给付金额较高的年金，同时停发上述另外年金。

然而，参保人可以要求撤销该协定并选择领取停发之年金。这一选择应从递交申请后次月的第一日起生效。

*注意：该条款经 2020 年 12 月 30 日颁布的第 11/2020 号《2021 年国家总预算法》最终条款第 38 条第 2 款修订。

2. 前款规定的不兼容制度也应适用于第 196 条第 2 款规定的作为永久性丧失劳动力抚恤金替代待遇的一次性伤残补助金。

第一百六十四条　工伤事故或职业病经济待遇的增额

1. 由于设施、中心或工作场所缺乏监管保护手段或工作设备功能丧失或不佳，或未遵守一般或具体的职业安全健康措施，或未考虑到每个工作的特点和雇员的年龄、性别和其他个人适合性，以上原因而导致的工伤事故或职业病意外险待遇可根据过失的严重程度增加 30%—50%。

2. 给付前款规定之增额应由违规雇主直接承担，不得投保，任何为规避、抵消或转移该责任而订立的协议或合同均无效。

3. 本条规定之责任独立并兼容于其他责任，包括由违法行为引起的刑事责任。

第一百六十五条　领取待遇的条件

1. 为了有权领取一般计划的待遇，被纳入其适用范围的人员，除了必须满足领取每个待遇的具体要求外，还必须满足一般要求，即参保并在上述计划中登记，或在发生意外情况或受保障情况时处于或等同于登记的状态，除非法律另有明确规定。

2. 发放待遇及确定其金额需满足一定的社保费缴费期限，只有实际缴费或本法及其管理条例中明确规定的缴费才可计入上述缴费期限。

3. 缴纳与暂时性丧失劳动力、孕产、陪产、孕期保险或哺乳期保险相对应的基本社会保险费可计入获取不同待遇要求的缴费期限。

4. 除非法律另有明确规定，否则获取因事故（无论是否与工作相关）或职业病而领取待遇的权利无须提前缴费。

5. 《劳工法》修订案文第 48 条第 10 款针对性别暴力案件情况规定的停薪留职期，应被视为有效缴费期，以享受相应的社会保障待遇，如退休待遇、永久性丧失劳动力待遇、死亡抚恤金和遗属抚恤金、生产和育儿待遇、失业待遇，以及照顾患癌或其他严重疾病的未成年人待遇。

*注意：第 5 款经 2022 年 9 月 6 日颁布的第 10/2022 号《全面保障性

自由组织法》最终条款第 16 条修订。

6. 劳动合同终止之日仍有效的产假或陪产期，或在领取失业待遇期间开始的产假或陪产期，将被视为有效的缴费期限，以享受相应的社会保障待遇，如退休待遇、永久性丧失劳动力待遇、死亡抚恤金和遗属抚恤金、生产和育儿待遇、失业待遇，以及照顾患癌或其他严重疾病的未成年人待遇。

第一百六十六条　等同于保险登记的情况

1. 就第 165 条第 1 款而言，雇员领取失业待遇的完全法定失业期间应被视为等同于保险登记的情况。

2. 雇员在劳动合同终止前未休带薪年假也应被视为等同于缴纳保险费的登记情况，但不包括孕期险和哺乳期险。

3. 强制休假、企业境外调动、与社会保障管理局签订特别协议，以及就业和社会保障部规定的其他情况，可归类为处于某些意外的保险登记情况，由法规确定其范围和条件。

4. 即使雇主未履行其义务，一般计划适用范围内的雇员也应被视为处于工伤事故和职业病以及失业登记情况。同样的规则也适用于普通疾病、孕产和非工伤事故的医疗保健。

5. 政府可听取就业和社会保障部部长的提议，在确定了必要的财政资源后，将上述登记推定范围扩大至本篇规定的一项或多项意外情况。

6. 前两款的规定不得妨碍雇主根据第 139 条的规定要求其雇员在一般计划中登记的义务以及依下条之规定的雇主责任。

7. 在罢工和中断就业的情况下，雇员保持在社会保障特殊登记状态。

第一百六十七条　待遇发放责任

1. 当因满足第 165 条所述条件而享有领取待遇的权利时，则应根据各自的权限将相应的责任归于经办机构、社会保障互助合作保险协会或在管理方面合作的雇主，或在适当情况下归于公共服务部门。

2. 在确定归责情况、范围和使其生效的程序规定后，若不履行参保、登记、注销登记和缴费义务，需追究其在待遇给付方面的责任。

3. 尽管有前述规定，经办机构、社会保障互助合作保险协会或公共服务部门（若适用），应根据各自的权限，在上款所述法定情况下向受益人给付待遇，并行使该受益人权利和行为的代位权。即使是已经倒闭或由于其特殊性质而不能执行强制征缴程序的企业，也需给付上述待遇。同样，在减轻雇主对此类待遇给付责任的范围内，上述经办机构、互助保险协会和服务部门将承担待遇的发放责任。

在任何情况下,待遇预付款金额不得超过彼时有效的西班牙收入指标(IPREM)数额的 2.5 倍,或在适用的情况下,不得超过待遇预付款所需的资本成本,以经办机构、互助保险协会或服务部门确定的数额为限。由互助保险协会声明负责给付的待遇金额或者待遇资本金额应包括资本化利息和未投保附加费,但不包括第 164 条所述因缺乏职业安全健康措施而产生的附加费。

面对通过行政司法决议宣布承担给付待遇的雇主或作为担保人的社会保障机构,由机构、互助保险协会或服务部门代位受益人行使的权利和行为,只能在事先行政司法程序宣布上述雇主临时或最终无力偿债之后,对附属责任人行使。

根据本款规定,当经办机构、互助保险协会以及公共服务部门(若适用)代位受益人的权利和行动时,可对责任雇主以相同的行政司法途径实现代位权利和行为的效力。

4. 主管经办机构应负责通过行政程序宣布给付待遇的责任方,无论何种待遇,无论须预付待遇或相应资本成本的机构如何。

第一百六十八条 待遇发放责任的特殊情况

1. 在不妨碍《劳工法》修订本第 42 条与雇主承包活动相关的工程服务合同及分包合同的规定的情况下,当指明某一雇主需承担支付全部或部分待遇时,依前条规定,如果相应的工程和工业已被承包,则承包人需承担上述雇主宣告破产时之义务。

当承包工作专指房屋所有者可就其住宅承包维修时,则不会产生该补充责任。

2. 在开采业、工业或商业所有权发生继承的情况下,新业主应与旧业主或其共同继承人就继承前产生的待遇承担共同责任。在不妨碍 1994 年 6 月 1 日颁布的关于临时就业机构规定的第 14/1994 号法律第 16 条第 3 款规定的情况下,即便是在友好或非盈利的基础上,转让方和受让方雇主在临时劳务派遣的情况下也承担相同的责任。

社会保障管理局签发的、新业主不承担责任的保证书受法律约束。

3. 因某人(包括雇主)个人刑事或民事责任行为而产生的待遇,在满足其他条件并不影响上述责任的情况下,由经办机构、公共服务部门或互助保险协会给付待遇。就该情况而言,雇员或其受益人可以要求被指控的刑事或民事责任方进行赔偿。

无论雇员或所有权继承人提起何种诉讼，国家卫生管理局或相应的自治大区以及社会保障互助合作保险协会（若适用），有权向第三方责任人，或在适用的情况下向法定义务代位人，索要其已支付的医疗待遇费用。根据本法规定，参加医疗保健管理的雇主也享有同样的权利。

为行使前款所述的赔偿权，同款所述经办机构、社会保障互助合作保险协会或雇主，可有充分的权利直接出庭参加刑事或民事诉讼以获得赔偿，也可作为《刑法典》第113条中规定的第三方受害者直接推动赔偿工作。

第五章

暂时性丧失劳动力

第一百六十九条　概念

1. 以下情况认定为暂时性丧失劳动力：

a. 因普通疾病或职业病以及意外事故，导致雇员接受社会保障医疗救治且无法工作，无论是否与工作有关，最长期限为三百六十五日，若预计雇员可在此期间康复，可顺延一百八十日。

因普通意外而导致的暂时性丧失劳动力的特殊情况包括妇女在接受医疗保健期间可能出现因继发性月经失调以及中断妊娠（无论是否自愿）而导致无法工作的情形。但不妨碍因工作事故或职业病而中断妊娠的情况，在此种情况下应被视为因职业意外事件而暂时性丧失劳动力的情形。

职业女性从第三十九周第一天起，也应被视为因普通意外而暂时性丧失劳动力的特殊情况。

＊注：第 1 款 a 项经 2023 年 2 月 28 日颁布的第 1/2023 号组织法最终条款第 3 条第 2 款增补两段，该组织法修订了 2010 年 3 月 3 日颁布的第 2/2010 号《性健康和生殖健康以及自愿中止妊娠组织法》。

b. 规定的职业病病休观察期最长为一百八十天，若认为有助于研究和诊断疾病的，可顺延一百八十天。

＊注：第 1 款 b 项经 2023 年 3 月 16 日颁布的第 2/2023 号皇家法令《扩大年金领取者权利并缩小性别差距以及建立可持续公共年金制度新框架的紧急措施法令》独立条款第 17 款增补。

2. 为确定前款 a 项所述暂时性丧失劳动力情况的最长期限及其可能的延长期限，应计入复发期和观察期。

自上次医疗解除证明生效后的一百八十日后因相同或类似的病症而再次病休，则应视为复发。但因继发性月经丧失劳动力而病休的除外，在此种情况下，每次病程均视为新病程，不计入暂时性丧失劳动力的最长期限及其可能延长的期限。

＊注意：第 2 款经 2023 年 2 月 28 日颁布的第 1/2023 号组织法最终条款第 3 条第 2 款增补，该组织法修订了 2010 年 3 月 3 日颁布的第 2/2010 号《性健康和生殖健康以及自愿中止妊娠组织法》。

第一百七十条　暂时性丧失劳动力期间的权限

＊注意：第 170 条经 2023 年 3 月 16 日颁布的第 2/2023 号皇家法令《扩大年金领取者权利并缩小性别差距以及建立可持续公共年金制度新框架的紧急措施法令》独立条款第 18 款增补。

1. 在暂时性丧失劳动力满三百六十五日期满之前，国家社会保障局应通过隶属本局的医疗检查员，行使与社会保障卫生服务监察局或公共卫生服务部门同等机构相同的权力，签发医疗解除证明，并在发生前条第 2 款最后一段规定的情况时，认定其是否为复发。

当国家社会保障局签发医疗解除证明后，在出具上述医疗解除证明之后的一百八十日内，唯有国家社会保障局有权通过该局的医疗检查员，为相同或类似的病症签发新的病休证明。

2. 前款所述的三百六十五日期限届满之后，国家社会保障局的医疗检查机构是唯一有权因康复、病情好转允许重返工作岗位、建议认定为永久性丧失劳动力或无故缺席国家社会保障局组织的体检而签发医疗解除证明的机构。同样，自出具上述医疗解除证明后的一百八十日内，只有国家社会保障局才有权因相同或类似的疾病而导致暂时性丧失劳动力的情况下签发新的病休证明。

一旦超过该期限而未签发医疗解除证明，则可以推定在随后的一百八十天内劳动者会因康复或好转而解除医疗，该劳动者处于第 169 条第 1 款 a 项所述暂时性丧失劳动力延长期。

继续合作给付津贴的义务将持续至参保人收到因康复、病情好转或无故缺席体检而解除医疗的通知时，或在国家社会保障局出具带有永久性丧失劳动力建议的医疗解除证明的当月最后一天，或在最长期限为五百四十五天的期限届满时（在任何情况下都以该日为截止日）。

第 102 条第 1 款 a 项所述参与社会保障合作管理的保险协会将继续自行给付待遇，直至参保人收到医疗解除证明或终止待遇权利的决议发布之日，包括第 174 条第 5 款规定的暂时性丧失工作能力的经济影响延长情形（如适用）。

3. 前款规定的三百六十五日期限届满后，就国家社会保障局医疗检查因康复、病情好转或无故缺席医疗检查而签发的医疗解除证明而言，参保人可在最多四个自然日内向公共卫生服务医疗监察部门提出异议。若医疗检查部门对国家社会保障局的体检标准持有异议，可在最多七个自然日内对该决议提出重新审议，并阐明异议的原因和依据。

如果公共卫生服务医疗检查部门确认了国家社会保障局体检部门的决议，或者自决议之日起十一个自然日内未作出任何声明，则上述医疗解除决议将完全生效。自医疗解除签发日起至医疗解除完全生效日，该期间应被视为暂时性丧失劳动力延长期。

若在上述最长七个自然日内，公共卫生服务医疗监察部门对国家保障局体检部门签发的决议提出异议，体检部门应在随后的七个自然日内作出明确裁决，并告知参保人和公共卫生服务医疗监察部门相应的决议。若体检部门根据提出的建议重新审议医疗解除问题，则就所有情况而言，参保人获准延长其处于暂时性丧失劳动力期状态的权利。相反，如果体检部门重申其决议，并为此提供了支持该决议的补充证据，则参保人处于暂时性丧失劳动力期只延长至最终决议日。

在暂时性丧失劳动力延长期间，应继续保持合作给付津贴的义务以及自愿合作（如适用）。

4. 本条法规的实施监管过程中应确定本条所述决议的通知方式，并确定向企业告知所采纳并对其产生影响的决议的义务。

5. 根据 2007 年 12 月 4 日颁布的关于社会保障措施的第 40/2007 号法律附加条款第 19 条的规定，应规范国家社会保障局行政审查程序，并应参保人要求，规范在暂时性丧失劳动力期间合作机构签发医疗解除证明的行政程序。

6. 对国家社会保障局签发的医疗解除证明提出异议的诉讼，应遵循 2011 年 10 月 10 日颁布的关于规范社会管辖权的第 36/2011 号法律第 71 条和第 140 条的规定。

第一百七十一条　经济待遇

构成暂时性丧失劳动力不同情况下的经济待遇为相当于计算基数一定比例的补贴，应根据本法及其实施条例确定并支付上述补贴。

第一百七十二条　受益人

纳入一般计划且符合第 169 条所述情况的个人属于暂时性丧失劳动力津

贴受益人，但除了满足第 165 条第 1 款要求的一般条件外，还需满足以下最低缴费年限：

a. 如果患有普通疾病，在暂时性丧失劳动力之前五年内缴纳了一百八十日的社保费。在第 169 条第 1 款 a 项第 2 段规定的特殊情形下，不要求最低缴费年限。

在第 169 条第 1 款 a 项第 3 段规定的特殊情形下，应根据参保人在病休开始时的年龄，要求参保人提供第 178 条第 1 款规定的最低缴费年限证明。

b. 如果发生事故（无论是否与工作有关）和职业病，则无须提前缴纳保险费。

＊注意：第 172 条经 2023 年 2 月 28 日颁布的第 1/2023 号组织法最终条款第 3 条增补，该组织法修订了 2010 年 3 月 3 日颁布的第 2/2010《性健康和生殖健康以及自愿中止妊娠组织法》。

第一百七十三条 享受津贴的产生和期限

1. 对发生工伤事故或职业病的，应从病休的次日开始给付津贴，由雇主支付病休日对应的全额工资。

对普通疾病或非职业性事故的，则从病休的第四日开始给付津贴，但从病休的第四日（含）到第十五日（含），由雇主给付。

在第 169 条第 1 款 a 项第二款规定的因继发性月经失调而暂时性丧失劳动能力的特殊情形下，津贴将从病休当天起由社会保障机构给付。

在第 169 条第 1 款 a 项第二款规定的因怀孕中断而暂时性丧失劳动能力的特殊情形下，以及该条第三款规定的从怀孕第三十九周第一天起的特殊情形下，津贴应从病休次日起由社会保障机构给付，雇主应负责支付病休全额工资。

2. 根据第 169 条的规定，在受益人暂时性丧失劳动力的情况下应向其发放该津贴。

但是，在怀孕第三十九周暂时性丧失劳动能力的特殊情形下，津贴将从病休开始至分娩之日给付，除非劳动者在之前已经处于孕期风险，在此种情况下，只要持续处于孕期风险，应继续领取孕期风险津贴。

3. 在罢工和中断就业的情况下，雇员无权享受暂时性丧失劳动力经济待遇。

＊注意：第 173 条经 2023 年 2 月 28 日颁布的第 1/2023 号组织法最终条款第 4 条增补，该组织法修订了 2010 年 3 月 3 日颁布的第 2/2010 号《性

健康和生殖健康以及自愿中止妊娠组织法》。

第一百七十四条　津贴权利的消灭

＊注意：第 174 条经 2023 年 3 月 16 日颁布的第 2/2023 号皇家法令《扩大年金领取者权利并缩小性别差距以及建立可持续公共年金制度新框架的紧急措施法令》独立条款第 19 款重新修订。

1. 享有该津贴的权利应在以下情况下终止：自病休之日起最长达到五百四十五个自然日；因康复或病情好转雇员可正常从事工作而获得医疗解除证明；获得医疗解除证明不论其是否被认定为永久性丧失劳动力；领取退休养老金；无故缺席国家社会保障局或与互助合作保险公司专业医生安排的体检；死亡。

为了确定领取津贴的期限，应计入同一伤残情况下的复发期。

如果参保人在领取暂时性丧失劳动力津贴的五百四十五个自然日之前启动了永久性丧失劳动力评估程序，但其享受永久性丧失劳动力待遇的权利被否决，则唯有国家社会保障局有权在否决决议后的一百八十个自然日内，通过评估、鉴定和审查雇员永久性丧失劳动力情况的主管机构，为相同或类似的疾病签发新的病休证明。在此类情况下，参保人将重新回到暂时性丧失劳动力期，最长可至五百四十五日。

2. 当享受津贴的权利因前款规定的五百四十五个自然日期限届满而终止时，必须在最长九十个自然日内对伤残者的状况进行检查，以便评估其永久性丧失劳动力等级。

如果由于期望恢复或改善身体状况以重返工作岗位而需要继续医疗救治，但参保人的临床情况适合推迟上述永久性丧失劳动力等级评估时，该评估程序可延期，但在任何情况下暂时性丧失劳动力期及其延长期总和不得超过七百三十个自然日。

在本款规定的期间，即九十天和永久性丧失劳动力等级评定延迟期间，不存在缴费义务。

3. 当领取暂时性丧失劳动力津贴的权利因五百四十五个自然日期限期满而终止时，不论是否被宣布为永久性丧失劳动力，只有在永久性丧失劳动力评估决议签发日起超过一百八十个自然日后，才可享受因相同或类似疾病领取暂时性丧失劳动力经济津贴的权利。

要享受新的暂时性丧失劳动力经济待遇权利，雇员需在新病休证明签发之日，符合因普通疾病或职业病或事故（无论是否与工作有关）而领取暂时性丧失劳动力津贴的要求。因此，确认因普通疾病导致的暂时性丧失劳动力补贴所需的缴费年限，仅自永久性丧失劳动力评估决议日起的缴费计起。

然而，即使在相同或类似疾病的情况下，如果自永久性丧失劳动力评估否决日起未超过一百八十个自然日，而国家社会保障局通过负责评估、鉴定和审查工人永久性丧失劳动力情况的主管机构认为雇员可以恢复劳动能力时，则仅可启动一次新的暂时性丧失劳动力认定程序。为此，国家社会保障局仅可就暂时性丧失劳动力经济待遇同意雇员病休。

4. 随着签发建议认定为永久性丧失劳动力的医疗解除证明，暂时性丧失劳动力期即被终止。

5. 在不妨碍前述规定的情况下，当终止暂时性丧失劳动力期的情况是因签发建议认定为永久性丧失劳动力的医疗解除证明、经国家社会保障局同意启动永久性丧失劳动力程序，或已满五百四十五个自然日引起时，雇员可处于暂时性丧失劳动力延长期继续领取经济待遇，直至其被认定为永久性丧失劳动力。

在前款所述情况下，经办机构签发永久性丧失劳动力认可决议之日与其经济待遇生效之日一致，除非该经济待遇高于雇员在暂时性丧失劳动力延长期领取的津贴金额，在此情况下，则永久性丧失劳动力经济待遇生效时间可追溯至暂时性丧失劳动力期终止的次日。

当暂时性丧失劳动力期终止于五百四十五个自然日之前，随后也未认定为永久性丧失劳动力，则只要雇佣关系没有终止，缴费义务就应继续存在；如果随后宣布为非永久性丧失劳动力，则缴费义务应持续到上述五百四十五个自然日的期限届满为止。

第一百七十五条　津贴权利的丧失或中止

1. 在以下情况可以拒绝、取消或暂停享受暂时性丧失劳动力津贴的权利：

a. 当受益人为获得或保留上述待遇而具有欺诈行为时。

b. 当受益人为自雇或受雇工作时。

2. 当受益人无正当理由拒绝或放弃指定的治疗时，也可中止其享受该津贴的权利。

3. 受益人缺席国家社会保障局和互助保险协会专职医生组织的任何体检导致预防性权利中止，以核实其缺席体检是否合理。由法规确定权利中止的程序及其效力。

第一百七十六条　职业病观察期及特别义务

1. 就第 169 条第 1 款 b 项而言，观察期应被视为在需要推迟最终诊断时，职业病医学研究所需的时间。

2. 当雇员因职业病而同意被调换工作岗位、解雇或采取其他类似措施时，前款规定不得妨碍由一般计划或雇主需承担或在将来可能需承担的义务的规定。

第六章

生产育儿保险

*注意：标题经 2019 年 3 月 1 日颁布的第 6/2019 号皇家法令《保障男女拥有平等就业待遇和机会的紧急措施法令》第 4 条第 2 款修订。

第一节　一般情况

第一百七十七条　受保障情况

就本节规定的生育保险待遇而言，根据《民法典》或自治大区民法的规定，生育、收养、以收养为目的的监护和家庭寄养应被视为受保障的情况。在后一种情况下，根据《劳工法》修订本第 48 条第 4、5 和 6 款、《公职人员基本章程法》修订本中第 49 条的 a 项、b 项和 c 项的规定，在因上述原因而离开工作岗位时其持续时间不得少于一年。

*注意：本条经 2019 年 3 月 1 日颁布的第 6/2019 号皇家法令《保障男女拥有平等就业待遇和机会的紧急措施法令》第 4 条第 3 款修订。

第一百七十八条　受益人

1. 生育和抚养未成年人津贴受益人应是列入一般计划的、享受前条所述离开工作岗位时间的参保人，不论其性别如何，只要满足第 165 条第 1 款规定的一般条件和其他法定要求，且满足以下最低缴费年限：

a. 如果雇员在子女出生之日或在以收养为目的的寄养监护行政决议之日或构成收养关系的司法决议之日未满二十一岁，则不要求最低缴费年限。

b. 如果雇员在子女出生之日或在以收养为目的的寄养监护行政决议之日或构成收养关系的司法决议之日大于二十一岁小于二十六岁，则最少需要在其离开工作岗位之前最后七年内累计缴纳九十日的社保费。若雇员可以证明在离开工作岗位之前于其整个职业生涯中累计缴纳一百八十日的社保费，也可视为满足上述要求。

c. 如果雇员在子女出生之日或在以收养为目的的寄养监护行政决议之日或构成收养关系的司法决议之日年满二十岁，则最少需要在其离开工作岗位之前最后七年内累计缴纳一百八十日的社保费。若雇员可以证明在离开工作岗位之前于其整个职业生涯中累计缴纳三百六十日的社保费，也可视为满足上述要求。

2. 在子女出生的情况下，前款所述年龄指参保人在离开工作岗位时达到的年龄，以子女出生时间作为参考以核实参保人累计缴费年限。

3. 根据《劳工法》修订本第 48 条第 5 款第 3 段规定的跨国收养的情况，以及《公职人员基本章程法》修订本第 49 条 b 项第 4 段的规定，第 1 款所述年龄应是参保人在离开工作岗位时达到的年龄，以决议时间作为参考核实参保人累计缴费年限。

*注意：本条经 2019 年 3 月 1 日颁布的第 6/2019 号皇家法令《保障男女拥有平等就业待遇和机会的紧急措施法令》第 4 条第 4 款修订。

第一百七十九条　经济待遇

1. 生产育儿险的经济待遇为津贴形式，数额为普通意外导致的暂时性丧失劳动力待遇计算基数的 100%。为此，一般而言，计算基数应为生产前一个月的普通意外险的缴费基数除以为该保险缴费的天数。

就前项规定而言，当劳动者领取月薪并在企业登记满一个自然月时，相应的缴费基数应除以三十。

2. 但是，如果雇员在生产前一个月加入企业，则在计算计算基数时，应采用离开工作岗位前或批准生产育儿险的前一个月普通意外险的缴费基数。

如果雇员是在生产当月加入公司的，则在计算计算基数时，将采用该月普通意外险的缴费基数。

3. 在上述各段所述情况下，国家社会保障局可以通过临时决议的方式、采用系统中企业数据库的普通意外险最新缴费基数给予津贴，只要该缴费基数未被纳入前款所述的同一普通意外险缴费基数即可。

如果事后查证根据前几款规定的缴费基数与临时决议中适用的缴费基数不同，则将重新计算津贴并发布最终决议。如果缴费基数未发生变化，临时决议将在发布后三个月内成为最终决议。

＊注意：本条经 2022 年 7 月 26 日第 13/2022 号皇家法令第 1 条第 3 款制定，自 2023 年 1 月 1 日起生效。该法令规定了为自雇人士建立新的缴费制度并改善对其中断就业的保护措施。

第一百八十条　生产育儿险津贴权利的丧失或中止

如果受益人为了获得或保留享有上述津贴权利而存有欺诈行为，或者在相应的离岗期间从事自雇或受雇的工作，则可以拒绝、取消或中止其享受生育待遇的权利。

＊注意：本条经 2019 年 3 月 1 日颁布的第 6/2019 号皇家法令《保障男女拥有平等就业待遇和机会的紧急措施法令》第 4 条第 6 款修订。

第二节　特殊情况

第一百八十一条　受益人

除满足第 178 条规定的最低缴费年限外，纳入一般计划的、在生育时符合上节规定的获得生产育儿待遇所有要求的女性雇员，应享受本节规定的生产补贴。

＊注意：本条经 2019 年 3 月 1 日颁布的第 6/2019 号皇家法令《保障男女拥有平等就业待遇和机会的紧急措施法令》第 4 条第 7 款修订。

第一百八十二条　经济福利

1. 就 109 条而言，本节规定的生育福利应被视为非缴费型。

＊注意：本款经 2019 年 3 月 1 日颁布的第 6/2019 号皇家法令《保障男女拥有平等就业待遇和机会的紧急措施法令》第 4 条第 8 款修订。

2. 福利金额应等于任何时间段内有效的西班牙收入指标（IPREM）的 100%，除非根据第 179 条或第 248 条计算的计算基数数额较低时应适用后者。

3. 经济福利的受益期为自子女出生之日起四十二个自然日，可根据第 180 条规定的相同原因拒绝、取消或中止享受该待遇的权利。

在下列情况下，上述期限应延长十四个自然日。

a. 根据 2003 年 11 月 18 日颁布的第 40/2003 号《多子女家庭保护法》的规定，在多子女家庭或类似原因成为多子女家庭中出生的孩子。

b. 在单亲家庭中出生的孩子，即与新生儿一起生活的单亲家长是家庭的唯一经济支柱。

  c. 多胞胎，即当生育数量等于或大于二。

  d. 母亲或孩子的残疾程度等于或大于65%。

  该期限的延长为一次性，当上述两种或两种以上的情况同时出现时，不能累积。

第七章

哺乳期的共同责任

第一百八十三条　受保障情况

根据《劳工法》修订本第 37 条第 4 款的规定，父母双方、养父母、以收养为目的的监护人或永久寄养人，在双方都有工作的情况下，为照顾九个月至十二个月的婴儿，登记在同一社保计划且在同一期限内将每日工作时间减少半小时，有权利享受哺乳期共同责任经济待遇。

应通过父母、养父母、监护人或寄养父母工作的企业出具的缩短日工作时长证明来认可哺乳期共同责任。

该证明文件所需满足的要求应由法规来确定。

第一百八十四条　受益人

1. 为了享有哺乳期共同责任经济待遇的权利，需满足第六章第一节为生产育儿险待遇规定的相同要求和条件。

2. 当父母双方、养父母、以收养为目的的监护人或永久寄养父母都符合作为待遇受益人的必要条件时，只能赋予其中一方享有该待遇的权利。

3. 本章规定不适用于公务员，公务员受《公职人员基本章程》修订本第 48 条 f 项及其实施发展条例所约束。

第一百八十五条　经济待遇

1. 哺乳期共同责任的经济待遇为发放津贴，津贴金额为因普通意外导致的暂时性丧失劳动力津贴计算基数的 100%，并与减少的工作时间成比例。

2. 该项待遇应在孩子年满十二个月时停止发放。

＊注意：第二篇第七章经 2019 年 3 月 1 日颁布的第 6/2019 号皇家法令《保障男女拥有平等就业待遇和机会的紧急措施法令》第 4 条第 9 款修订。

第八章

孕期保险

第一百八十六条　受保障情况

在以下情况，暂停工作合同时期可享受孕期保险的经济待遇：由于女性雇员需要调到适合其身体状态的工作岗位，但根据1995年11月8日第31/1995号《预防职业风险法规》第26条第3款的规定，上述工作岗位调整在技术上或客观上无法实现，或因正当原因而无法合理执行。

孕期保险待遇与职业意外险待遇具有相同的特点。

第一百八十七条　经济待遇

1. 应根据本法为因职业意外导致的暂时性丧失劳动力经济待遇规定的条件认可领取孕期保险经济待遇，具体情况见以下各款。

2. 经济待遇从劳动合同中止之日开始发放，终止于因生育而暂停劳动合同之日的前一日，或女性雇员在此之前返岗或从事符合其条件的其他工作之日。

3. 经济待遇金额为因普通意外导致的暂时性丧失劳动力津贴所确定的计算基数的100%。

4. 由经办机构或互助合作保险协会负责管理和给付孕险经济待遇，具体取决于与企业签订职业风险协议的机构。

第九章

哺乳期保险

第一百八十八条 受保障情况

在以下情况，暂停工作合同时期可享受哺乳期保险经济待遇：由于女性雇员需要调到适合其身体状态的工作岗位，但按照1995年11月8日颁布的第31/1995号《预防职业风险法规》第26条第4款规定的条件，上述工作岗位调整在技术上或客观上无法实现，或因正当原因而无法合理执行。

第一百八十九条 经济待遇

哺乳期保险经济待遇应根据本法为孕险经济待遇规定的条件发放给女性雇员，并在孩子满九个月时终止，除非受益人在此之前已返岗或从事符合其状况的其他工作，在该情况下，应于雇员返岗前一日终止。

第十章

患有癌症或其他重疾的未成年人护理保险

第一百九十条　受保障情况

*注意：参见 2022 年 2 月 22 日颁布的第 2/2022 号皇家法令附加条款第 6 条，该法令规定了采取紧急措施以保护自雇人士，向保护就业的结构机制过渡，以及拉帕尔马岛的经济和社会复苏，并延长特定措施以面对社会和经济脆弱的情况。因照顾年满十八周岁患有癌症或其他严重疾病的子女或永久收养或寄养的儿童而缩减日工作时长。

1. 在以下情况，可因照顾十八岁以下、患有癌症或其他重疾的子女、被收养人或被寄养人享受经济待遇：根据《劳工法》修订文本第 37 条第 6 款第 3 段的规定，如果监护人双方均工作，或单亲家庭中的一方，由父母、收养监护人或寄养人直接、持续和长期照顾患有癌症（恶性肿瘤、黑色素瘤和癌症）或任何其他需要长期住院的重疾的未成年人，在住院和继续治疗该疾病期间，减少至少 50% 的日工作时长。

2. 根据前款所述，相应自治大区的公共卫生服务部门或行政卫生机构应通过出具报告，对癌症或其他重疾、住院治疗的需求，以及同一期间护理情况进行鉴定。

3. 如果达到法定成年年龄后仍继续患有未成年前诊断出的癌症或重疾，并且仍需要住院、治疗和护理，在前款规定的条件和鉴定要求下，经济待遇可持续发放至二十三岁。

然而，在十八岁之后，如果在达到法定成年年龄之前患有癌症或诊断出严重疾病，只要在提出请求后满足前几款中的规定（除年龄外），则经济待遇可发放至二十三岁。

同样，如果受益人在年满二十三岁之前认定其残疾程度等于或大于 65%，则经济待遇可持续发放至二十六岁。

*注意：第 190 条第 3 款经 2023 年 3 月 16 日颁布的第 2/2023 号皇家

法令《扩大年金领取者权利并缩小性别差距以及建立可持续公共年金制度新框架的紧急措施法令》独立条款第 20 款增补。

4. 法规应确定视为重疾的情况，以确认本章规定的经济待遇。

＊注意：本条经 2021 年 12 月 28 日颁布的第 22/2021 号《2022 年国家总预算法》最终条款第 28 条第 3 款制定。

第一百九十一条　受益人

1. 为享有前款规定受保障情况的经济待遇的权利，需满足第六章第一节为生产育儿险待遇规定的相同要求和条件。

当父母双方、收养监护人或永久寄养父母都符合作为待遇受益人的必要条件时，仅有一方可享有领取待遇的权利。

2. 在分居或离婚的情况下，应将该权利授予与患者同住的父母、监护人或寄养人。

然而，在婚姻无效、分居、离婚或根据第 221 条规定建立的法定同居伴侣关系终止，以及证明是性别暴力的受害者时，该权利将归属于与病人同住的父母、监护人或寄养父母，只要满足其余要求，即使另外一方没有工作。

＊注意：第 191 条第 2 款经 2023 年 3 月 16 日颁布的第 2/2023 号皇家法令《扩大年金领取者权利并缩小性别差距以及建立可持续公共年金制度新框架的紧急措施法令》独立条款第 25 款修订。

3. 前条第 3 款规定之情形的病人建立婚姻关系或者法定同居伴侣关系时，其配偶或伴侣在符合受益人条件的情况下有权享受该待遇。

4. 本章规定不适用于公务员，公务员受 2015 年 10 月 30 日颁布的第 5/2015 号皇家立法法令《公职人员基本章程法》修订本第 49 条 e 项及其实施发展条例所约束。

＊注意：本条经 2021 年 12 月 28 日颁布的第 22/2021 号《2022 年总预算法》最终条款第 28 条第 3 款制定。经 2022 年 5 月 26 日颁布的第 125 号《国家官方公报》纠错。

第一百九十二条　经济待遇

1. 第 190 条所述受保障情况的经济待遇金额为因职业意外事件而导致的暂时性丧失劳动力津贴计算基数的 100%，并与减少的工作时间成比例。

2. 当父母双方、收养监护人或永久寄养父母都符合作为待遇受益人的必要条件时，仅有一方可享有领取待遇的权利。

然而，在婚姻无效、分居、离婚或根据第 221 条规定建立的法定同居伴侣关系终止，以及证明是性别暴力的受害者时，该权利将归属于与病人同住的父母、监护人或寄养父母，只要满足其余要求，即使另外一方没有工作。

*注意：第192条第2款经2023年3月16日颁布的第2/2023号皇家法令《扩大年金领取者权利并缩小性别差距以及建立可持续公共年金制度新框架的紧急措施法令》独立条款第22款修订。

3. 互助社会保险企业负责管理和给付该经济待遇，或在适用情况下由与企业签订提供职业风险保障的经办机构负责。

*注意：本条经2021年12月28日颁布的第22/2021号《2022年国家总预算法》最终条款第28条第3款制定。经2022年5月26日颁布的第125号《国家官方公报》纠错。

第十一章

缴费型永久性丧失劳动力保险

第一百九十三条　概念

1. 缴费型永久性丧失劳动力是指雇员在接受规定的治疗后出现严重的身体机能减退,可以客观并有预见性地确定其劳动能力遭到减弱或丧失。不排除伤残者有恢复劳动能力的可能性,但该可能性在医学上存在不确定性或长期性。

当伤残人士加入社会保险之后,身体机能缺陷由于本身或新的伤害或疾病而恶化导致参保人在加入社会保险时的劳动能力受损或丧失时,残疾人在加入社会保险之日存在的身体机能缺陷不妨碍将其归类为永久性丧失劳动力。

2. 永久性丧失劳动力必须源于暂时性丧失劳动力期,除非是缺乏暂时性丧失劳动力保险的情况下,如未包含在第166条所述等同于登记的情况中,或第155条第2款规定的类似于受雇人员的情况,或根据第195条第4款规定的从未登记的情况下直接认定为永久性丧失劳动力。

第一百九十四条　永久性丧失劳动力程度

1. 永久性丧失劳动力程度,无论其根本原因如何,都应根据参保人劳动能力下降的百分比进行分类,并根据法规批准的疾病清单进行评估,分为以下等级:

a. 部分永久性丧失劳动力。

b. 完全永久性丧失劳动力。

c. 绝对永久性丧失劳动力。

d. 严重伤残。

2. 应根据法律规定的劳动能力下降比例确定不同程度的永久性丧失劳动力。

为确定伤残程度,应考虑劳动能力下降对参保人在永久性丧失劳动力致残事件发生之前所属职业组别或参保人职业发展的影响。

3. 疾病清单、劳动能力减损伤残评估、伤残不同程度的认定,以及待遇的不相容性,应在国家社会保障局总委员会提出报告后,由政府制定法规执行。

第一百九十五条　受益人

1. 纳入一般计划且被宣布为永久性丧失劳动力的人员,除满足第165条第1款要求的一般条件外,还应满足本条第2和3款规定的最低缴费年限,才有权领取永久性丧失劳动力津贴,除非是由于事故(无论是否与工作有关)或职业病导致的永久性丧失劳动力,在该情况下则无须事先缴纳社保费。

当受益人在致残事件发生之日达到第205条第1款a项规定的年龄并符合在社会保障体系中获得退休养老金的要求时,则不享有领取因普通意外而导致的永久性丧失劳动力津贴的权利。

2. 领取部分永久性丧失劳动力津贴需满足一千八百日的最低缴费年限,且必须在导致永久性丧失劳动力的暂时性丧失劳动力期终止日前十年内缴纳。

政府可听取就业和社会保障部部长的提议,通过皇家法令修改本款中上述津贴所需的缴费年限。

3. 领取永久性丧失劳动力津贴,所需的最低缴费年限为:

a. 对未满三十一岁的伤残人士,则需满足从其年满十六岁之日到导致领取该津贴事件发生之日三分之一的时间。

b. 对年满三十一岁的伤残人士,则需满足自其二十岁之日到导致领取该津贴事件发生之日四分之一的时间,但不少于五年。在该情况下,至少有五分之一的缴费期是在导致领取该津贴事件发生之日前十年内。

在社保中进行登记或等同于登记但无缴费义务的情况下获得永久性丧失劳动力津贴所要求的十年内须包括至少五分之一的缴费期,应从停止缴费义务之日起向后计起。

分别适用第197条第1、2和4款的规定确定前款所述及津贴计算基数。

4. 尽管第1款有所规定,即使参保人在导致领取该津贴事件发生时未在相应的社保计划中登记或处于等同于登记的情况下,也可以享受由普通意外引起的严重伤残或绝对永久性丧失劳动力津贴。

该情况所要求的最低缴费年限在任何情况下都应是十五年,按第3款b

项最后一段规定的方式进行分配。

5. 为了在一般计划和社会保障体系的另一个或多个计划中领取津贴，上段所述情况要求每个计划中计入的缴费期必须重叠至少十五年。

第一百九十六条　经济待遇

1. 部分永久性丧失劳动力经济待遇为一次性补偿金。

2. 完全永久性丧失劳动力经济待遇为终身年金，若受益人年龄在六十岁以下，可例外地以一次性补偿金代偿。

被宣布为完全永久性丧失劳动力者，若因年龄、缺乏一般或专门的培训，以及居住地的社会和就业环境难以允许其在惯常职业以外的活动中就业，可领取前款规定的待遇，并按法定比例增加。

普通疾病导致的完全永久性丧失劳动力所享有的待遇数额不得低于《国家总预算法》规定的六十岁以下有非受供养配偶者由于普通疾病而导致完全永久性丧失劳动力津贴的最低数额。

＊注意：本款经 2018 年 12 月 28 日颁布的用于重新评估公共年金以及社会、劳动和就业方面的其他紧急措施的第 28/2018 号皇家法令最终条款第 2 条第 6 款修订。

3. 完全永久性丧失劳动力的经济待遇为终身养恤金。

4. 被归类为重度伤残的雇员有权享受前几款规定的终身养恤金，并通过获取补助金以便向其护理人支付报酬。该补助金数额为导致领取该待遇事件发生时有效最低缴费基数的 45%，加上雇员为导致永久性丧失劳动力险缴费的最后缴费基数的 30% 的总和。在任何情况下，上述补助金都不得低于雇员在无补助金情况下领取的待遇的 45%。

5. 年满六十七岁的雇员由于不符合领取退休养老金的要求而有权领取因普通意外导致的永久性丧失劳动力津贴的情况下，永久性丧失劳动力津贴的数额为在计算基数的基础上采用彼时退休养老金最低缴费年限相应的比例所获取的结果。如果永久性丧失劳动力是因普通疾病引起的，则仅适用第 197 条第 1 款 a 项规定的结果作为计算基数。

6. 本条所述待遇应按照本法实施发展条例确定的金额和条件支付。

第一百九十七条　由普通意外事件导致的永久性丧失劳动力津贴的计算基数

1. 因普通疾病导致的永久性丧失劳动力所享有的津贴计算基数应根据以下规则确定：

a. 参保人在导致领取该津贴事件发生月份之前的九十六个月内的缴费基数除以 112 得到的商数。

上述缴费基数应按照以下规则进行计算，末尾的公式为数学表达式：

（1）导致领取该津贴事件发生当月之前的二十四个月相对应的缴费基数，应按其名义价值计算。

（2）其余的缴费基数应根据消费物价指数的变化进行更新，从其对应的月份开始，直至前条规则中提到的不可更新基数期开始的前一个月。

$$B_r = \frac{\sum_{i=1}^{24} B_i + \sum_{i=25}^{96} B \frac{I_{25}}{I_i}}{112}$$

其中：

B_r = 计算基数。

B_i = 导致领取该津贴事件发生当月之前第 i 个月的缴费基数。

I_i = 导致领取该津贴事件发生当月前第 i 个月的一般消费者物价指数。

其中 i = 1，2，…，96。

b. 在前项规则运算结果的基础上应用根据第 210 条第 1 款规定的比例等级且按照缴费年限确定相应的比例，自导致领取该津贴事件发生之日至起参保人达到有效正常退休年龄的剩余年限计入缴费年限。缴费年限未达到十五年的，适用比例为 50%。

由此得出的数额为相应津贴的计算基数，为了得出相应津贴数额，还需适用为确认伤残程度制定的比例。

2. 对法定最低缴费年限低于八年的，可运用类似于前款公式获得计算基数，但应以法定最低缴费年限的月数计算月缴费基数，不计入不足一月的月份，并排除导致领取该津贴事件发生前二十四个月更新的缴费基数。

3. 计算第 195 条第 4 款中所述因非工伤事故造成的绝对永久性丧失劳动力或严重伤残津贴计算基数应适用本条第 1 款 a 项的规则。

4. 如果在计算计算基数的过程中出现无缴费义务的月份，应将按任意时段内适用的最低缴费基数纳入前四十八个月的月薪，其余月份的月薪应采用上述最低基数的 50%。

为确定计算基数要计入的月份时，若只有部分月份存在缴费义务，则前段规定适用于无缴款义务的月份，只要第 1 档的缴费基数数额未达到上述最低月缴费基数即可，直至达到最低缴费基数。

第一百九十八条　永久性丧失劳动力经济待遇的兼容性

1. 在完全永久性丧失劳动力的情况下，只要雇员履行不同于导致其完全永久性丧失劳动力的职务，即可同时领取相应的终身养恤金和同一或不同企业的工资。

同样也可确定第196条第2款第2段规定的增加额与社会保障制度适用范围的工作（无论受雇还是自雇）之间的不可兼容性。

2. 在绝对永久性丧失劳动力或严重伤残的情况下，领取终身养恤金不应妨碍伤残者从事与其状况相适应且在审查时不能表明其劳动能力有所改变的劳动，无论是否具有营利性质。

3. 雇员自达到领取退休养老金的年龄起，其享受绝对永久性丧失劳动力津贴和严重伤残津贴的权利不允许其再从事其他工作（无论受雇还是自雇），该工作根据第213条第1款为缴费型退休养老金规定的条款，决定雇员被纳入何种社会保障计划。

第一百九十九条　因职业病导致永久性丧失劳动力的特别规定

本法实施条例应保证本章的规则符合职业病的特殊性。

第二百条　伤残程度鉴定和审查

1. 国家社会保障局有责任通过依法设立的机构，在程序的每个阶段中，宣布永久性丧失劳动力的状况，以便认可本章所述经济待遇。

2. 只要受益人未达到第205条第1款a项中规定享有退休养老金的最低年龄，任何确认不同程度永久性丧失劳动力待遇的决议，无论是初始决议还是修订决议，或是认可先前已认定伤残程度的决议，都必须说明要求审查劳动能力丧失状态恶化或改善的期限。该期限对所有复查都具有约束力。

尽管有上述规定，如果永久性丧失劳动力津贴领取者正在从事工作，无论是受雇还是自雇、是否已满上述决议中规定的期限，国家社会保障局可应官方或参保人的要求开展复查。

只要参保人未达到本款第1段所述年龄，即可随时开展基于误诊的复查。

3. 本法实施条例应规范已确认的雇员经济待遇的复查、变更和转换程序，以及负责该待遇的管理合作机构和公共服务部门因上述变更所产生的权利和义务。

当由于伤残者劳动能力状态改善而进行复查时，应部分或全部退还由互助保险协会或被宣布负责给付待遇的企业设立的资本成本中未使用的部分，就本法第 26 条第 1、2、3 和 5 款的规定而言，后者不应被视为不当待遇发放，但不妨碍 2003 年 11 月 26 日颁布的第 47/2003 号《总预算法》第 24 条规定的执行。

4. 自受益人年满六十七岁起，永久性残疾年金更名为退休养老金。新名称的应用不会对受益人正在享有的待遇条件产生任何改变。

第十二章

非致残永久性伤害保险

第二百零一条　按比例补偿

根据前章规定不构成永久性丧失劳动力，但会导致雇员身体完整性的改变且被列入本法实施条例附件表格中、由工伤事故或职业病造成确定性的损伤、伤残和缺陷，应由有义务给付永久性丧失劳动力津贴的机构一次性补偿确定的金额，但不影响雇员继续在企业工作的权利。

第二百零二条　受益人

前条所述补偿金的受益人应是列入一般计划并满足第165条第1款规定的一般条件且已进行医疗解除的雇员。

第二百零三条　与永久性丧失劳动力津贴的不兼容性

不得同时领取永久性丧失劳动力经济待遇和本章规定的损伤、伤残和缺陷补偿，除非上述损伤、伤残和缺陷完全与认定永久性丧失劳动力及其程度所需考虑的情况无关。

第十三章

缴费型退休养老保险

第二百零四条 概念

缴费型退休养老经济待遇对所有受益人具有唯一性。在受益人达到法定年龄后，并且停止工作或已经停止作为雇员工作，应根据法定条件、金额和形式，为受益人发放终身退休养老金。

第二百零五条 受益人

1. 纳入一般计划的个人，除了满足第165条第1款的一般要求外，还需符合以下条件，以有权享受本章规定的退休养老金：

a. 年满六十七岁，或年满六十五岁且缴费年限达到三十八年零六个月的个人（不计入额外薪酬对应的缴费部分）。

在计算缴费年限时，应取整年整月，不计入不足月部分。

b. 累计缴费不少于十五年，其中至少有两年需在领取退休养老保险待遇之前的十五年内缴纳。在计算缴费年限时，不计入额外薪酬对应的缴费部分。

受益人处于保险登记状态或类似保险登记状态但无缴费义务的情况下，上述的两年时间必须是在其缴费义务停止之日前的十五年内。

按照第209条第1款的规定确定上述情况下养老金的计算基数。

2. 属于领取暂时性丧失劳动力延长期待遇情形且符合第1款规定的人员也有权领取退休养老金。

3. 尽管第1款第1段有所规定，如果参保人在退休时未在社保中登记或处于等同于登记的情况下，只要符合上述第1款中规定的年龄和缴费条件，即可领取退休养老金。

在前段规定的情况下，为了在一般计划和社会保障体系的一个或多个计划中领取养老金，每个计划记入的缴费年限必须至少重叠十五年。

第二百零六条 因工作原因提前退休

1. 工作性质异常艰苦、有毒、危险或有损健康、发病率或死亡率高的职业或劳动类别的雇员，只要其在各自职业中满足最低缴费年限，就可根据西班牙融合、社会保障及移民部部长的提议制定皇家法令，以降低第 205 条第 1 款 a 项所述领取退休养老金的最低年龄。

法律需确定退休年龄折减系数的一般程序，以便提前社会保障制度中的退休年龄，包括事先对该工作领域的事故率、工作条件的艰巨性、危险性和毒性及其对雇员丧失劳动能力的影响，以及在一定年龄后继续工作所需的生理或心理要求进行研究。

退休年龄折减系数的设定只适用于无法改变工作条件的情况。

2. 根据法律规定，对涉及职业群体由受雇人员组成的，必须应最具代表性的企业和工会组织共同要求启动该程序；对涉及职业群体为自雇人士组成的，必须应自雇人士代表协会和最具代表性的企业和工会组织共同请求启动该程序。当涉及职业群体为公共行政人员时，该程序需应最具代表性的工会组织和该群体所属行政部门共同请求启动。

3. 提前退休年龄的申请需通过远程方式提交，并附上通过国家经济活动分类中的一级类别（categoría CNAE）、二级子组（subgrupo CNAE）对国家劳动活动进行认定，以及对职业组别的认定（视情况而定）。在这两种情况下，具体说明其所履行的职能，并确定所从事的工作活动的异常艰苦性、有毒性、危险性或有损健康性，以及高发病率或高死亡率。

法规将建立指标认定客观情况的影响，以证明应用此类系数的合理性，其依据包括病休发生率、持久性和持续时间，以及可能造成的永久性丧失劳动力或死亡。由西班牙融合、社会保障及移民部、社会劳动经济部、财政和公共管理部以及国家级最具代表性的雇主和工会组织组成的委员会负责对其进行评估，并酌情敦促批准相应的皇家法令以承认退休年龄折减系数。

4. 为了维持系统财政平衡，在采用所确定的提前退休年龄折减系数时会引起社会保险费的增长，应根据相应法规中确定的职业群体、行业和劳动活动以及法律规定的条件应用该系数。增长的社会保险费应在普通意外险的缴费基数上采用额外的费率，由雇主和雇员共同承担。

5. 具体规定中规定的提前退休年龄折减系数应根据法律规定的程序每十年修订一次。修订提前退休年龄的折减系数不应影响在此之前已从事该工作的雇员以及其从事该工作的期间。

6. 在任何情况下，应用相应的退休年龄折减系数都不会赋予低于五十二岁的参保人领取退休养老金的权利。

在任何情况下，为确定不完全退休年龄、第 210 条第 2 款规定的待遇以及任何其他类型的提前退休年龄，都无须考虑退休年龄折减系数。

*注意：本条经 2021 年 12 月 28 日颁布的第 21/2021 号《保证年金购买力及加强公共年金制度社会财政可持续性的其他措施法规》第 1 条第 4 款制定。

第两百零六条之二　因伤残提前退休

1. 根据西班牙融合、社会保障及移民部部长的提议制定的皇家法令中包含的条款，伤残程度等于或大于 65%，或伤残程度等于或大于 45% 但根据法律规定相关残疾有明显证据表明参保人预期寿命普遍显著缩短的情况下，可以降低领取第 205 条第 1 款 1 项所述退休养老金的最低年龄。

2. 在任何情况下，应用相应的退休年龄折减系数都不会赋予低于五十二岁的参保人领取退休养老金的权利。

在任何情况下，为确定不完全退休年龄、享受第 210 条第 2 款规定的待遇以及任何其他类型的提前退休年龄，无须考虑退休年龄折减系数。

在任何情况下，为确定不完全退休年龄、第 210 条第 2 款规定的待遇以及任何其他类型的提前退休年龄，都无须考虑退休年龄折减系数。

*注意：本条经 2021 年 12 月 28 日颁布的第 21/2021 号《保证年金购买力及加强公共年金制度社会财政可持续性的其他措施法规》第 1 条第 5 款增补。

第二百零七条　非雇员原因提前退休

1. 因非雇员自由意志原因终止雇佣关系而提前退休的，应符合以下要求：

a. 不得比第 205 条第 1 款 a 项为每种情况规定的退休年龄小超过四岁，但第 206 条和第 206 之二条中所述退休年龄折减系数不适用此情况。

b. 在退休申请日前至少有六个月作为求职者在就业办公室登记。

c. 最低有效缴费年限为三十三年，不计入额外薪酬缴费部分。因非雇员原因而提前退休的情况，仅计入最多不超过一年的义务兵役、替代型社会服务或义务女性社会服务期。

d. 因以下原因之一终止雇佣关系：

（1）根据《劳工法》修订本第 51 条，因经济、技术、组织或生产原因集体解雇。

（2）根据《劳工法》修订本第 52 条规定的客观原因解雇。

（3）2020年5月5日颁布的第1/2020号皇家法令批准的《破产法》修订本中规定的情况通过司法决议终止劳动合同。

（4）在不妨碍《劳工法》修订本第44条规定的情况下，雇主个人死亡、退休或丧失劳动能力，或合同方丧失法人资格。

（5）经劳动主管部门根据《劳工法》修订本第51条第7款的规定认定存在不可抗力原因而终止劳动合同。

（6）雇员因《劳工法》修订本第40条第1款、第41条第3款和第50条规定的原因自愿中止劳动合同。

（7）根据《劳工法》第49条第1款m项的规定，雇员因遭受性别暴力而自愿终止劳动合同。

＊注意：第（7）款经2022年9月6日颁布的第10/2022号《全面保障性自由组织法》最终条款第17条修订。

在原因（1）、（2）和（6）的情况下，为了有资格获得提前退休模式，雇员必须证明其已收到了因劳动合同终止而获得的相应补偿，或者已经为获取该补偿提出了法律索赔，或者对合同终止决议提出上诉。

应以银行转账文件或等效证明文件作为赔偿金领取证明。

2. 本条所述提前退休的情况下，对提前退休时未达到第205条第1款规定的法定退休年龄的雇员，应根据其有效缴费年限和距离法定退休年龄提前的月数（包括不足一月的)，按下表系数对退休养老金金额进行缩减：

比计划提前退休的月份数目	缴费年限：少于三十八年零六个月 减少百分比	缴费年限：大于等于三十八年零六个月，小于四十一年零六个月 减少百分比	缴费年限：大于等于四十一年零六个月，小于四十四年零六个月 减少百分比	缴费年限：大于等于四十四年零六个月 减少百分比
48	30.00	28.00	26.00	24.00
47	29.38	27.42	25.46	23.50
46	28.75	26.83	24.92	23.00
45	28.13	26.25	24.38	22.50
44	27.50	25.67	23.83	22.00
43	26.88	25.08	23.29	21.50
42	26.25	24.50	22.75	21.00
41	25.63	23.92	22.21	20.50

第十三章　缴费型退休养老保险

续表

比计划提前退休的月份数目	缴费年限：少于三十八年零六个月 减少百分比	缴费年限：大于等于三十八年零六个月，小于四十一年零六个月 减少百分比	缴费年限：大于等于四十一年零六个月，小于四十四年零六个月 减少百分比	缴费年限：大于等于四十四年零六个月 减少百分比
40	25.00	23.33	21.67	20.00
39	24.38	22.75	21.13	19.50
38	23.75	22.17	20.58	19.00
37	23.13	21.58	20.04	18.50
36	22.50	21.00	19.50	18.00
35	21.88	20.42	18.96	17.50
34	21.25	19.83	18.42	17.00
33	20.63	19.25	17.88	16.50
32	20.00	18.67	17.33	16.00
31	19.38	18.08	16.79	15.50
30	18.75	17.50	16.25	15.00
29	18.13	16.92	15.71	14.50
28	17.50	16.33	15.17	14.00
27	16.88	15.75	14.63	13.50
26	16.25	15.17	14.08	13.00
25	15.63	14.58	13.54	12.50
24	15.00	14.00	13.00	12.00
23	14.38	13.42	12.46	11.50
22	13.75	12.83	11.92	11.00
21	12.57	12.00	11.38	10.00
20	11.00	10.50	10.00	9.20
19	9.78	9.33	8.89	8.40
18	8.80	8.40	8.00	7.60
17	8.00	7.64	7.27	6.91
16	7.33	7.00	6.67	6.33
15	6.77	6.46	6.15	5.85
14	6.29	6.00	5.71	5.43
13	5.87	5.60	5.33	5.07

续表

比计划提前退休的月份数目	缴费年限：少于三十八年零六个月 减少百分比	缴费年限：大于等于三十八年零六个月，小于四十一年零六个月 减少百分比	缴费年限：大于等于四十一年零六个月，小于四十四年零六个月 减少百分比	缴费年限：大于等于四十四年零六个月 减少百分比
12	5.50	5.25	5.00	4.75
11	5.18	4.94	4.71	4.47
10	4.89	4.67	4.44	4.22
9	4.63	4.42	4.21	4.00
8	4.40	4.20	4.00	3.80
7	4.19	4.00	3.81	3.62
6	3.75	3.50	3.25	3.00
5	3.13	2.92	2.71	2.50
4	2.50	2.33	2.17	2.00
3	1.88	1.75	1.63	1.50
2	1.25	1.17	1.08	1.00
1	0.63	0.58	0.54	0.50

仅为确定上述法定退休年龄，雇员自提前退休之日起至第205条第1款a项为每种情况规定的法定退休年龄期间仍继续缴纳保险费，所对应的时间应计入以确定法定退休年龄。

在计算缴费年限时，应以完整周期为单位，不计入其不足整月部分。

*注意：本条经2021年12月28日颁布的第21/2021号《保证年金购买力及加强公共年金制度社会财政可持续性的其他措施法规》第1条第6款增补。

第二百零八条 参保人自愿提前退休

1. 参保人自愿提前退休应符合以下要求：

a. 达到的年龄与第205条第1款a项为每种情况规定的退休年龄最多相差不超过两年，但第206条和第206之二条中所述退休年龄折减系数不适用此情况。

b. 最低有效缴费年限为三十五年，不计入额外薪酬缴费部分。参保人自愿提前退休的情况，仅计入最多不超过一年的义务兵役、替代型社会服务或义务女性社会服务期。

*注意：a 项和 b 项经本条 2021 年 12 月 28 日颁布的第 21/2021 号《保证年金购买力及加强公共年金制度社会财政可持续性的其他措施法规》第 1 条第 6 款制定。

c. 满足此类退休方式的一般和具体要求后，领取的退休养老金数额必须高于参保人在年满六十五岁时有权领取的最低退休养老金数额。否则，参保人不具有提前退休的资格。

2. 本条所述提前退休的情况下，对提前退休时未达到第 205 条第 1 款规定的法定退休年龄的雇员，应根据其有效缴费年限和距离法定退休年龄提前的月数（包括不足一月的），按下表系数对退休养老金金额进行缩减：

比计划提前退休的月份数目	缴费年限：少于三十八年零六个月 减少百分比	缴费年限：大于等于三十八年零六个月，小于四十一年零六个月 减少百分比	缴费年限：大于等于四十一年零六个月，小于四十四年零六个月 减少百分比	缴费年限：大于等于四十四年零六个月 减少百分比
24	21.00	19.00	17.00	13.00
23	17.60	16.50	15.00	12.00
22	14.67	14.00	13.33	11.00
21	12.57	12.00	11.43	10.00
20	11.00	10.50	10.00	9.20
19	9.78	9.33	8.89	8.40
18	8.80	8.40	8.00	7.60
17	8.00	7.64	7.27	6.91
16	7.33	7.00	6.67	6.33
15	6.77	6.46	6.15	5.85
14	6.29	6.00	5.71	5.43
13	5.87	5.60	5.33	5.07
12	5.50	5.25	5.00	4.75
11	5.18	4.94	4.71	4.47
10	4.89	4.67	4.44	4.22
9	4.63	4.42	4.21	4.00
8	4.40	4.20	4.00	3.80
7	4.19	4.00	3.81	3.62
6	4.00	3.82	3.64	3.45

续表

比计划提前退休的月份数目	缴费年限：少于三十八年零六个月 减少百分比	缴费年限：大于等于三十八年零六个月，小于四十一年零六个月 减少百分比	缴费年限：大于等于四十一年零六个月，小于四十四年零六个月 减少百分比	缴费年限：大于等于四十四年零六个月 减少百分比
5	3.83	3.65	3.48	3.30
4	3.67	3.50	3.33	3.17
3	3.52	3.36	3.20	3.04
2	3.38	3.23	3.08	2.92
1	3.26	3.11	2.96	2.81

仅为确定上述法定退休年龄，雇员自提前退休之日起至第205条第1款a项为每种情况规定的法定退休年龄期间仍继续缴纳保险费，所对应的时间应计入以确定法定退休年龄。

在计算缴费年限时，应以完整周期为单位，不计入其不足整月部分。

＊注意：本条第2款经2021年12月28日颁布的第21/2021号《保证年金购买力及加强公共年金制度社会财政可持续性的其他措施法规》第1条第7款制定。

3. 在采取参保人自愿提前退休模式时，对正在领取第274条规定的失业救济金且不少于三个月的雇员，在不妨碍本条第1款规定的情况下，应采用非雇员原因提前退休年龄折减系数。

第二百零九条　退休养老金的计算基数

1. 退休养老金的计算基数应是参保人在退休事件发生当月前三百个月的缴费基数除以350得出的商数，并考虑到以下因素：

a. 上述缴费基数的计算应按照以下规则进行，本款末尾的公式为数学表达式：

（1）退休事件发生当月前二十四个月的缴费基数，按其名义价值计算。

（2）其余缴费基数需根据消费物价指数的变化进行更新，从其对应的月份开始直至前条规则所述期间的前一个月。

$$B_r = \frac{\sum_{i=1}^{24} B_i + \sum_{i=25}^{300} B \frac{I_{25}}{I_i}}{350}$$

其中：

B_r = 计算基数。

B_i = 退休事件发生月份前的第 i 个月的缴费基数。

I_i = 退休事件发生月份前第 i 个月的一般消费者物价指数。

其中 $i=1,2,\cdots,300$。

b. 如果在计算计算基数的过程中出现无缴费义务的月份，应按任何特定时间有效最低缴费基数纳入则前四十八个月月薪，其余月份的月薪应采用上述最低基数的 50%。

为确定计算基数要计入的月份时，若只有部分月份存在缴费义务，则前段规定适用于无缴款义务的月份，只要第 1 档的缴费基数数额未达到上述最低月缴费基数即可，直至合并数额达到最低缴费基数。

2. 在不妨碍第 161 条第 2 款规定的情况下，确定退休养老金的计算基数时不得计入最近两年因工资增幅高于适用的集体协议或相应的行业（若无适用的集体协议）中的平均年增长率而导致的缴费基数增长部分。

3. 因严格执行法规和集体协议中规定的职业类别年资和法定晋升而获取的加薪，不在前款规定的一般规则范围内。

因上述法律条款或集体协议规定的任何其他一般薪酬项目的加薪也不在前款规定的一般规则范围内。

但本款所述加薪仅系企业依其组织权单方面决定时，则适用前述通则。

4. 尽管有前款规定，在任何情况下都不得计入超过第 2 款规定的限额，并且完全或主要基于达到接近退休的特定年龄而商定的加薪。

5. 计算兼职退休养老金的计算基数时，已向各企业缴费的基数应全部计算在内，基数总和不得超过彼时有效的最高缴费限额。

第二百一十条　退休养老金数额

1. 通过前条规定计算得出的计算基数，应采用以下百分比以确定退休养老金数额：

a. 前十五年的缴费按 50%。

b. 自第十六年起，在第一至第二百四十八个月之间，每增加一个月缴费应增加 0.19%；超过二百四十八个月的，每增加一个月缴费应增加 0.18%，适用于计算基数的百分比不得超过 100%，但下款所述情况除外。

在由此确定的金额的基础上，应根据下条规定适用任何给定时间合适的可持续性因子。

2. 当领取退休养老金的年龄高于第 205 条第 1 款 a 项为每种情况规定的退休年龄时，只要在达到该年龄时满足第 205 条第 1 款 b 项规定的最低缴费年限，自符合领取退休养老金条件起，每多缴费一整年应通过以下方式之一向参保人给付经济补贴，给付方式由参保人选择：

a. 自参保人达到退休年龄日起至领取退休养老金日，每多缴纳一整年的社保费则增加 4%。

依前段规定取得之追加比例，应加到根据第 1 款规定的参保人对应的百分比上，所得比例应适用于各自的计算基数，以确定退休养老金数额，但在任何情况下都不得超过第 57 条规定的限额。

如果认可的退休养老金数额达到上述限额但未采用或部分采用追加比例，参保人则有权每年领取一笔款项，其数额应通过在彼时有效的限额数额的基础上，采用未用于确定退休养老金数额的追加比例，四舍五入到最近的单位而确定。该金额应按月分十四次支付，其数额与每年发放给参保人的养老金或其他年金之和，不得超过彼时有效缴费基数的最高限额，按年计算。

b. 自参保人达到法定退休年龄之日至退休之日，每多缴纳一整年社保费即可一次性领取一笔款项，其数额应根据所述日期中第一个日期的缴款年限来确定，计算公式如下：

（1）缴费年限少于四十四年零六个月：

一次性款项=800（初始年度养老金/500）1/1.65

（2）缴费年限大于等于四十四年零六个月，上述金额将增加 10%。

一次性款项=800（初始年度养老金/500）1/1.65

c. 根据法规结合上述选项。

参保人仅有一次选择享有补贴金权利的方式，此后不得更改。如果不行使该选择权，则应采用 a 项所述补贴金。

该补贴金不得与第 214 条规定的积极老龄化津贴同时领取。

本项规定之待遇不适用于不完全退休、第 213 条第 1 款第 2 段中所述灵活退休以及在等同登记状况下退休的情况。

3. 需采用退休事件发生时的退休年龄折减系数以确定第 208 条规定的参保人自愿提前退休养老金的数额，该退休年龄折减系数适用于由缴费月数对应的百分比应用于计算基数之上得出的养老金金额。

然而，如果根据第 209 条计算的养老金计算基数高于第 57 条规定的养老金初始金限额，则退休年龄折减系数应适用于前述限额。

4. 需采用退休事件发生时的退休年龄折减系数以确定非雇员原因提前退休的养老金数额，该退休年龄折减系数适用于由缴费月数对应的百分比应用于计算基数之上得出的养老金金额。应用上述退休年龄折减系数所得出的养老金数额不得高于提前每季度或部分季度的最高养老金减少 0.5% 而产生的数额。该计算体系适用于第 208 条第 3 款所述情况。

5. 前款所述 0.50% 的系数和第 3 款的规定不适用于根据第 206 条和第 206 之二规定的提前退休的情况，也不适用于工作条件艰巨、有毒性、危险性或有损健康的工作群体或专业活动从业人员或丧失劳动能力的人员。

＊注意：第 2、3 和 4 款经 2021 年 12 月 28 日颁布的第 21/2021 号《保证年金购买力及加强公共年金制度社会财政可持续性的其他措施法规》第 1 条第 8 款修订。

第二百一十一条　退休养老金可持续系数

1. 可持续性系数被定义为一种工具，通过第 4 款规定的公式，自动将社会保障体系的退休养老金数额与养老金领取者的预期寿命变化挂钩，调整在不同时期在类似条件下退休人员取得的退休养老金数额。

2. 可持续发展系数应仅可采用一次以确定退休养老金的初始金额。

3. 在计算可持续性系数时，应考虑以下因素：

a. 社会保障管理局自行编制的社会保障制度退休养老金领取者人口死亡率表。

b. 以六十七岁为参考年龄。

4. 可持续性系数的数学公式如下：

$$FS_t = FS_{t-1}^* \; e_{67}^*$$

其中：

FS = 可持续性系数。

$FS_{2018} = 1$。

t = 该系数应用年份，自 2019 年起取值。

e_{67}^* = 每五年计算一次的数值，根据社会保障系统退休养老金人口的死亡率表获取的代表五年期间六十七岁时的预期寿命的年际变化。

每个五年期的 e_{67}^* 的计算公式如下：

计算自 2019 年起至 2023 年期间（含 2019 年和 2023 年）的可持续性系数，e_{67}^* 将取以下值：

$$\left[\frac{e_{67}^{2012}}{e_{67}^{2017}} \right]^{\frac{1}{5}},$$

其中分子是 2012 年六十七岁的预期寿命，分母是 2017 年六十七岁的预期寿命。

计算自 2024 年起至 2028 年期间（含 2024 年和 2028 年）可持续性系数，e_{67}^* 将取以下值：

$$\left[\frac{e_{67}^{2017}}{e_{67}^{2022}}\right]^{\frac{1}{5}},$$

其中分子是 2017 年六十七岁的预期寿命，分母是 2022 年六十七岁的预期寿命。

以此类推。

应用可持续性系数时应采用前四位小数。

5. 每隔五年需对在计算可持续性系数值时考虑的预期寿命的年际变化进行审查。

6. 可持续性系数的应用不得妨碍参保人获得每年《国家总预算法》所规定的最低补贴的权利。

7. 财政责任独立机构应根据 2013 年 11 月 14 日颁布的关于设立财政责任独立机构规范的第 6/2013 号组织法第 23 条规定，对就业和社会保障部为确定可持续性系数的计算数值发表意见。

8. 应绝对透明地应用可持续性系数，并公布对预期寿命的系统监测结果。同样，在确认其初始养老金额时，需向养老金领取者告知可持续性因素对其影响。

第二百一十二条　不适用消灭时效

认可退休养老金资格的权利不受失效限制，尽管承认退休养老金权的效力应从提交相应申请之日前三个月起生效。

以缴费形式领取退休养老金也应与 2015 年 5 月 30 日第 3/2015 号法律第 1 条中提到的高级职位的绩效不相容，该法律规定了从事国家行政总局高级职务规则。

第二百一十三条　不兼容性

1. 不得在领取退休养老金的同时工作，但法律规定的例外情况除外。

尽管有上述规定，退休人员可以根据法律规定的条件，在领取退休养老金的同时从事非全职工作。在该情况下，养老金将按照养老金领取者工作日相对于同等全职员工工作日的减少量成反比减少。

2. 担任 1984 年 12 月 26 日颁布的第 53/1984 号法律第 1 条第 1 款第 2

段所定义的公共部门职务的人员，不得领取缴费型退休养老金。

在不影响重新估算退休养老金数额的情况下，在其任职期间应暂停领取退休养老金。

本款所述不兼容性不适用于第 137 条 c 款所述之大学名誉教师和名誉退休执业卫生人员。

3. 2015 年 5 月 30 日颁布的第 3/2015 号法律规定了从事国家行政总局高级职务规则，其第 1 条所述担任高级职位的人员不得领取缴费型退休养老金。

4. 年总收入不超过跨行业最低工资的自雇人士可领取退休养老金。从事此类经济活动的人员没有为享受社会保障待遇而缴纳社会保险费的义务。

前段规定的具体活动不赋予享受新的社会保障待遇权利。

第二百一十四条　退休养老金和积极老龄化

1. 在不妨碍第 213 条规定的情况下，退休人员可在领取缴费型退休养老金的同时从事任何受雇或自雇的工作，条件如下：

a. 达到第 205 条第 1 款 a 项为每种情况下规定的适用年龄后至少一年才可领取退休养老金，但不得为此目的以奖励或适用于参保人退休的年龄提前为由允许退休。

b. 应付退休养老金数额相应适用计算基数比例为 100%。

c. 从事的工作可以以雇员身份全职或兼职进行，也可以以自雇形式进行。

2. 可在工作的同时领取的退休养老金数额等于最初确认退休养老金数额的 50%，也可是公共退休养老金最高限额的 50%（如适用），或在开始上述工作时正在领取的退休养老金的 50%，无论退休养老金领取者从事的活动或工作时间如何，也不包括最低标准的补助金。

如果该活动是以自雇形式开展的，并且证明至少有一名雇员受雇，则可同时领取的退休养老金数额为 100%。

退休养老金应按照为社会保障体系退休养老金规定的条件进行全面重新估算。然而，只要继续从事允许同时领取退休养老金的工作，退休养老金的数额加上累计重估的数额将减少 50%，前段所述自雇人士的情况除外。

3. 只要退休养老金领取者在领取养老金的同时开展工作，就无权领取低于养老金最低标准的补助金。

4. 无论出于何种目的，受益人在所有方面都应被视为退休养老金领

5. 雇佣关系终止后，应恢复全额给付退休养老金。在不符合第 2 款第 2 段所述情况下终止自雇活动时也应适用该规定。

6. 本条所载规定不妨碍其他任何法律规定的退休养老金领取与工作相容模式的法律制度的使用。

本条规定不适用于 1984 年 12 月 26 日颁布的第 53/1984 号《公共行政服务部门人事不兼容法》第 1 条第 1 款第 2 段规定的在公共部门担任高级职务的情况，该法律规定在担任该职位时不得同时领取退休养老金。

*注意：本条经 2021 年 12 月 28 日颁布的第 21/2021 号《保证年金购买力及加强公共年金制度社会财政可持续性的其他措施法规》第 1 条第 9 款制定。

第二百一十五条　不完全退休

1. 当雇员达到第 205 条第 1 条 a 款所述年龄并符合认可退休养老金权利的要求时，只要工作时间减少至少 25% 至多 50%，即可有权利享受不完全退休，且不必同时签订替代合同。所示百分比应指可比全职雇员的工作时间。

2. 同样，只要同时根据《劳工法》修订本第 12 条第 7 款规定的条件签订替代合同，全职雇员在满足以下条件时即可以享受不完全退休：

a. 在不完全退休之日已达到六十五岁，或在缴费年限已达三十六年零六个月的情况下年满六十三岁，为此不考虑可能适用于参保人的任何奖励退休或提前退休年龄。

b. 在不完全退休日期之前在企业有至少六年的任职资历。如果任职属于同一集团的企业，或前企业符合《劳工法》修订本第 44 条规定的企业继承，则计入在前企业认可的服务年限。

c. 在满足其他要求的情况下，不完全退休人员工作时间减少至少 25% 至多 50%，如果替代人员是按照长期合同全职雇佣的情况下，不完全退休人员工作时间减少 75%。所示百分比应指可比全职雇员的工作时间。

d. 至不完全退休之日有三十三年的缴费年限证明，且不计入额外薪酬相应部分。仅就不完全退休而言，只应计入最多不超过一年的义务兵役期、替代社会服务期或女性义务社会服务期。

残障程度等于或大于 33% 的人员所需缴费年限为二十五年。

e. 替代人员和不完全退休人员的缴费基数之间必须有对应关系，替代人员的缴费基数不得低于不完全退休养老金计算基数期最后六个月对应的缴费基数平均值的65%。

f. 因不完全退休而订立的替代合同的期限不应少于被替代雇员实际年龄和第205条第1款a项规定退休年龄的之差。

在c款所述情况下，如果替代合同具有无限期和全职性质，则合同期限不应少于被替代雇员实际年龄和第205条第1款a项所述退休年龄之差加上两年。如果合同在达到规定的最短期限之前被终止，雇主将有义务在剩余时间内按照与终止合同相同的条款签订新合同。如果雇主不遵守本条规定的替代合同条件，应负责退还兼职退休养老金领取者领取的退休养老金。

g. 在不妨碍c款所述工作时间减少的情况下，在不完全退休期间，雇主和雇员应按未缩减工作时长的缴费基数缴费。

3. 上述两种情况下参保人有权在兼职工作时领取不完全退休养老金。

4. 前项不完全退休之法律制度以法律规定为准。

5. 当合作社与签订定期雇佣合同的社员或失业人员达成协议，根据《劳工法》修订本第12条第7款规定的签订替代合同的相同条件和本条规定，以合作社社员或者合伙人身份承担部分退休社员所空出的工作时，根据第14条的规定被同化为雇员的合作社工人或工人成员，在根据《劳工法》修订本第12条第6款规定的条件减少工作时间并缩小经济权利且满足本条第2款规定要求的情况下，即有权利获取本条规定的不完全退休资格。

*注意：第215条第2款d项经2022年11月25日颁布的关于承认妇女在获得不完全退休金方面的有效社会服务时间的第24/2022号法律独立条款第1项修订。

第十四章

死亡和遗属保险

第二百一十六条 待遇

1. 在因任何原因死亡的情况下，应视情况给予以下一项或多项待遇：

a. 丧葬补助金。

b. 丧偶终身抚恤金。

c. 丧偶临时津贴。

d. 孤儿抚恤金。

e. 家属终身抚恤金，或临时津贴（如适用）。

2. 对因工伤事故或职业病导致死亡的，也应给予一次性补偿。

3. 同样，对因暴力侵害妇女而死亡的死者，根据法律或西班牙批准的国际文书规定之条款，只要其子女符合孤儿情况，即有权获得孤儿抚恤金。但以下条款规定的情况以及不符合领取孤儿养恤金法定必要条件的情况除外。

第二百一十七条 责任主体

1. 以下人员有权享受前条所列之待遇：

a. 纳入一般计划并符合第165条第1款规定的一般条件的人员。

b. 领取暂时性丧失劳动力津贴、孕险待遇、生育补贴、陪产或哺乳期待遇且满足相应的缴费年限的人员者。

c. 缴费型退休养老金和永久性丧失劳动力津贴领取者。

2. 因工伤事故或职业病而被确认为绝对永久性丧失劳动力或严重伤残以致死亡的人员，有权获得死亡保险。

如果前段规定情形不成立，则必须证明死亡是由于工伤事故或职业病造成的。如果是工作事故，只有死亡发生在事故发生之日起五年内，上述证据才会被接受。在患有职业病的情况，不论经过时间长短，上述证据均应采纳。

3. 因事故失踪的雇员，无论是否与工作有关，在可能死亡的情况下并且在事故发生后的九十日内没有收到任何消息，可以申请死亡和遗属待遇，但丧葬补助金除外。在法律规定的条件下，待遇的经济生效期可追溯至事故发生之日。

第二百一十八条　丧葬补助金

死者死亡后，有权立即获得丧葬补助金以支付死者的丧葬费用。除非另有证明，否则推定上述费用按以下顺序支付：未亡配偶、第221条规定的法定同居伴侣的遗属、子女和惯常与死者同住的亲属。

第二百一十九条　未亡配偶的遗属抚恤金

1. 第217条第1款所述人员的未亡配偶有权终身领取丧偶抚恤金，但法律规定的其他权利消灭原因除外，如果死者在死亡之日已在社保登记或处于等同于登记的情况，需在其死亡之日前五年内完成五百天的缴费年限。如果死者已在社保登记或等同于登记的情况下无缴纳保险费义务，则五百天的缴费年限必须是在缴费义务终止之前的五年内。在任何情况下，如因意外事故导致死亡的，无论是否为工伤事故或职业病，都无须事先缴费。

即使死者在死亡之日未在社保登记或处于等同于登记的情况，只要满足至少十五年的缴费年限，未亡配偶也有权获得丧偶抚恤金。

2. 如果死者是由在婚姻关系前患有的普通疾病导致死亡的特殊情况，则婚姻关系需要在死亡日期前至少一年建立，或者育有共同子女。如果有证据证明与死者的同居时间符合第221条第2款规定的条件，加上婚姻存续时间超过两年，则无须上述要求的一年婚姻期限。

第二百二十条　分居、离婚或婚姻无效的丧偶抚恤金

1. 在分居或离婚的情况下，符合第219条每种情况的要求且仍是或者曾经是合法配偶的任何人都有权领取丧偶抚恤金，在后一种情况下，要求其没有再婚或形成下条所述的法定家庭伴侣关系。

同样，还应要求离婚或依法分居者是《民法典》第97条所述补偿年金的受益人，该补偿年金存续至其死亡。如果丧偶抚恤金数额高于补偿年金，则应减少至后者的数额。

在任何情况下，即使没有资格获得补偿年金，但通过终审判决或因死者死亡导致刑事诉讼结案证明其在合法分居或离婚时是性别暴力的受害者，或在没有判决的情况下可通过为其签发的保护令或检察机关出具的表明其为性别暴力受害者的报告，以及法律承认的任何其他证明方式证明其为性别暴力

受害者，即可获得享有补偿年金的资格。

2. 如果在调解离婚后，有资格获得抚恤金的受益人不止一人时，则应根据每人与死者共同生活时间的长短按比例发放抚恤金，并保证其中40%发放给死者的未亡配偶，如为非配偶，则需在死者死亡时与其共同生活且根据下条所述条件成为丧偶抚恤金受益人（如适用）。

3. 在婚姻被宣告无效的情况下，已被确认有权获得《民法典》第98条所述补偿的遗属有权获得丧偶抚恤金，条件是该遗属无再婚或根据以下条款所述条件形成法定家庭伴侣关系。上述抚恤金数额应按与死者共同生活的时间比例予以确认，但不影响在多个受益人同时受益的情况下适用前款规定而可能产生的限额。

第二百二十一条　法定家庭伴侣的丧偶抚恤金

1. 符合第219条规定条件并在死者去世时作为法定家庭伴侣与之结合的人，也有权终身享受丧偶抚恤金，除非出现法律规定的其他权利消灭原因。

2. 就本条规定而言，法定家庭伴侣应被视为由不受婚姻阻碍、未与他人构成婚姻关系或法定家庭伴侣、与死者具有类似夫妻情感关系的人。并且通过相应的户口登记证明，在死者去世时与其保持稳定且众所周知的、不少于五年的连续同居生活，除非育有共同子女，在此类情况下，需要按照下段规定证明法定家庭伴侣关系。

家庭伴侣关系应通过在居住地自治大区或市政厅的特定登记处登记证明或通过说明形成上述伴侣关系的公开文件予以确认。上述登记证明和相应公开文件都必须在死者死亡日期前至少两年予以正式确认。

3. 当根据前款规定建立的法定家庭伴侣关系因一方或双方意愿而终止而随后其中一方死亡时，只有在满足第219条规定的条件之外，且未亡伴侣未根据第2款的规定建立新的家庭伴侣或婚姻关系的情况下，才有权获得终身丧偶抚恤金。

此外，还要求未亡伴侣为补偿性年金的领取人，且该补偿年金因其死亡而取消。补偿年金必须通过司法手段或伴侣双方在公开文件中达成的监管协议来确定，但在确定年金数额时必须考虑到符合《民法典》第97条所述条件的多名领取者的情况。

如果丧偶抚恤金数额高于补偿年金数额时，则应减少至补偿年金的数额。

在任何情况下，即使没有资格获得补偿性年金，但通过终审判决或因死者死亡导致刑事诉讼结案证明其在终止家庭伴侣关系时是性别暴力的受害者，或在没有判决的情况下可通过为其签发的保护令或检察机关出具的表明其为性别暴力受害者的报告，以及法律承认的任何其他证明方式证明其为性别暴力受害者，即可获得享有补偿年金的资格。

*注意：本条经 2021 年 12 月 28 日颁布的第 21/2021 号《保证年金购买力及加强公共年金制度社会财政可持续性的其他措施法规》第 1 条第 10 款制定。

第二百二十二条　丧偶临时津贴

当未亡配偶或法定家庭伴侣因不能证明其与死者的婚姻根据第 219 条第 2 款规定持续了一年的时间，或不存在共同子女，或在死者死亡日期前至少两年在居住地自治大区或市政厅的特定登记处登记为家庭伴侣或在公开文件中说明形成上述伴侣关系，但符合第 219 条所列的其他要求时，即便无权享有丧偶抚恤金，也可有权获得临时津贴，其金额等同于本应领取的丧偶抚恤金，为期两年。

*注意：本条经 2021 年 12 月 28 日颁布的第 21/2021 号《保证年金购买力及加强公共年金制度社会财政可持续性的其他措施法规》第 1 条第 11 款制定。

第二百二十三条　丧偶待遇的兼容性和权利消灭

1. 丧偶抚恤金可与任何工作收入同时领取。

根据第 219 条第 1 款第 2 段规定的条件（包括法定同居伴侣），丧偶抚恤金不可与任何其他社会保障计划的丧偶抚恤金同时领取，除非每个计划下计入的社保缴费年限至少重叠十五年。

2. 在任何情况下，当受益人建立其他婚姻关系或第 221 条规定的家庭伴侣关系时，其领取丧偶抚恤金的权利即停止，但法定例外情况除外。

3. 本条的规定适用于丧偶临时津贴。

*注意：本条经 2021 年 12 月 28 日颁布的第 21/2021 号《保证年金购买力及加强公共年金制度社会财政可持续性的其他措施法规》第 1 条第 12 款制定。

第二百二十四条　孤儿抚恤金和孤儿福利金

1. 已故死者的每个儿子和女儿，无论其亲子关系性质如何，都有权在平等的基础上获得孤儿抚恤金，条件是在死者死亡时，其未满二十一岁或无工作能力，而且死者已在社保登记或处于等同登记的情况，或者是第 217 条第 1 款 c 项所述待遇的领取者。

第 219 条第 1 款第 2 段规定也适用于孤儿抚恤金。

根据法律规定的条款或西班牙批准的国际文书确定死亡是由暴力侵害妇女行为造成时，并且在任何情况下死亡都是由于《全面保障性自由组织法》确定的针对妇女实施性暴力造成时，只要死者子女始终处于相当于绝对孤儿的情况，且不符合获得孤儿抚恤金的必要条件，无论亲子关系性质如何，每个子女都有权在平等的基础上获得孤儿福利金。只要包括孤儿在内的家庭单位的收入除以组成该家庭单位的成员人数得出的数字不超过彼时现行跨行业年度最低工资的 75%，且不包括额外薪酬占比部分，则该项福利金额为计算基数的 70%。

如果此项福利的受益人超过一名，则该福利的共同金额可能为监管基数的 118%，并且绝不会低于相当于有家庭责任的寡妇养老金的最低金额。

*注意：第 224 条第 1 款第 3 段经 2022 年 9 月 6 日颁布的第 10/2022 号《全面保障性自由组织法》最终条款第 17 条修订。

2. 因暴力侵害而死亡的女性的收养子女，当其家庭单位的收入除以组成该家庭单位的成员人数（包括被收养的孤儿）在年度计算中超过彼时现行跨行业最低工资的 75%时（不包括额外薪酬占比部分），将无权领取孤儿抚恤金和法定增加额，并在适用的情况下，暂停领取孤儿福利金。

此外，当暴力侵害实施者非死者子女的父母时，且孤儿抚恤金或孤儿福利金受益人的家庭单位收入不超过上段规定的相同比例时，将有权领取孤儿抚恤金和法定增加额，或者孤儿福利金（若适用）。否则该权利则被暂停。

在上述情况下，该权利自暂停原因发生次日起生效。

当家庭单位的收入不超过上述限度时，将重新恢复受益人领取孤儿抚恤金或福利金的权利。只要在上述日期后的三个月内提出申请，追偿即从收入数额变化的次日起生效。否则，自申请之日起追偿的抚恤金或福利最多可追溯三个月。

3. 死者的子女在死者死亡之日不满二十五岁时，未从事带薪工作或作为自雇人士工作，或者带薪工作收入低于彼时跨行业年度最低工资，则有权领取孤儿抚恤金或孤儿福利金。

如果孤儿正在接受教育，并在学年内年满二十五岁，孤儿抚恤金或孤儿福利金可顺延至下一学年开始后的第一个月的第一日。

4. 孤儿抚恤金和孤儿福利金应按规定支付给受益人的受抚养人。

*注意：第 2 款经 2022 年 3 月 21 日颁布的第 2/2022 号组织法《加强保护性别暴力受害孤儿组织法》第 5 条第 2 款增补，并对第 3 款和第 4 款重新编号。

第二百二十五条　孤儿抚恤金和孤儿福利金的兼容性

1. 在不违反前条第 2 款规定的情况下，如果死者配偶（或曾配偶）或孤儿本人有工作收入并且同时领取丧偶抚恤金（若适用），可同时获得孤儿抚恤金或福利金。

第 223 条第 1 款第 2 段有关丧偶抚恤金的规定也适用于孤儿抚恤金，除非按照法律或西班牙批准的国际文书所规定的死亡是由于暴力侵害妇女行为造成的，在此情况下可与任何其他社会保障计划下的孤儿抚恤金同时领取。

*注意：本条标题和内容经 2019 年 3 月 1 日颁布的第 3/2019 号法律第 1 条第 4 款修订，该法旨在改善性别暴力和其他暴力侵害妇女行为受害者子女的孤儿状况。

2. 丧失劳动能力并有权获得孤儿抚恤金的孤儿，当因同一伤残原因而获得另一项社会保障年金时，可以择其一。当孤儿在年满十八岁之前被宣布丧失劳动能力时，所领取的孤儿抚恤金可在十八岁之后与永久性丧失劳动力津贴（不同于引起孤儿抚恤金的伤害以外的原因而可能造成的永久性丧失劳动力）以及基于自雇或受雇所从事的工作而享有的退休养老金同时领取。

3. 依法确定由父亲和母亲造成的孤儿抚恤金受益人为多人的效应。

第二百二十六条　家属年金

1. 本法的实施细则确定符合规定条件并证明其经济不自主死者的其他亲属或类似亲属有权在死者死亡时取得为其每人分别设立数额的抚恤金或津贴。

第 219 条第 1 款的第 2 段适用于家属年金。

2. 在任何情况下，缴费型退休养老金和永久性丧失劳动力津贴受益人的子女或兄弟姐妹在下列情况下都有权根据法定条件领取抚恤金：

a. 与死者同住并依赖死者。

b. 年龄在四十五岁以上的单身、离异或丧偶者。

c. 有证明长期致力于照顾死者的人员。

d. 缺乏自己的谋生手段。

3. 死亡和遗属临时津贴的领取期限由本法实施细则规定。

4. 就上述福利而言，合法分居者对其长辈或后代方面享有与解除婚姻关系时相同的权利。

5. 第 223 条第 1 款第 2 段中关于丧偶抚恤金的规定适用于家属抚恤金。

第二百二十七条　特别一次性补偿

1. 如果工伤事故或职业病死亡，其未亡配偶、第 221 条规定的家庭伴侣和孤儿应有权获得一次性赔偿，其统一数额在本法实施细则中确定。

在分居、离婚或婚姻宣告无效的情况下，应酌情适用第 220 条的规定。

2. 如果没有其他亲属有权享受死亡和遗属抚恤金，依靠已故雇员生活的父母只要无权因后者死亡而享受前条所述之待遇，则有权获得本条第 1 款规定的补偿。

第二百二十八条　普通意外导致的死亡和遗属抚恤金计算基数

在计算由普通意外产生的年金的计算基数时，应计入意外发生一个月之前在法定期间内已缴付的基数总和。

孤儿福利金应通过适用与意外发生时所有有效最低缴费基数对应的比率来计算。

＊注：本段经 2019 年 3 月 1 日颁布的第 3/2019 号法律第 1 条第 5 款增补，该法旨在改善性别暴力和其他暴力侵害妇女行为受害者子女的孤儿状况。

第二百二十九条　抚恤金限额

1. 死亡和遗属抚恤金的数额总和不得超过根据第 161 条第 2 款规定的以死者缴费情况为基础的相应计算基数。这一限额适用于上述金额的初步确定，但不妨碍此后根据第 58 条规定定期对抚恤金进行重新估算。

2. 就本条规定的限额而言，孤儿抚恤金应优先于其他亲属抚恤金。此外，对于后者应确定以下优先顺序：

（1）死者的孙子女和兄弟姐妹，未满十八岁的未成年人或无劳动能力的成年人。

（2）死者的父亲和母亲。

（3）死者的祖父和祖母。

（4）缴费型退休养老金或永久性丧失劳动力津贴领取人的年满四十五岁并符合其他既定要求的子女和兄弟姐妹。

3. 在不违反本条一般规定的情况下，如果适用于计算丧偶抚恤金的计算基数大于 52% 时且多个孤儿抚恤金与丧偶抚恤金同时存在时，可以允许超过规定限额，但在任何情况下，孤儿抚恤金之和不得超过相应计算基数的48%。

*注意：第3款经2018年6月3日颁布的第6/2018号《2018年国家总预算法》最终条款第40条制定。

第二百三十条　不适用消灭时效

除丧葬补助金外，承认死亡和遗属抚恤金的权利不受时效限制，尽管承认该抚恤金权的效力应从提交相应申请之日前三个月起生效。

第二百三十一条　无资格领取死亡和遗属抚恤金的情况

1. 在不妨碍2004年12月28日颁布的第1/2004号《全面防止性别暴力保护措施组织法》附加条款第1条的情况下，当受害者是引发死亡和遗属抚恤金的主体时，其受益人若因实施任何形式的故意杀人而被终审判决有罪，则无权享受该抚恤金。

2. 经办机构可随时自行复核其承认前述案件中终审判决有罪者享有死亡和遗属抚恤金权利的决议，且该有罪者有义务归还其在该项目领取的所有款项（若适用）。

前款所述依职权行使复核权不受时效限制，但返还所获金额之义务应依第55条第3款规定之期限为限。在任何情况下，当下达司法判决中有合理迹象表明被调查对象对故意杀人罪负有责任以及处理刑事诉讼和不同上诉时，这一义务的时效期限中断。

在同意启动本条所述待遇的复核程序时，如事先未达成协议，则应同意预防性地暂停发放该待遇，直至上述程序作出最终决议。

第二百三十二条　某些情况下预防性地暂停给付死亡和遗属抚恤金

1. 当司法判决中有合理迹象表明被调查对象对故意杀人罪负有责任时，作为预防措施，经办机构可暂停给付其可能已确认的死亡和遗属抚恤金，如受害者是引发死亡和遗属抚恤金的主体时，则从获知该情况的次月第一日起停发抚恤金。

如果经办机构在确认死亡和遗属抚恤金程序之前或期间获悉对申请人作出的司法判决中有合理迹象表明申请人犯有上述罪行，如果符合其他所有要求，则可继续认可该抚恤金但自其发放之日起预防性地暂停给付。

针对前两段情形，预防性暂停给付抚恤金将持续至做出结束刑事诉讼或确定受益人无罪的终审判决或其他最终决议为止。

如果抚恤金受益人因犯有上述罪行而被最终判定有罪，则应根据第231

条的规定复核其享有抚恤金的资格，并酌情要求退还已领取的待遇。如果最终判决或最终司法裁决宣布受益人无罪，则应恢复给付已被暂停的抚恤金，其效力与暂停前时相同，但应酌情扣除依第 3 款规定所付抚养义务金额。

2. 但如果一审作出无罪判决并提出上诉，则应解除预防性暂停给付措施直至上诉得到终审判决。在此情况下，如果上诉终审判决也为无罪，则应给付受益人从同意预防性暂停给付该抚恤金至解除暂停给付期间未发放的金额，但应酌情扣除依第 3 款规定所付给第三方的抚养义务金额（若适用）。相反，如果上诉终审判决为有罪，则应根据本条第 1 款规定，重新复核被定罪人领取抚恤金的资格并收回其已领取的抚恤金，包括解除暂停给付期间的部分。

3. 在根据本条规定暂停给付丧偶抚恤金期间，在终审判决为有罪时，只要符合第 233 条所述待遇增加额受益人的条件，孤儿抚恤金受益人或犯罪受害人家属的供养义务可从犯罪者本该领取的抚恤金中划付，但以上述抚恤金受益人应得的数额为限。每位孤儿抚恤金领取者或犯罪受害者家属的抚恤金数额，在任何时候都不得超过上述增加额。

第二百三十三条　特定情况下孤儿和家属抚恤金的增加额

1. 依第 231 条之规定，因任何形式的故意杀人罪而被终审判决者无法取得丧偶抚恤金之受益人资格，丧失资格后其子女因受害成为孤儿的有权取得法定孤儿抚恤金增加额。

在同样的情况下，只要不存在其他人有权获得因受害者产生的死亡和遗属抚恤金，家属年金领取人可以成为法律中规定的增加额受益人。

2. 如果终审判决有罪者的丧偶抚恤金之前未被认定，则上述增加额可追溯至首次确认孤儿抚恤金或家属年金的生效日。否则，该增加额应从经办机构根据第 231 条对确定的丧偶抚恤金进行复核而暂停给付之日开始给付，或从第 232 条所述预防性暂停给付之日开始（若适用）。

在任何情况下，被定罪人已领取丧偶抚恤金期间的孤儿抚恤金或家属年金的增加额需在该定罪人退还上述抚恤金后才可给付。如果未退还，经办机构无须承担向上述孤儿抚恤金或家属年金领取者给付增加额的连带责任，也无预先给付的义务。

依 232 条之规定，孤儿抚恤金或家属年金增加额应扣除受益人本应从暂停给付的丧偶抚恤金中领取的抚养费金额。

3. 依法律或西班牙批准的国际文书之规定，有资格获得由暴力侵害妇女行为造成的孤儿抚恤金的儿童，有权获得法律中规定的孤儿抚恤金增加额。

如果该抚恤金有一个以上的受益人，则抚恤金总金额可达到计算基数的118%，并且绝不应低于有供养家庭的丧偶抚恤金的最低限额。

只要包括孤儿在内的家庭单位的收入除以组成该家庭成员人数的结果不超过彼时有效跨行业年度最低工资的75%（不包括额外薪酬的部分），则法律中规定的对孤儿抚恤金增加额可达到计算基数的70%。

＊注意：本款经2019年3月1日颁布的第3/2019号法律第1条第16款增补，该法旨在改善性别暴力和其他暴力侵害妇女行为受害者子女的孤儿状况。

第二百三十四条 特定情况孤儿抚恤金的给付

依第231条之规定，因任何形式的故意杀人罪而被终审判决有罪者的子女，如果是未成年人或需要司法能力支持措施来领取年金的成年人，并且是因为受害者造成的孤儿抚恤金的受益人，则上述抚恤金不应给付给被定罪者。

在任何情况下，经办机构应告知检察院孤儿抚恤金的存在以及任何有合理迹象表明其一方父母应对故意杀人罪负责的法院判决，以便根据《民法典》第158条规定，在必要时对未成年人的监护自然人或机构以及应领取孤儿抚恤金的成年人的监护人采取适当的措施。在此类程序下采取了该项措施后，经办机构也需在适当时间向检察院汇报终止该程序的决议以及司法决议的最终结果。

＊注意：第234条经2023年3月16日颁布的第2/2023号皇家法令《扩大年金领取者权利并缩小性别差距以及建立可持续公共年金制度新框架的紧急措施法令》独立条款第10款的修订。

第十五章

家庭保护

第二百三十五条　生育缴费年限

对于缴费型退休养老金和永久性丧失劳动力津贴，对申请上述年金的雇员每生育一个孩子（单胎）应累计计入一百一十二日的缴费年限，如果是多胞胎，则第二胎之后的每个孩子增加十四日（包括第二胎）。除非在生育时作为雇员或公务员已累计缴足十六个星期或者如果是多胞胎相应的时间。

第二百三十六条　照顾子女或未成年人的待遇

1. 在不违反前条规定的情况下，因解除劳动关系或终止领取失业待遇而中断缴费发生在分娩前九个月或收养未成年人前三个月至上述情况发生后第六年底，这期间应计入为享受所有保险待遇的缴费年限，但为满足最低缴费年限除外。

每个收养或寄养的子女或未成年人最多可计入二百七十日的缴费年限，在任何情况下都不会超过实际中断的缴费时间。

此项待遇应只给予父母中的一方。如果父母之间发生争议，则该权利予以母亲。

2. 在任何情况下，适用本条规定的待遇不得导致每个受益人照顾子女或未成年人的视为缴费年限的时间超过五年。当上述待遇与第237条第1款所述待遇同时出现时，此限制也同样适用。

第二百三十七条　缴费型家庭待遇

1. 根据《劳工法》修订本第46条第3款规定，雇员因照顾收养、永久寄养或监护的每个子女或未成年人而享有最多三年的停工期，应被视为有效缴费年期，以享受相应的退休养老金、永久性丧失劳动力津贴、死亡和遗属抚恤金、生育和陪产的社会保障待遇。

2. 就前款所述待遇而言，根据《劳工法》修订本第46条第3款规定，雇员为照顾因年龄、事故、疾病或残疾而无法自理且不从事有偿活动的其他家属（不超过二级血亲）而停工的前三年，应被视为有效缴费年险。

3.《劳工法》修订本第 37 条第 6 款第 1 段规定的因照顾未成年人而缩短日工作时长期间前三年的缴费，按日工作时长无缩短情况数额的 100%计算，以享受本条第 1 款所述待遇。此类增加也适用于上述条款第 1 和第 2 段所述因其他原因导致日工作时长缩短情况的前三年。

《劳工法》修订本第 37 条在第 4 款最后一段以及第 37 条第 6 款第 3 段规定的日工作时长缩短期间的缴费，在用于计算退休养老金、永久性丧失劳动力津贴、死亡和遗属抚恤金、生育和陪产津贴、孕期保险金、哺乳期保险金和暂时性丧失劳动力津贴等方面的社会保障待遇，按日工作时长无缩短情况数额的 100%计入。

＊注意：第 237 条第 2 款和第 3 款经 2023 年 3 月 16 日颁布的第 2/2023 号皇家法令《扩大年金领取者权利并缩小性别差距以及建立可持续公共年金制度新框架的紧急措施法令》独立条款第 25 款修订。

4. 当第 1 和第 2 款所述的停工情况已经根据《劳工法》修订本第 37 条第 6 款的规定进行了日工作时长缩短，为视该期间为有效缴费年限，日工作时长缩短期间的交费应按日工作时长缩短情况的 100%计入。

第十六章

社会保障一般计划的共同条款

第一节 自愿改进一般计划的保护措施

第二百三十八条 保护措施的改进

1. 可通过以下方式自愿改进社会保障一般计划的保护措施：

a. 直接改善待遇。

b. 确定额外的缴费率。

2. 批准企业自愿改善应符合本节及其实施发展条例规定。

第二百三十九条 直接改善待遇

企业可以直接自费改善一般计划的待遇。在特殊情况下，经就业和社会保障部事先批准，可以设立由雇员承担费用的经济投入，前提是雇员有权独立且自愿地选择是否接受雇主提供的改善条件。

尽管雇主实施本条所述改善措施具有自愿性质，但当雇员有权获得定期改善待遇时，该权利不得被取消或削弱，除非不符合该待遇的认可规则。

第二百四十条 直接改善的管理方法

1. 在法律规定的条件下，企业可以自行或通过社会保障管理局、劳工基金会、蒙特皮奥基金组织（montepío）和社会福利互助保险协会或任何类型的保险企业来改善前条所述待遇。

2. 为实现其自身目的而合法成立的劳工基金会应根据适用法规规定的条件，享受税收待遇和其他免税待遇。

第二百四十一条 通过建立额外的缴费率而实现改善

就业和社会保障部可应有关方面要求，批准通过提高第145条所述的缴费率而获取额外缴费，用于重新评估已产生由其给付的或未来的待遇或其他定期待遇。

第二节 一般计划职业安全和健康条款

第二百四十二条　工伤事故违规行为

企业未遵守社会保障劳动监察局的命令和劳动主管部门关于停止不符合健康和安全规定的工作的决议，就上述情况下可能发生的职业事故而言，无论是否需要接受其他问责或制裁，此类行为都应等视为缺乏为所涉及雇员提供应急的具体保护措施。

第二百四十三条　职业病的具体规则

1. 所有覆盖职业病风险工作岗位的企业都有义务为负责该岗位的雇员进行入职前体检，并根据就业和社会保障部为每种职业病制定的规则进行定期体检。

2. 体检费用由雇主承担，对雇员具有强制性，如有必要，由此产生的差旅费或误工费皆由雇主承担。

3. 上述企业不得雇佣体检不合格的雇员从事相关工作。如果在后续体检中未有保持相关工作能力的证明，也同样禁止雇员继续从事该工作。

4. 实施发展条例应确定特殊情况，在该情况下，由于就业的实际需要可以在开工后立即进行体检。

第二百四十四条　缺乏医疗检查的责任

1. 在为具有职业病风险工作岗位的从业人员提供工伤事故和职业病保护前，经办机构和与社会保障部门合作的机构有义务知晓前条所述的事先体检结果，并在相应文件中说明已履行上述义务。上述机构同样需知晓定期体检的结果。

2. 无论企业是否与社会保障合作互助保险协会具有合作关系，或是否有管理部门对职业病情况提供保护，未能履行事先或定期体检义务的企业需直接给付此类职业病情况下可能产生的所有待遇。

3. 未遵守第 1 款规定的互助保险协会应承担以下责任：

a. 有义务将所收到的保险费存入第 97 条所述社会保障职业应急基金，并缴纳可达该金额 100% 的附加费。

b. 有义务为上述目的支付一笔相当于企业在本条前款所述情况下应付

的待遇，包括根据第 164 条规定可能适用的待遇。

c. 如有重犯，取消合作管理的授权。

d. 本法及其实施发展条例可能适用的其他责任。

第十七章

一般计划中特定雇员群体的适用条款

第一节 非全职劳动者

第二百四十五条 社会保护

1. 非全职就业合同的社会保护应遵循非全职劳动者与全职劳动者同化的原则，特别是本章第 269 条第 2 款和第 270 条第 1 款有关失业保护的规定。

2. 根据《劳工法》修订本第 12 条和第 16 条之规定，本节规则应适用于纳入一般计划适用范围的非全职合同、非全职替代合同和固定但季节性合同的雇员。一般来说，包括属于家庭雇员特别方案的非全职或固定季节性合同雇员。

第二百四十六条 缴费

1. 社会基本保险缴费基数和与其他联合征收保险项目的缴费基数应始终按月计算，并根据工作时长计算实际收到的报酬设定，包括基础工时和加班工时。

2. 由此确定的缴费基数不得低于法律规定的数额。

3. 加班工时应按与基础工时相同的基数和比率缴纳社会保险费。

第二百四十七条 计算缴费年限

为确认享受退休养老金、永久性丧失劳动力津贴、死亡和遗属抚恤金、暂时性丧失劳动力津贴、生育和陪产假津贴所需的缴费年限，应适用以下规则：

a. 劳动者登记为非全职合同的不同时期均应被计入在内，不论每个时期的日工作时长。

为此，将非全职系数（即非全职日工作时长占可比全职日工作时长的百分比）应用于以非全职合同登记的时期，其结果为每个时期的有效缴费天数。

由此得出的天数再加上全职缴费天数（若适用），其结果则为计入享受待遇的有效缴费天数总数。

b. 确定了可计缴费天数后即可计算非全职总系数，即根据 a 项的规定，工作有效缴费天数占雇员整个职业生涯中参保总天数的百分比。为享受暂时性丧失劳动力津贴，仅需根据过去五年的缴费情况计算非全职总系数。为享受生育和陪产津贴，非全职总系数应按最近七年或按雇员的整个职业生涯计算（若适用）。

c. 非全职雇员享受每项经济待遇所需的最低缴费年限，是 b 款所述的非全职工作总系数应用于一般规定期限的结果。

为了领取相应的经济待遇，要求将最低缴费年限的一部分或全部纳入特定时间段内，采用非全职工作总系数来确定所需的缴费年限。在任何情况下，必须涵盖的临时时间段一般应是为相关待遇确立的年限。

第二百四十八条　经济待遇数额

1. 在确定经济待遇的计算基数时，应考虑到以下规则：

a. 退休养老金和永久性丧失劳动力津贴的计算基数应按照一般规则计算。

＊注意：第 1 款 a 项 2023 年 3 月 16 日颁布的第 2/2023 号皇家法令《扩大年金领取者权利并缩小性别差距以及建立可持续公共年金制度新框架的紧急措施法令》独立条款第 27 款修订。

b. 生育和陪产假津贴的日计算基数为生产前一日前一年内计入企业的缴费基数之和除以三百六十五的结果。

然而，根据第 179 条第 2 款之规定，生育和陪产假津贴可以通过临时决议予以给付。

c. 暂时性丧失劳动力津贴的日计算基数是自最后一次就业登记以来计入的非全职有效缴费基数之和（最多不超过伤残事件发生前三个月）除以该期间所包括的天数的结果。

对于签订固定季节性合同的人员，暂时性丧失劳动力津贴的日计算基数是自雇员在相应计划中登记以来，由于最后一次被传唤工作而开始提供服务的有效缴费基数之和（最多不超过伤残事件发生前三个月），除以该期间所包括的天数的结果。

经济待遇应在参保人处于暂时性丧失劳动力期间每日予以给付。

*注意：c项经2023年3月16日颁布的第2/2023号皇家法令《扩大年金领取者权利并缩小性别差距以及建立可持续公共年金制度新框架的紧急措施法令》独立条款第27款修订。

2. 为计算退休养老金和因普通疾病而导致永久性丧失劳动力津贴，将按任意时段内适用最低缴费基数纳入无缴费义务期，与最后签署的合同小时数对应。

3. 为确定退休养老金和因普通疾病而导致永久性丧失劳动力津贴的数额，需根据第247条a款第2段所计算的缴费天数应用1.5倍的系数，但最终获得的天数不得超过非全职登记时间。

*注意：宪法法院全体会议于2019年7月3日在第91/2019号判决中，对第688-2019号内部违宪问题做出了判决。第688-2019号判决宣布，1994年6月20日颁布的第1/1994号皇家法令批准的《社会保障总法》修订本第七条附加条款第1款c项的"退休和"条款违宪且无效，2013年8月2日颁布的第11/2013号皇家法令第5条第2款规定保护非全职雇员以及规定了经济和社会秩序中的其他紧急措施。目前，上述段落收录于2015年10月30日颁布的第8/2015号皇家法令批准的《社会保障总法》修订本第248条第3款中。

同样，宪法法院第一分庭在其2021年9月13日颁布的第155/2021号裁决中，就阿斯图里亚斯高等法院社会庭提出的第1530-2021号违宪问题，宣布《社会保障总法》第248条第3款第1段中的"退休和普通疾病引起的永久性丧失劳动力"条款违宪和无效，其效力见法律依据6。

法律依据6确定：

"……此外，根据法律安全的宪法原则（《西班牙宪法》第9条第3款），在该情况下，我们的判决效果将扩展到可能的最终行政地位（第91/2019号宪法法院判决，FJ12）。"

根据第210条第1款所述一般比例确定适用于各计算基数的百分比，但以下情况除外：

当参保人的缴费年限少于十五年时，考虑到全职天数与非全职天数的总和，并且后者已经追加了1.5倍的系数，则适用于各计算基数的百分比为雇员十五年有效缴费年限的50%。

第二节 签订培训和学徒合同的雇员

第二百四十九条 保护措施

1. 受雇接受培训和学习的雇员的社会保障保护措施包括所有意外事件、可保护情况及社会保障待遇，包括失业保护。

关于失业保护，应适用第三篇的规定以及第 290 条的特殊规定。

2. 依本条前款规定签订之合同应免征职业培训税。

＊注意：本条经 2018 年 12 月 28 日颁布的用于重新评估公共年金以及社会、劳动和就业方面的其他紧急措施的第 28/2018 号皇家法令最终条款第 2 条第 7 款修订。

第三节

第二百四十九条之二 计算短期合同的缴费年限计算

1. 在本法第 151 条规定的有效期限等于或少于 5 天的临时合同中，仅为确认退休养老金、永久性丧失劳动力津贴、死亡和遗属抚恤金、生育和陪产津贴以及照顾患有癌症或其他严重疾病的未成年人待遇所需的最低缴费年限，每一工作日应视为 1.4 天的缴费期，在任何情况下，每月计算的天数不得大于相应月份的天数。

2. 本规定不适用于非全职合同、非全职替代合同和固定季节性合同。

＊注意：2018 年 12 月 28 日颁布的关于重新评估公共福利金和社会、劳动和就业事务中的其他紧急措施的第 28/2018 号皇家法令最终条款第 2 条第 8 款增加了一个新的第 3a 节，其中包括新的第 249 条之二。

第四节 公共演出艺术家

第二百四十九条之三 纳入社会保障一般计划中的公共演出艺术家的非经济活动

1. 公开演出的表演者在自愿的基础上，在非经济活动期间可以继续被纳入社会保障一般计划,但必须证明在向社会保障基金管理总局申请之前的十二个月内,至少有二十日在社保中登记并在上述经济活动中实际提供服务,且在此过程中获取的报酬超过最低跨行业月工资的两倍。要纳入上述计划必须随时向社会保障基金管理总局申请登记,如果通过,则从申请之日次月的第一日起生效。

当发生本条第 3 款 b 项规定之正式取消登记且申请人未及时缴纳将交费用时,则不可被纳入上述计划。

*注意:本款经 2019 年 3 月 8 日颁布的第 8/2019 号皇家法令第 6 条修订,该法令制定了社会保护和应对工作日劳动不稳定的紧急措施。

2. 纳入前款所述一般计划的情况与雇员纳入社会保障体系任何其他计划不相容,不论其经济活动。

3. 在非经济活动期间,雇员作为艺术家可在一般计划中注销登记:

a. 应雇员要求,此情况下注销效力应从向社会保障基金管理总局提交要求后的第一个月的第一日开始生效。

b. 在连续两个月没有缴纳相应社会保险费的情况下,由社会保障基金管理总局依职权对其进行注销。

在此种情况下,注销效力应从第二次未支付每月保险费后的第一个月的第一日开始生效,除非雇员在该日处于暂时性丧失劳动力、生育、陪产、孕期保险或哺乳期保险的状态,在上述情况下,如果未事先缴纳应缴保险费,该注销效力应从领取相应经济待遇的次月的第一日开始生效。

一旦艺术家在本节提到的任何情况下从一般社会保障计划中注销,可以在其非经济活动期间,根据第 1 款所述的条款和条件,重新申请加入并随之登记在社会保障一般计划中。

4. 在非经济活动期间应按照以下规则进行缴费:

a. 劳动者本人应负责遵守缴费义务并缴纳相应的保险费。

b. 应按月缴纳。

c. 适用的缴费基数应是任何给定时间内的有效最低基数,适用于普通意外,对应于一般计划缴费组别表的第 7 组。

d. 适用的费率是 11.50%。

5. 根据 1995 年 12 月 22 日颁布的第 2064/1995 号皇家法令批准的《社会保障其他权利缴费与结算一般条例》第 32 条第 5 款规定,完成与艺术家普通意外险和失业险相关的最终年度结算后,社会保障基金管理总局应退还艺术家在非经济活动情况下与其他缴费期为该待遇缴费的重叠天数的金额（若适用）。

如果有权获得退款的艺术家欠缴基本社会保险费或其他社会保障费用，则退还金额应以合法的方式用于清缴未决社保债务。

根据本条规定纳入一般计划中的处于非经济活动状态的艺术家，不得享有《社会保障其他权利缴费与结算一般条例》第32条第5款c项的选择权。

6. 在本条规定的非经济活动期间，保护措施应包括生育和陪产假津贴、永久性丧失劳动力津贴、因普通意外事件而导致的死亡和遗属抚恤金，以及退休养老金。

在非经济活动期间，如果处于怀孕或哺乳期的劳动者不能继续作为公共演出的艺术家而从事使其被纳入一般计划的工作，也将得到保护直至孩子满九个月，同时必须得到国家社会保障局医疗检查的认可。在此种情况下，雇员可享有前款确定的缴费基数100%的待遇。

上述待遇由国家社会保障局直接给付。

＊注意：第249条之三和第四节经2018年12月28日颁布的第26/2018号皇家法令第4条引入，该法令批准了艺术创作和电影制作的紧急措施。

第二百四十九条之四　退休养老金与文艺活动的兼容性

1. 符合本条规定的文艺活动可领取100%的缴费型退休养老金：

a. 从事文艺活动的受雇和自雇人员。

上述文艺活动是指由以下人员进行的文艺活动，无论是戏剧、配音、编舞、综艺、音乐、歌唱、舞蹈、造型、特技演员、艺术指导、电影、管弦乐队、音乐改编、场景、制作、舞蹈设计、视听作品、马戏艺术家、木偶艺术家、魔术师、编剧；根据1996年4月12日颁布的第1/1996号皇家立法法令批准的《知识产权法》修订本第二卷第一篇规定被认定为艺术表演者的任何活动，该法规范、说明、协调有关此事项的现行法律规定；或者适用于表演艺术、视听和音乐活动的集体谈判协议中被认定为艺术家、表演者或演出者的任何人所进行的活动，且符合1985年8月1日第1435/1985号皇家法令第1条第2款第2段的规定，该法令规定了在表演、视听和音乐艺术领域开展活动的艺术家，以及开展此类活动所必需的技术或辅助活动人员的特殊劳动关系。

b. 由1996年4月12日颁布的皇家法令批准的《知识产权法》第一卷第二篇第一章所定义的文学、艺术或科学作品的作者受雇或自雇所从事的活动，无论是否获得此类活动的知识产权，包括因其向第三方传播而产生的知识产权，也不论其是否因同一活动获得其他相关报酬。

2. 在从事文艺活动的同时可领取的缴费型退休养老金数额包括低于最低标准养老金的补助金和生育补助金或缩小性别差距的补助金。

3. 兼容性情况的受益人在所有方面都应被视为退休养老金领取者。

4. 社会保障缴费型退休养老金的受益人，除了从事文艺活动外，还作为雇员或自雇者从事上述活动以外的任何其他工作，从而使其纳入一般计划或社会保障其他特别计划的适用范围，则不得享有该兼容性。

只要受益人未达到第 205 条第 1 款 a 项规定的正常退休年龄，任何类型的提前退休都不在本条适用范围内。

5. 作为本条规定的兼容机制的替代方案，满足前款规定情况的缴费型社会保障退休养老金的受益人，当其满足要求时，可选择适用任何合法退休养老金与工作兼容模式的法律制度。

同样，符合本条规定情况的退休养老金领取者也可以选择暂停领取养老金。在此种情况下，应根据与其活动相对应的社会保障计划管理规则进行登记并缴纳社会保险金。

6. 符合本条规定的兼容性期间产生的暂时性残疾津贴自劳动者退出相应社会保障计划之日起终止。

*注意：第 249 条之四经 2023 年 1 月 10 日颁布的第 1/2023 号皇家法令《鼓励雇佣劳动力及改善艺术家社会保障的紧急措施法令》最后条款第 4 条第 7 项引入，该法令由 2023 年 3 月 16 日颁布的第 2/2023 号皇家法令最后条款第 7 条第 3 款制定。

第十八章

家庭雇员和农业工人特别方案

第一节　家庭雇员特别方案

第二百五十条　适用范围

1. 《劳工法》修订本第 2 条第 1 款 b 项所述特殊雇佣关系的劳动者应被纳入本家庭雇员特别方案。

根据 2011 年 8 月 1 日颁布的关于社会保障体系的更新调整和现代化的第 27/2011 号法律附加条款第 17 条规定，提供家政服务的劳动者，如果不是由家庭业主直接雇佣，而是通过企业签约，则应排除在本特别方案范围之外。

2. 由本法第二篇及其实施发展条例确立本特别方案的法律制度，并确定其具体内容。

第二百五十一条　保护措施

纳入家庭雇员特别方案的劳动者有权根据社会保障一般计划的法规和条件享受社会保障待遇，但有以下特殊性：

a. 在普通疾病或非工伤事故的情况下，暂时性丧失劳动力津贴应从病休的第九日开始给付，由雇主承担向雇员给付从病休第四日至第八日（含第八日）的津贴。

b. 纳入这一特别方案的劳动者的暂时性丧失劳动力津贴由经办机构直接给付，非委托给付。

c. 家庭雇员特别方案的职业意外险不适用第 167 条规定的待遇责任制度。

*注意：2022 年 9 月 6 日颁布的有关改善为家庭服务的雇员的工作和社会保障条件的第 16/2022 号皇家法令第 3 条取消了本条 d 项。

第二节 农业工人特别方案

第二百五十二条 适用范围

1. 在农业用地上从事农业工作的人员，无论是农林业还是畜牧业，或者是对上述工作起补充或辅助作用的工作，以及农业工人根据法律规定的条件提供服务的雇主，应被纳入农业工人特别方案。

第 136 条第 2 款 g 项所述香蕉处理、包装、装箱和销售不得视为农业工作，即便其他工人为同一雇主提供直接采集、储存和运输产品到包装和储存地的服务均不违反 1995 年 7 月 4 日颁布的第 19/1995 号《农业用地现代化法》第 2 条第 1 款最后一段关于其销售规定的情况。

2. 由本法第二篇及其实施发展条例确立本特别方案的法律制度，并确定其具体内容。

第二百五十三条 纳入规则

1. 纳入一般计划中建立的农业工人特别方案会直接使参保人同时登记在一般计划下，一经登记即确定了参保人员在从事农业工作活动期间和不从事该工作期间的缴费义务，随后根据以下各款规定在一般计划中进行登记的义务。

为上述目的，当某月的实际工作天数少于该月纳入特别方案天数的 76.67% 时，即视为该月存在非经济活动期。

在不妨碍前款规定的情况下，根据符合适用的集体协议规定，工人为同一雇主每周至少实际工作五日时，则该月内不存在非经济活动期。

2. 为了在非经济活动期间被纳入此特别方案，工人必须在连续三百六十五日的时间内至少实际工作三十日，并且必须在结束最后一个此类工作日的三个月内明确申请要求被纳入该方案。

满足前段规定要求后，纳入特别方案和在农业闲置期间的缴费自提交纳入申请的次月的第一日起生效。

3. 就前述各款规定而言，应计算工人在指定期间的所有实际工作天数，包括在同一日为不同雇主工作的天数。

为遵守第 2 条规定的要求，工人在本特别方案中的活动期间因职业意外而处于暂时性丧失劳动力、生育、陪产、孕期保险和哺乳期保险时期；在本特别方案中领取缴费型失业金时期；以及因促进农业就业方案而在任何社会保障计划中登记的时期，均应被视为实际工作天数。

4. 在非经济活动期间，可能会出现被排除在农业工人特别方案之外，并因此退出一般计划的情况：

a. 应劳动者要求，在此情况下，排除效力应从向社会保障基金管理总局提出申请的次月的第一日起生效。

b. 在以下情况下，由社会保障基金管理总局依职权进行：

（1）自上一时期结束的次日开始，工人在连续三百六十五日内未完成至少三十日的农业工作。

在此情况下，排除效力应从同意排除决议通知后次月的第一日起生效。

（2）连续两个月未缴纳非经济活动期的基本社会保险费。

在此情况下，排除效力应从未支付社保费第二个月的次月第一日开始生效，除非工人在该日处于暂时性丧失劳动能力、生育、陪产假、孕间风险或哺乳期保险的情况。在此情况下，如果事先未缴纳应缴费用，排除效力应从结束领取相应经济待遇后次月的第一日生效。

本款所述排除不妨碍工人在新的农作时期，在提供服务的期间被纳入特别方案，并随之在一般计划中进行登记和注销，以及缴纳该时期的社保费。

5. 由于前款所述的任何原因在农闲期间被排除在这一特别方案之外，当农业工人满足以下要求时，应被重新纳入该方案：

a. 重新在非经济活动期缴费生效前的连续三百六十五日内，至少实际工作了三十日。

如果工人因从事另一项工作而在其他社会保障计划中登记或等同于登记并有资格享受第 256 条所述保护措施中包括的任何待遇，而自愿被排除在特别方案之外后重新申请被纳入该方案，上述要求将不予执行。为此，必须在上述活动或上述等同于登记的情况终止生效日期后三个月内提交相应申请。

b. 要及时缴纳非经济活动时期的基本社会保险费。

就非经济活动期间的缴费而言，重新纳入特别方案自此生效：

（1）自愿排除在外的，则从工人重新提交被纳入特别方案申请的次月的第一日开始。

登记在另一项经济活动或等同登记情况并在上述三个月内要求重新被纳入特别方案的，可以选择从该其他经济活动注销生效之日或该等同登记情况终止之日或从提交请求后次月的第一日起生效。

（2）因未完成所需最低实际工作日的要求而依职权被排除在特别方案之外的，则从满足该要求的次月的第一日开始生效。

（3）当因未缴纳非经济活动期的社会保险费而依职权被排除在特别方案之外时，从重新提交被纳入申请的次月的第一日开始生效，除非工人选择因为从缴纳应缴费当月的第一日开始生效。

第二百五十四条　参保、登记、注销和数据变更

农业工人参保、登记、注销登记和数据变更应根据第 139 条和第 140 条及其实施和发展细则规定的条款、期限和条件进行处理。

在不妨碍前段规定的情况下，对于工作当日雇佣并且在该工作日开始前无法进行正式登记的临时或固定季节性工人，可以在当天十二点之前提交登记申请。然而，如果工作日在中午十二点之前结束，则必须在该工作日结束之前提交登记申请。

第二百五十五条　缴费

1. 列入农业工人特别方案的工人与向其提供服务的雇主所对应的缴费应符合社会保障一般计划的规定，并具有以下各款规定的特点：

2. 在农业工作期间，应适用以下规则：

a. 雇主负责履行第 142 条规定之缴费义务，并在规定期限内告知其雇员的实际工作天数。

b. 根据雇主的选择，缴费可以根据实际工作天数按日支付或按月支付。如果没有明确行使上述选择权，则应采用每月缴费基数的模式。

对于签订了无限期合同的农业工人按月缴费具有强制性，对签订固定季节性合同的工人具有可选性。

c. 普通意外险和职业意外险的缴费基数应根据第 147 条规定确定。

按日缴费时，前段规定应理解为每个实际工作日的缴费基数不得低于《国家总预算法》为每个财年设定的最低日缴费基数。

d. 适用于普通意外险的缴费率是《国家总预算法》为每个财年确定的费率，对于职业意外险，是法律规定的保险费率中为每种经济活动、职业或情况确定的费率。

e. 失业险、工资保障金和职业培训税按职业意外险的缴费基数设定。

以下保险项目的适用费率为：

（1）失业险由相应的《国家总预算法》为每个财年确定。

（2）工资保障金的费率为 0.10%，完全由雇主承担。

（3）职业培训税的费率为0.18%，其中0.15%由雇主支付，0.03%由雇员支付。

3. 在农闲期间，应适用以下规则：

a. 雇员本人应负责遵守缴费义务并缴纳相应的基本社会保险费。

b. 缴费应按月进行，并根据《国家总预算法》确定的每财年的相应公式计算。

c. 普通意外险适用的缴费基数是任何给定时间内的有效最低基数，对应一般计划的缴费组别表的第7组。

d. 适用费率是11.50%。

4. 在农业活动期间处于暂时性丧失劳动力、孕期、哺乳期、生育和陪产等情况时，适用下列规定：

a. 雇主仅需缴纳其承担的社保费用。

雇员应缴费用由负责相应待遇的机构直接缴纳。

b. 签订无限期合同的农业工人在上述情况下应根据一般计划的一般规则缴费。

c. 签订临时和长期季节性合同的农业工人，因处于上述任何情况而无法工作的合同期间适用b项规定。

对于预计无法工作的时期，上述工人有义务缴纳非经济活动期间的社保费，但生育险和陪产险除外，此类情况被视为有效缴费年限，以享受相应的退休养老金、永久性残疾津贴以及死亡和遗属抚恤金。

5. 在本特别方案中，对于有效期限少于七日的临时就业合同，不适用第151条规定的由雇主缴纳普通意外险的额外费用。

第二百五十六条 保护措施

1. 纳入农业工人特别方案的工人应有权按照《社会保障一般计划》规定的条款和条件享受社会保障待遇，并由以下各款规定其具体内容。

2. 为了确认相应的经济待遇，工人必须及时缴纳其承担的非经济活动期间的社保费。

3. 在非经济活动期间，特别方案的保护措施包括生育补贴、陪产补贴、由普通意外导致的永久性丧失劳动力津贴和死亡遗属抚恤金，以及退休养老金。

4. 为了有资格享有第207条和第208条规定的提前退休方式并满足该条为其规定的最低有效缴费年限的要求，在最近十年的缴费中需要有至少六年对应本特别方案中的有效经济活动期。为此，在此特别方案中，领取缴费型失业金的时期也应计入在内。

5. 在因普通疾病导致暂时性丧失劳动力期间，根据法律规定的条件，待遇的计算基数不得超过病休前最后十二个月内实际工作天数所对应的月平均缴费基数。

6. 纳入特别方案的工人的暂时性丧失劳动力津贴由负责管理该待遇的机构直接给付，不得委托给付，但如第283条第2款所述领取缴费型失业金并处于暂时性丧失劳动能力情况的工人除外。

7. 在计算农业工人在本特别方案中因普通意外造成的永久性丧失劳动力津贴和退休养老金的计算基数时，只应考虑实际缴费年限，不适用第197条第4款和209条第1款b项规定。

8. 失业保险应适用第三篇的规定，其具体内容见该篇第五章第一节。

第十九章

管　理

第二百五十七条　管理及管理协作

社会保障一般计划的管理以及与社会保障互助合作保险协会在管理方面的协作，应受第一篇第五章和第六章的规定约束。

第二百五十八条　提供行政和医疗服务协议

为了更好地履行其职能，社会保险经办机构根据各自的权限，可以与公共或私人机构签订协议，仅提供行政、医疗或职业康复服务。

为此目的而签订的协议需经主管部委批准，其中规定的经济补偿不包括缴纳一定比例的一般计划社保费，也不以任何方式替代委托部门行使的管理职能。

第二十章

财务制度

第二百五十九条　财务系统

社会保障一般计划的财务制度需符合第110条规定的制度，关于工伤事故和职业病的财政制度具体如下条所述。

第二百六十条　工伤事故和职业病的具体规定

1. 社会保障互助合作保险协会，以及在适用情况下的责任企业，在其各自的责任范围内，应根据本法规定在社会保障基金管理总局存入因工伤事故或职业病导致永久性丧失劳动力或死亡的抚恤金资本成本的现值。就业和社会保障部应批准用于确定上述现值的死亡率表和适用利率。

2. 就本条所述工伤事故和职业病保险而言，就业和社会保障部可以规定社会保障互助合作保险协会有在社会保障基金管理总局对已确定的承担风险比例进行再保险的义务，但在任何情况下都不能低于10%或高于30%。为此目的，强制性再保险的承保范围仅包括受保护雇员承担的永久性残疾和死亡及遗属风险所产生的定期赔付，作为补偿，由就业和社会保障部确定的由公司为此类意外缴纳的基本社会保险费的部分由上述公共服务部门承担。上述再保险不应扩大至社会保障互助合作保险协会所垫付的待遇，但不影响其向负责发放此类待遇的雇主索赔的权利，以及要求在雇主无力偿还的情况下由作为担保人的社会保障机构全额偿还的权利。

对于未按前段规定进行再保险的超额损失，互助合作保险协会应缴纳适当的保证金，或按照既定条件对先前的保证金进行补充再保险。

就业和社会保障部可以责令对工伤事故和职业病防护管理结果采用其他补偿制度来代替本款规定的义务。

3. 社会保障互助合作保险协会或负责发放待遇的企业（若适用）必须向社会保障基金管理总局缴纳必要的资金，以构成为期二十五年的临时年金，即因工伤事故或职业病导致直接或间接死亡的工人工资的30%，同时无任何家庭成员有权领取养恤金。

第二十一章

制度通用规则的应用

第二百六十一条 补充法律
在本篇没有明确规定的事项中，应适用第一篇其实施发展条例的规定。

第三篇

失业保险

第一章

一般规定

第二百六十二条　保护对象

1. 根据第 267 条之规定，本法为有能力并愿意工作，但发生失业或合同中止或正常日工作时间缩短的劳动者提供失业应急保护。本篇对该保护予以规范。

2. 劳动者暂时或永久性停止工作并因此失去报酬的，视为完全失业。

为此，完全失业是指至少在一个普通工作日内，劳动者因雇主按照《劳工法》修订本第 47 条的规定或破产程序中的司法裁决而决定合同中止或缩短劳动者正常工作时长后，完全、连续或隔日停止工作的情形。

3. 劳动者每日正常工作时长暂时缩短 10%—70% 的，若其工资同样减少，则视为部分失业。

为此，临时缩短正常日工作时长是由雇主按照《劳工法》修订本第 47 条的规定或破产程序中的司法裁决而决定的，并不包括既定工作时间的减少或贯穿整个雇佣合同剩余有效期内的缩短。

第二百六十三条　保护类别

1. 失业保护分为缴费型和福利型，两者都具有公共性和强制性。

2. 缴费型保护旨在为因失业或合同中止或正常日工作时长缩短而失去收入的劳动者提供替代性待遇。

3. 福利型保护是对上一保护的补充，为本法第 274 条所列情况下的劳动者提供保护。

第二百六十四条　保护人群

1. 已缴纳失业保险的下列人员，应受到失业保护：

a. 一般社会保障计划下的雇员。

b. 为上述意外事件提供保护的社会保障特别计划下的雇员，其具体内容由法律规定。

c. 符合本篇规定条件的回国的移民劳动者和刑满释放人员。

d. 为公共行政部分提供服务的临时公务员、临时工作人员和行政法领域下的工作人员。

e. 符合本篇规定，全职或兼职下列职位并取得报酬的人员：地方企业成员，加那利群岛议会、巴里阿里群岛议会成员和在根据 8 月 2 日颁布的关于工会自由的第 11/1985 号组织法而建立的工会组织中履行工会管理职能的议员。

f. 公共行政部门专职的高级官员。符合本篇规定的条件，因上述工作获得报酬，且不属于公务员的范围，但在失业后有权获得酬金、赔偿金或其他任何类型的补偿性待遇的除外。

2. 前款 e 项和 f 项下的有关人员，包括在地方企业、加那利群岛议会、巴里阿里群岛议会、公共行政部分和工会组织中的任职人员有义务缴纳失业保险，并享有相应的权利、履行相应义务。

本款下的失业保险费率适用于定期全职或兼职合同中规定的一般费率。

3. 政府可将其他群体纳入失业应急保护的范围。

第二百六十五条　保护措施

1. 失业保险包含以下待遇和福利：

a. 缴费型：

（1）全部或部分失业保险金。

（2）在领取失业保险金期间支付与社会保障缴费相对应的雇主部分，但第 273 条第 2 款规定之情形除外。

b. 援助型：

（1）失业补助金。

（2）依第 280 条之规定，缴纳领取失业补助金期间的退休保险费（如适用）。

（3）有权与其他社会保障计划下的劳动者享有同等待遇的医疗保健服务和家庭福利。

2. 保护措施还包括有利于失业劳动者的培训、改进、指导、再培训和就业安置的具体措施，以及其他旨在促进稳定就业的行动。但上述措施不得妨碍国家管理总局和各自治政府根据其实施条例而制定积极就业政策的管理权限。

3. 欧洲经济区成员国或与西班牙签订失业保护协议国家的劳动者，应按照欧盟标准或相应协议的规定领取失业保险金。

第二章

缴费型保护措施

第二百六十六条 享有经济待遇的要求

第 264 条提及的失业人员应满足以下要求才可有权获得失业保险金：

a. 已参加社会保险且依据法律规定处于登记或等同于登记的状态。

b. 在法定的失业情形发生或停止履行缴费义务的前六年内，已完成第 269 条第 1 款所述的最低缴费年限。

失业者在法定失业情形发生时仍保有一份或多份兼职工作的，为领取失业待遇仅计入发生失业或合同中止或正常日工作时长缩短的工作的缴费时间。

c. 符合法定失业情形的失业者，通过签署 2023 年 2 月 28 日颁布的第 3/2023 号法律《就业法》第 3 条所述就业承诺书，以证明其积极就业并接受就业安置的意愿。

*注意：经 2023 年 2 月 28 日颁布的第 3/2023 号《就业法》附加条款业第 4 条第 2 款修订。

d. 未达到领取缴费型退休养老金的法定年龄，但劳动者未完成缴费期，或者合同中止或正常工作时间减少的除外。

e. 在主管的公共就业部门以求职者的身份完成登记。

第二百六十七条 法定失业情形

1. 下列情形视为法定的失业情形：

a. 当雇佣关系终止时：

（1）雇主按照《劳工法》修订本第 47 条规定或破产程序中的司法裁决进行集体裁员。

（2）雇主死亡、退休或工作能力丧失导致雇佣合同的终止。

（3）根据 2006 年 10 月 18 日颁布的调整建筑行业分包合同的第 32/2006 号法律附加条款第 3 条规定，由于劳动者内在原因而导致解雇或合同终止。

根据 2011 年 10 月 10 日颁布的有关社会管辖权规定的第 36/2011 号法律第 111 条第 1 款 b 项的规定，在对宣告解雇无效提起上诉的期间内，失业者应被视为非自愿失业，只要任何符合本篇要求的失业者都有权根据本法第 269 条或第 277 条第 2 款的规定，依据缴费年限获得相应的失业保险金。

（4）由于客观原因而终止合同。

（5）在《劳工法》修订本第 40 条、第 41 条第 3 款、第 49 条第 1 款 m 项和第 50 条规定的情形下，劳动者自愿终止合同。

（6）非由劳动者申诉造成的培训合同或定期就业合同到期、生产情况变动和劳动者替换。

在 2011 年 10 月 10 日颁布的第 37/2011 号法律中第 147 条规定的情形下，劳动者如前段所述因最后一份临时合同终止而失业的，视为法定的失业情形，经办机构应在劳动者符合要求的前提下承认其享有的失业保险金，但不得妨碍上述法律规定。

（7）应雇主要求在试用期内终止雇佣关系，但雇佣关系的终止原因应属于本款中的任何一类，且该合同终止在至少三个月前已发生。

（8）根据 2011 年 11 月 14 日颁布的第 1620/2011 号皇家法令第 11 条第 2 款规定终止雇佣合同，该法令规范了家庭雇员的特殊雇佣关系。

*注意：第 267 条第 1 款 a 项第（8）号经 2011 年 9 月 6 日颁布的第 16/2022 号皇家法令第 3 条引入，该法令规定了改善为家庭服务的雇员的工作和社会保障条件。

b. 当合同中止时：

（1）根据本法第 262 条第 2 款规定，雇主按照《劳工法》修订本第 47 条的规定或破产程序中的司法裁决中止合同。

（2）性暴力中的受害女性根据《劳工法》修订法案第 45 条第 1 款 n 项的规定决定中止合同。

*注意：第 267 条第 1 款 b 项之第（2）号经第 2022 年 9 月 6 日颁布的第 10/2022 号《全面保障性自由组织法》最终条款第 16 条修订。

c. 根据本法第 262 条第 3 款的规定，由雇主按照《劳工法》修订法案第 47 条的规定或破产程序中的司法裁决决定的正常日工作时长缩短。

d. 长期季节性工作的劳动者在其非经济活动期间。

e. 劳动者因在外国的雇佣关系终止而返回西班牙，但前提是其未在他国领取失业保险金且在离开西班牙前完成了相应的缴费。

f. 在本法第 264 条第 1 款 e 项和 f 项规定的情形下，非自愿性地确定中断就业，或虽然仍保有职位，但非自愿性地确定全部或部分停止其业务。

*注意：第 1 款经 2021 年 12 月 28 日颁布的第 32/2021 号皇家法令《制定劳动改革、保障就业稳定及劳动力市场转型的紧急措施法规》3 条第 3 款修订。

2. 下列情形不被视为法定失业情形：

a. 劳动者自愿停止工作，但符合上述第 1 款 a 项第（5）号规定的除外。

b. 劳动者处于前款规定的法定情形，但未应签署用以证明其积极就业并接受就业安置意愿的就业承诺书。

c. 在最终判决宣布解雇非法或无效，且雇主已通知劳动者返岗日期时，劳动者怠于行权或未按照 2011 年 10 月 10 日颁布的规范社会管辖权的第 36/2011 号法律第 279 条的规定采取行动。

d. 劳动者未在现行法律规定的情形和期限内申请恢复工作。

3. 法定的失业情形应按下列方式认定：

a. 分别依据《劳工法》修订本第 51 条和第 47 条确立的本条 1 款 a 项之第（1）号、b 项之第（1）号和 c 项的法定情形，应按以下方式认证：

（1）雇主根据《劳工法》修订本第 51 条和第 47 条的规定条件向劳动者发出书面通知。应在作为有效证明文件的企业证书上写明法定失业情形的原因及生效日期，且该日期应与企业决定集体裁员或中止合同或减少正常工作时间后通知劳动主管部门的日期相一致或者晚于上述通知日期。集体裁员的期限应遵循《劳工法》修订本第 51 条第 4 款的规定。

（2）行政或司法调解文书或者最终司法裁决。

在前两种情况下，法定失业的认定必须由劳动主管部门向向失业保险金经办机构传达雇主根据《劳工法》修订本第 51 条和第 47 条做出的决定，其中包括企业通知劳动主管部门的日期、法定失业情形的原因、受影响的劳动者、失业类型（完全失业或部分失业，如为完全失业，需说明是临时或永久失业）。临时失业应说明暂停或减少工作日的期间，部分失业应说明减少的小时数和其在正常工作时间内的占比。

b. 本条第 1 款 a 项第（5）号、b 项第（2）号规定的法定失业情形分别对应《劳工法》修订法案第 49 条第 1 款 m 项和第 45 条第 1 款 n 项时，应通过雇主关于终止或中止雇佣关系的书面通知，连同有利于受害者的保护令确认，没有保护令的，应附上 2004 年 12 月 28 日颁布的第 1/2004 号《全面防止性别暴力保护措施组织法》第 23 条或《全面保障性自由组织法》第 37 条所述的任何文件予以认可。

*注意：第 267 条第 3 款 b 项经 2022 年 9 月 6 日颁布的第 10/2022 号《全面保障性自由组织法》最后条款第 16 条修订。

c. 予以认可本条第 1 款 f 项规定的法定失业情形应附有地方企业的主管机构、特许政权历史领地委员会、加那利群岛议会、巴利阿里岛议会或公共行政部门或工会的证明，以及失业者关于其未被强制休假或被允许返岗的声明。

第二百六十八条　申请，确定和保有享受失业保险金的权利

1. 符合第 266 条规定的失业者应向主管经办机构申请承认其享有失业保险金的权利。权利自法定失业情形发生之日起产生，但失业者应在即日起十五日内提出申请。申请人应以求职者的身份完成登记，并在申请之日，签署 2023 年 2 月 28 日颁布的第 3/2023 号《就业法》第 3 条所述就业承诺书。

根据第 271 条的规定，上述登记作为享有待遇的必要条件，应与失业者享有待遇的期间始终保持一致，未满足上述条件的，则中止给付。

*注意：第 268 条第 1 款第 1 段经 2023 年 2 月 28 日颁布的第 3/2023 号《就业法》附加条款第 4 条修订。

2. 符合第 266 条规定的失业者在法定失业情形发生之日起的十五日后提出申请的，权利自申请次日起产生，但应减去以规定的时间和方式申请之日和实际申请之日间的差额。

3. 在雇佣关系结束前，或长期季节性劳动者在季节性工作结束前，只要未休过带薪年假的劳动者在年假结束后的十五日内提出申请，即可被认定为法定失业情形并有权享有失业保险金。

但上述时期应在企业证明中说明。

4. 在解雇或终止雇佣关系的情况下，雇主终止雇佣关系的决定被视为法定失业情形的原因，无须证明。对解雇或终止雇佣关系的起诉不妨碍失业者享有失业保险金的权利。

5. 在处理关于解雇或终止雇佣关系的决议时：

a. 发生非合理性解雇并产生赔偿时，符合第 1 款规定的劳动者可以将调解文书、赔偿决议或法院裁决的日期作为初始日期，继续领取失业保险金，未领取保险金的，应从有效终止合同之日起开始领取。

b. 当劳动者通过调解或最终裁决恢复工作时，或在《社会管辖权规范法》第 284 条规定的情形下，失业者领取的保险金则被视为非失业者责任的不当待遇。

在这种情况下，经办机构应停止给付失业保险金，并要求社会保障基金管理总局偿还领取待遇期间的缴费。雇主应向经办机构支付失业者已领取的失业保险金，此金额从劳动者的应得工资中扣除，但其数额不得超过劳动者的应得工资。

就上述规定而言，第 295 条第 1 款的规定适用于偿还雇主直接支付的保险金，以及当待遇金额超出劳动者工资时向劳动者提出的索赔。

c. 在《社会管辖权规范法》第 281 条第 2 款和第 286 条第 1 款规定的情形下，未领取失业保险金遇的失业者应从宣布雇佣关系终止时开始领取。

在上述两种情况下，本款 a 项的规定适用于雇佣关系终止前劳动者领取的失业保险金。

6. 在《劳工法》修订本第 56 条规定的情形下，雇主应要求劳动者登记、注销并缴纳相应工资期间的社会保险费，此期间应被视为有效职业缴费时间。

在欠款 b 项提及的情况下，雇主应要求劳动者自解雇或终止雇佣关系生效之日起登记并缴纳社会保险费，此期间应被视为有效职业缴费时间。

第二百六十九条　享有失业保险金的时间

1. 享有失业保险金的时间应根据法定失业情形发生前或停止履行缴费义务前六年内劳动者的有效职业缴费时间，按照以下比例计算：

缴费时间（以天计）	受益时间（以天计）
360—539	120
540—719	180
720—899	240
900—1079	300
1080—1259	360
1260—1439	420
1440—1619	480
1620—1799	540
1800—1979	600

续表

缴费时间（以天计）	受益时间（以天计）
1980—2159	660
2160 及以上	720

政府在向国家公共就业服务总理事会提交报告后，可以根据失业率和财政制度计划的可行性调整上述表格比例。

2. 上述缴费时间包括所有未被确认先权利而计入的缴费时间，包括缴费型或福利型。但是，根据《劳工法》修订法案第 45 条第 1 款 n 项的规定，因雇佣关系中止而取得的权利不视为先权利。

若在上述期间所从事的工作为非全职工作，其缴费时间按照实施发展条例计算。

在经办机构或企业给付待遇时劳动者缴纳的相应费用不被计入在内，但根据《劳工法》修订法案第 45 条第 1 款 n 项和本法第 165 条第 5 款的规定由于雇佣关系中止而享有待遇的除外。

3. 当受益人因工作时长大于等于十二个月而导致待遇权消灭时，受益人可以在新的保险金产生时选择继续享有原先的权利以及与其对应的缴费基数和费率，或者选择享受新的保险金。当受益人选择继续享有原权利时，新的经济待遇的缴费时间不得计入未来权利取得的缴费时间，无论其为缴费型或福利型。

4. 根据本条第 1 款和第 277 条第 2 款的规定，本法第 268 条第 3 款提及的假期也计入相应的缴费时间，并且在此期间，根据第 166 条第 1 款的规定，劳动者视为处于等同于登记的状态。

5. 在第 262 条第 3 款提及的部分失业的情况下，待遇的享有以小时而非以天计算。为此，享有待遇的百分比应等同于减少的小时数在正常工作时间内的占比，由雇主按照《劳工法》修订法案第 47 条的规定或破产程序中的司法裁决而决定。

第二百七十条　失业保险金的金额

1. 失业保险金的计算基数是指前条第 1 款所述期间的最后一百八十日内为失业保险的平均缴费基数。

失业保险金计算基数的计算应排除加班额外薪酬，无论其是否包含在第 19 条规定的缴费基数内。为此，工作证明中也不得包含上述费用。

非全职工作的缴费时间根据实施发展条例的规定计算。

2. 失业保险金的金额以计算基数为基础按照以下比例计算：前一百八十日内为70%，第一百八十日及以后为60%。

＊注意：第2款经2022年12月23日颁布的第31/2022号《2023年国家总预算法》一种条款第25条第8项重新制定。

3. 失业保险金的最高标准不得超过西班牙收入指标（IPREM）的175%，但有一个或多个受抚养子女的劳动者，保险金额应为上述指标的200%或225%。

失业保险金的最高标准不得少于西班牙收入指标（IPREM）的107%或80%，具体情况以是否有受抚养子女决定。

对于失去兼职或全职工作的失业者，由根据第1款所述的最后一百八十日内的平均工作小时数计算的西班牙收入指标（IPREM）确定上述的最高和最低标准，并根据上述期间内兼职或全职工作的天数对平均工作时长进行加权。

就本款而言，失业保险金额的计算应在权利产生时现行有效的月度西班牙收入指标（IPREM）的基础上，再增加六分之一。

4. 当劳动者具有两份兼职工作并失去其中一份时，失业保险金的计算基数则为第269条第1款所述期间的最后一百八十日内两份工作的失业保险平均缴费基数，而前款所述的最高和最低标准由按两份工作小时数计算的西班牙收入指标（IPREM）确定。

5. 兼职工作的失业保险金应根据前款规定按照正常工作时间减少的比例计算。

6. 在《劳工法》修订法案第37条第5、6和8款规定的正常工作时长减少的情形下，计算基数应为劳动者在未减少兼职或全职工作时间时所对应的缴费基数。

若劳动者在正常工作时间减少时发生了法定失业情形，则根据按减少前的工作时长计算的西班牙收入指标（IPREM）确定前款所述的最高和最低标准。

第二百七十一条　权利中止

1. 在下列情况下，经办机构应停止给付失业保险金：

a. 根据《社会治安违法处罚法》修订本的规定对轻微或严重违法行为正在实施处罚期间。

在上述时间结束时，未以求职者身份完成登记的受益人需前往主管经办机构办理登记后，才可恢复领取待遇。

b. 根据 285 条规定的生育或陪产期间。

c. 权利人在剥夺自由的服刑期间，但服役人具有家庭责任且收入低于跨行业最低工资标准的除外。

d. 工作时间少于十二个月的劳动者，或在海员特别计划或自雇人士特别计划下工作时间少于六十个月的自雇人士。

e. 在《社会管辖权规范法》第 297 条规定的情形下，劳动者继续提供服务或在上诉期间依 297 条规定因雇主决定而停止工作。最终裁决一旦作出，应按照第 268 条第 5 款的规定进行。

f. 事先向经办机构通知并得到其授权的受益人为寻求工作、实现就业、专业发展或国际合作而移居国外，且持续时间不超过十二个月，但不得妨碍欧盟有关服务出口的规定。

g. 事先向经办机构通知并得到其授权的受益人每个日历年内在国外停留时间达到九十日，无论其停留时间是否连续。

在不妨碍履行第 299 条规定义务的前提下，每年单次出境不超过十五日的出国不视为停留或移居国外。

2. 权利中止指的是暂停给付失业保险金，并不影响领取失业保险金的时间，但在第 1 款 a 项规定的情形下，领取时间应减少与权利中止相同的时间。

3. 受益人逾期提交所需材料的，只要该材料可能影响到领取经济待遇权利的保有，经办机构有权采取必要的预防措施，暂停给付直至受益人前往该经办机构处认证其符合保有权利的要求，才可自该日起恢复领取失业保险金。

同样，经办机构有权在受益人未以求职者身份完成登记的期间暂停给付，直至受益人前往该经办机构处进行上述登记后，才可自新登记之日起恢复领取失业保险金，但因本法及其实施发展条例中其他原因导致权利中止或消灭的除外。

4. 恢复失业待遇：

a. 在第 1 款 a 项规定的情形下，只要劳动者权利未届满且已登记为求职者的，经办机构应依职权恢复失业保险金。

b. 应参保人要求，在第 1 款 b、c、d、e、f 和 g 项规定的情形下，只要证明导致权利中止的事由已经消灭，且该事由构成法定失业情形或使劳动者以求职者的身份登记或者使其符合没有收入来源或具有家庭责任的要求时，可以恢复失业保险金。在第 1 款 d 项规定的情形下，在海员特别计划或自雇人士特别计划下工作时间少于六十个月的自雇人士可以恢复失业保险金。

在权利中止二十四个月后要求恢复失业保险金的自雇人士需证明其中断就业属于以下情形：经济、技术、生产或组织方面的原因；不可抗力原因；丧失行政许可；性别暴力；离婚或分居；非自愿停止担任董事或管理者或者停止工作；与主要客户终止合约的经济不自主自雇人士。

有权获得失业保护的自雇人士中断就业后，可以选择该失业待遇或重新领取已经中止的失业保险。当受益人选择继续享有原权利时，新待遇的缴费时间不得计入未来权利取得的缴费时间。

失业保险金权利自权利中止事由消灭后重新产生，需要劳动者在十五日内提交申请，并以求职者身份进行登记。同样，在提出请求之日，2023 年 2 月 28 日颁布的第 3/2023 号《就业法》第 3 中所述就业承诺书即重新生效，但经办机构要求重新签署的除外。

逾期提交申请的，适用第 268 条第 2 款和第 276 条第 1 款的规定。

未休过带薪年假的，适用第 268 条第 3 款的规定。

*注意：第 271 条第 4 款 b 项第 2 段经 2022 年 9 月 6 日颁布的第 10/2022 号《全面保障性自由组织法》最终条款第 16 条第 5 款修订。

*注意：第 271 条第 4 款第 6 段经 2023 年 2 月 28 日颁布的第 3/2023 号《就业法》附加条款第 4 条第 5 款修订。

第二百七十二条　权利消灭

下列情形下，应终止领取失业待遇的权利：

a. 失业保险金领取期届满。

b. 按照 2000 年 8 月 4 日颁布的第 5/2000 号皇家立法令批准的《社会治安违法处罚法》修订本中规定的条款实施制裁。

c. 在不妨碍第 269 条第 3 款规定的前提下，劳动者的工作时间超过十二个月，或在海员特别计划或自雇人士特别计划下的自雇人士工作时间超过六十个月。

d. 受益人达到正常退休年龄，但第 266 条 d 项规定的情形除外。

e. 受益人领取退休养老金或领取永久性丧失劳动力中的完全、绝对和严重伤残津贴。但在上述情况下，受益人可以选择其中最有利的种类。

f. 移居国外或在国外停留，但第 271 条第 1 款 f 和 g 目规定的除外。

g. 自愿放弃权利。

*注意：第 272 条经 2023 年 2 月 28 日颁布的第 3/2023 号《就业法》附加条款第 4 条第 6 款修订。

第二百七十三条　失业期间的缴费

1. 在领取失业保险金期间，经办机构应承担雇主的社会保障缴费部分和第 270 条第 3 款规定的劳动者相应缴费，并从经济待遇中予以扣除。

2. 在正常工作时间缩短或中止合同的情形下，经办机构在扣除上款所述的待遇后仅缴纳劳动者相应的社保费。

*注意：本款经 2021 年 12 月 28 日颁布的第 32/2021 号皇家法令《制定劳动改革、保障就业稳定及劳动力市场转型的紧急措施法规》第 3 条第 4 款修订。

3. 雇佣关系终止时，社会保障缴费不包括失业、工伤事故与职业病、工资保障金和职业培训税的相应缴费。

第三章

援助型

第二百七十四条　失业补助金受益人

1. 已登记为求职者满一个月，且并未拒绝合适职位，或拒绝参加培训、改进、再培训活动（有正当理由的除外）的失业者，仍缺乏下条规定的收入且符合下列任何一种法定情形的，有权领取失业补助金：

a. 失业保险金用尽且需承担供养家庭责任。

b. 失业保险金用尽，没有供养家庭的责任但在用尽之日时超过四十五岁。

c. 从欧洲经济区以外的国家或未与西班牙签订失业保护协议的国家返回西班牙的移民劳动者可以证明其自最后一次离开西班牙前，在过去的六年中已在上述国家最少工作了十二个月，且无权享有失业保险金。

d. 失业者由于以改善完全永久性残疾、绝对永久性残疾或严重残疾的残疾情况而开启的审查档案被宣布为完全有能力或部分永久性丧失劳动力。

2. 同样，符合前款第 1 段规定的、被剥夺自由时间超过六个月且无权领取失业保险金的刑满释放者也有权领取失业补助金。

上述情况包括由于实施犯罪行为被拘留中心收容，并在释放时已满十六周岁的未成年人。

同时包括根据《刑法典》第 87 条的规定已完成药物依赖治疗，且治疗时间超过六个月的刑满释放者。

犯有《刑法典》第 36 条第 2 款 a、b、c 或 d 项所列罪名的刑满释放人员只有监狱管理局证明其符合以下几点时，才能领取本款及下款规定的失业补助金。

a. 犯有《刑法典》第 36 条第 2 款 a 和 b 项所列罪名的刑满释放人员已满足 1976 年 9 月 26 日颁布的第 1/1979 号组织法《监狱总法》第 72 条第 6 款的要求。

b. 犯有《刑法典》第 36 条第 2 款 c 和 d 项所列罪名的刑满释放人员已承担相应的民事责任，包括承担物质和精神损害赔偿，并向受害者请求原谅。

3. 符合第 1 款第 1 段（除等待期外）所述要求的失业者，视为处于法定失业情形。因未达到最低缴费年限而不能领取缴费型待遇的，在下列情形下可以领取失业补助金：

a. 已缴纳三个月的保险费且需要承担供养家庭的责任。

b. 即使没有供养家庭的责任但缴费时间超过六个月。

4. 五十二岁以上的劳动者，无论有供养家庭责任与否，只要其符合前款要求、在工作期间的缴费时间超过六个月，并且能够证明在申请时满足除年龄外可以获得社会保障体系中任何一种缴费型待遇的要求，有权领取失业补助金。

如果符合前款要求的劳动者在失业时未满五十二岁，但自失业之日起在公共就业部门连续登记为求职者的，可以在满五十二岁时申请领取失业补助金。为此，连续登记指的是任何一次可能中断的时间均少于九十日，但不计入就业期间。劳动者自愿停止最后一次工作的不能领取失业补助金。

*注意：本款经 2019 年 3 月 8 日颁布的第 8/2019 号皇家法令第 1 条第 1 款修订，该法令制定了社会保护和应对工作日劳动不稳定的紧急措施。

第二百七十五条 登记、缺乏收入和家庭责任

1. 失业者应根据第 266 条 e 项和第 268 条第 1 款的规定以求职者的身份完成登记并保持登记状态，才可领取前条规定的失业补助金。

2. 符合前条规定的缺乏收入条件是指申请人或受益人的月收入低于跨行业最低工资标准（除两次额外薪酬外）的 75%。

*注意：本款经 2019 年 3 月 8 日颁布的第 8/2019 号皇家法令第 1 条第 2 款修订，该法令制定了社会保护和应对工作日劳动不稳定的紧急措施。

3. 前条中的供养家庭责任指的是当包括申请人在内的整个家庭单位的收入（除两次额外薪酬外）除以家庭成员数量的数额低于跨行业最低工资标准 75% 时，申请人对配偶、未满二十六岁的子女、已满二十六岁的残疾子女和养子女负有供养义务。

任何收入（除两次额外薪酬外）高于跨行业最低工资标准 75% 的配偶、子女或养子女不视为受供养人。

4. 为确定缺乏收入和供养家庭责任的要求，任何来自工作、动产或不动产、经济活动以及福利待遇性质的财产、税收或收益都应计入收入，但受抚养子女的抚恤金和用于承担社会保障管理局特别协议中的保险费除外。资本收益，资本增值和按照现行法定利率折现的未来预期资产收益也计入作为收入，但符合法律规定的劳动者的常居房屋和已计算在内的收入除外。

但是，任何情况下由于雇佣合同的终止而给付的法定赔偿金不视为收入，无论其为一次性支付或定期支付。

收入应根据其总额或税前收入计算。商业、职业、农业、畜牧业或文艺活动取得的收入应按照所得收入与成本间的差额计算。

经办机构可以要求劳动者对收入进行申报或提供纳税申报单复印件以证明其收入所得。

5. 申请人应在失业情形发生、申请失业救济金、申请延期或续期以及在领取前条规定的失业救济金时满足缺乏收入或承担供养家庭责任的要求。

劳动者在上述情形发生时未满足要求的，只有在再次发生上述情形并满足要求时才可领取失业补助金。但在事由发生之日起一年内，劳动者在证明其确实满足缺乏收入或承担供养家庭责任的要求后，可以自申请的次日起领取失业补助金且无须缩短其领取时间。

为此，事由发生之日应理解为一个月的等待期届满；或法定失业情形发生之日；或权利用尽之日；或中止事由消失之日。

第二百七十六条　失业补助金的产生和延长

1. 领取失业补助金的权利自第 274 条第 1 款规定的一个月等待期后的第二日产生。

在一个月等待期内受益人接受一份为期十二个月以下的工作不影响领取补助金的权利，但应在工作结束前暂停领取补助金。

根据第 274 条第 3 款的规定，领取补助金的权利自法定失业情形发生的次日起产生，但第 268 条第 3 款规定的情形除外。

受益人应在上述情形发生之日起十五日内申请补助金并在申请当日签署 2023 年 2 月 28 日颁布的第 3/2023 号《就业法》第 3 条规定的就业承诺书。受益人逾期提交申请的，权利自申请的次日起产生，并扣除按规定时间和方式申请之日和实际申请之日间的差额。

＊注意：第 276 条第 1 款第 4 段根据 2023 年 2 月 28 日颁布的第 3/2023 号《就业法》独立条款第 4 条第 7 款进行修订。

2. 为使失业补助金延长至第 277 条规定的最长期限，受益人每次在领取六个月的失业补助金后应提交延期申请,并附上证明其仍符合领取要求的文件。该申请应在六个月期限届满之日的次日起至最后一次月度缴费期届满之日后的十五日内提出。

在规定期限内提交申请的,补助金自六个月权利期结束的次日起延长。否则,延长期自实际申请之日的次日起生效,并根据第1款最后一段的规定减少相应的时间。

3. 受益人应向经办机构提交收入申报表并附上相应的证明文件以继续领取第274条第4款规定的五十二岁以上的劳动者的补助金。

上述申报表应自权利产生之日或最后恢复之日起,每隔十二个月在上述期限届满之日后的十五日内提交。

逾期提交会中断补助金和社保缴费。

逾期提交声明的,自实际提交之日起恢复取得补助金的权利。

* 注意:本款经2019年3月8日颁布的第8/2019号皇家法令第1条第3款修订,该法令制定了社会保护和应对工作日劳动不稳定的紧急措施。

第二百七十七条　领取补助金的时间

1. 在第274条第1款和第2款规定的情形下,领取失业补助金的时间为六个月,每六个月可延长一次,最多不超过十八个月,但以下情形除外:

a. 第274条第1款a项中规定的失业者,在失业保险金权利用尽之时:

(1) 失业保险金权利用尽超过一百二十日的四十五岁以上的失业者,失业补助金最多可以延长至二十四个月。

(2) 失业保险金权利用尽超过一百八十日的四十五岁以上的失业者,失业补助金最多可以延长至三十个月。

(3) 失业保险金权利用尽超过一百八十日的四十五岁以下的失业者,失业补助金最多可以延长至二十四个月。

b. 第274条第1款b项中规定的失业者的补助期限为六个月且不得延长。

2. 在第274条第3款规定的情形下,失业补助金领取时间如下:

a. 承担供养家庭责任的劳动者:

缴费时间	受益时间
3个月	3个月
4个月	4个月

第三章　援助型

续表

缴费时间	受益时间
5个月	5个月
6个月及以上	21个月

失业补助金为二十一个月的，可享有六个月的延长期限直至其最长期限。

b. 无供养家庭责任且缴费时间超过六个月的劳动者的补助金领取时间为六个月且不得延长。

上述两种情形下，用于计算补助金的缴费时间不得计入未来缴费型待遇权利取得的缴费时间内。

3. 在第274条第4款规定的情形下，补助金最多延长至劳动者达到在每种情况下有权领取缴费型退休养老金所需的正常年龄。

＊注意：第3款经2019年3月8日颁布的第8/2019号皇家法令第1条第4款修订，该法令制定了社会保护和应对工作日劳动不稳定的紧急措施。

4. 政府在向国家公共就业服务总理事会提交报告后，可以根据失业率和财政制度计划的可行性调整领取补助金的时间。

＊注意：根据2022年3月1日颁布的第3/2022号皇家法令最终条款第6条第1款，本条第4款取代了之前的第4款。上述皇家法令制定了有关提高公路货运可持续性和改善物流链运营措施，并为制定道路运输部门司机的流动以及有关公共工程合同价格审查的特殊措施纳入2020年7月15日颁布的第2020/1057（EU）号欧洲法令，该欧洲法令规定了与第96/71/EC号法令和2014/67/UE号法令相关的具体事项。

第二百七十八条　补助金数额

1. 补助金数额应为现行西班牙收入指标（IPREM）的80%。在因失去兼职而失业的情况下，补助金数额根据第274条第1款a项、b项和第3款的规定按照工作小时数相应的比例决定。

＊注意：本款经2019年3月8日颁布的第8/2019号皇家法令第1条第5款修订，该法令制定了社会保护和应对工作日劳动不稳定的紧急措施。

2. 政府在向国家公共就业服务总理事会提交报告后，可以根据失业率和财政制度计划的可行性调整领取补助金数额。

第二百七十九条　领取补助金权利的中止和消灭

1. 第271条和第272条规定的权利中止和消灭适用于失业补助金。

2. 同样，在不到十二个月的时间内，劳动者的收入超过第 275 条的规定限额，以及不再满足承担供养家庭责任要求的，应暂停给付补助金。在暂停后劳动者可以在证明自身符合第 275 条规定的缺乏收入和承担供养家庭责任的情况下恢复领取补助金的权利。

3. 劳动者的收入超过规定限额，或在十二个月及以上的时间内不承担供养家庭责任的，应终止给付补助金。在上述权利消灭后，劳动者只有在再次处于第 274 条规定的情形之一并符合要求的情况下，才能享有该权利。

第二百八十条　领取补助金期间的缴费

1. 经办机构应以现行最低缴费数额的 125% 作为缴费基数，为领取失业补助金的五十二岁以上的劳动者缴纳退休养老保险。

前段的缴费可计入作为退休养老保险的缴费基数，并按比例可适用于其他保险，并在达到提前退休的所需时间方面具有效力。

2. 在任何情况下，上述缴费都不能计入第 205 条第 1 款 b 项要求的最低缴费年限。根据第 274 条第 4 款的规定，只有在为五十二岁及以上的劳动者申请失业补助金时才可计入。

3. 政府可将第 1 款的规定扩大到其他劳动者群体。

＊注意：根据 2022 年 3 月 1 日颁布的第 3/2022 号皇家法令最终条款第 6 条第 1 款，本条第 4 款取代了之前的第 4 款。上述皇家法令制定了有关提高公路货运可持续性和改善物流链运营措施，并为制定道路运输部门司机的流动以及有关公共工程合同价格审查的特殊措施纳入 2020 年 7 月 15 日颁布的第 2020/1057（EU）号欧洲法令，该欧洲法令规定了与第 96/71/EC 号法令和 2014/67/UE 号法令相关的具体事项。

第四章

待遇制度

第二百八十一条　自动领取待遇的权利

主管的经办机构应在未履行参保、登记和缴费义务的情况下给付失业待遇，但不妨碍其对违法企业采取行动并追究相应给付待遇的责任。

第二百八十二条　不兼容性

1. 自雇和受雇人士均不得领取失业保险金和失业救助金，即使该自雇职业并不意味着必须登记于社会保障计划之下，但兼职除外。兼职情况下的失业，其保险金和补助金应按照正常工作时间减少的比例予以扣除。

劳动者因失去一份全职或兼职工作而又同时获得新兼职工作，如拥有两份兼职工作但失去其中一份而领取失业保险金和补助金的，都应扣除上段所述金额。

2. 社会保障经济待遇的受益人不得同时领取失业保险金和补助金，但与产生失业保险金和补助金的工作兼容的经济待遇除外。

领取失业保险金和补助金的同时可以获取其他任何类型的最低收入、社会工资和任何公共行政部门给付的社会援助，但不影响计入为衡量是否符合第275条规定的缺乏收入和承担供养家庭责任的计算。

*注意：第2款经2018年6月3日颁布的第6/2018号《2018国家总预算法》最后条款第40条制定。

3. 作为第1款的例外，当为融入劳动力市场有较大困难的群体而设立的就业促进计划中有相关规定时，就业者也可以领取未领取的失业保险金和补助金。在这种情况下，经办机构可以按照确定的期限和数额每月向劳动者给付待遇，但其中不包含社会保障缴费。

在上段规定的情况下，在劳动者领取失业待遇的期间，雇主应为劳动者补足其工资与失业保险金和补助金间的差额，并负责为其包含失业保险金和补助金在内的全部工资缴纳社保费。

同样，为切实落实劳动者接受培训的权利和增加失业者的就业机会，应制定允许雇主以领取失业待遇的受益人替代接受培训的劳动者的项目计划。在此情况下，本段所述劳动者即可领取失业待遇。

4. 当为融入劳动力市场有较大困难的群体而设立的就业促进计划中有相关规定时，就业者也可以领取保险金和补助金，在这种情况下，经办机构可以按照确定的期限和数额每月向劳动者给付待遇，但其中不包含社会保障缴费。

第二百八十三条　失业保险金和暂时性丧失劳动力津贴

1. 当劳动者由于普通意外而导致暂时性丧失劳动力，并在此期间其雇佣合同终止时，劳动者可以领取与失业待遇数额相同的暂时性丧失劳动力津贴直至劳动能力恢复，届时如果因第 267 条第 1 款规定的原因处于法定失业情形，并在符合要求的前提下领取自合同终止之日起已产生的失业保险金或失业补助金。在上述情况下，因自雇佣合同终止之日起在暂时性丧失劳动力的期间内劳动者已领取了相应的津贴，失业待遇的领取时间应予以缩短。

即便劳动者未申请失业待遇，并且没有届时因永久性丧失劳动力或退休而无法继续工作的解决方案或者发生赋予死亡遗属津贴权利的劳动者死亡，失业待遇经办机构仍应根据第 265 条第 1 款 a 项第（2）号的规定缴纳社会保险费，承担劳动者在扣除失业待遇领取期间的社保费部分。

当劳动者由于职业意外事件而暂时性丧失劳动力，并在此期间其雇佣合同终止时，劳动者可以领取与失业待遇数额相同的暂时性丧失劳动力津贴直至劳动能力恢复，届时如果因第 267 条第 1 款规定的原因处于法定失业情形，并在符合要求的前提下领取自合同终止之日起已产生的失业保险金或失业补助金。在上述情况下，因自雇佣合同终止之日起在暂时性丧失劳动力的期间内劳动者已领取了相应的津贴，失业待遇的领取时间应予以缩短。

2. 当劳动者在领取完全失业保险金时发生暂时性丧失劳动力情况，并导致了在雇佣合同有效期间法定失业情形的再次发生，劳动者可以领取与失业待遇数额相同的暂时性丧失劳动力津贴。在此情况下，如果劳动者在领取最初失业待遇的期限届满时仍未恢复劳动能力，可以继续领取与失业保险金数额相同的暂时性丧失劳动力津贴。

当劳动者在领取完全失业待遇时发生暂时性丧失劳动力情况，但并未导致在雇佣合同有效期间法定失业情形的再次发生，劳动者可以领取与失业待遇数额相同的暂时性丧失劳动力津贴。在此情况下，如果劳动者在领取最初失业待遇的期限届满时仍未恢复劳动能力，可以继续领取数额为每月西班牙收入指标（IPREM）80%的津贴。

失业待遇的领取时间不因劳动者暂时性丧失劳动力而延长。在此情况下，失业待遇经办机构应继续按照第 265 条第 1 款 a 项第（2）号的规定缴纳社会保险费。

第二百八十四条　失业待遇和生育与陪产津贴

1. 当劳动者在生育或陪产期间因第 267 条第 1 款规定的原因而终止合同时，劳动者可继续领取生育与陪产津贴直至产假结束，届时成为法定失业者，可以在符合要求的前提下领取相应的待遇。在此情况下，领取缴费型失业保险金的期限不因处于生育或陪产期间而减少。

2. 当劳动者在领取完全失业待遇时发生了生育或陪产情形，劳动者可以领取相应的生育或陪产津贴。

经办机构在上述劳动者的生育或陪产期间应暂停第 265 条第 1 款 a 项第（2）号规定的失业待遇和社保缴费，但向其给付由该机构直接管理的产假或陪产津贴。一旦生育或陪产期结束，劳动者应根据第 271 条第 4 款 b 项规定恢复与暂停的失业待遇相同的领取时间和数额。

第二百八十五条　五十二岁以上劳动者的失业补助金和退休养老金

当劳动者在领取第 274 条第 4 款规定的失业补助金时，达到领取缴费型退休养老金法定年龄的，该退休养老金的生效日期应追溯到达到上述年龄后补助金终止之日。为此，退休申请应在补助金终止最终决议之日后的三个月内提出，否则，自申请之日起最多可追溯三个月。

＊注意：本款经 2019 年 3 月 8 日颁布的第 8/2019 号皇家法令第 1 条第 5 款修订，该法令制定了社会保护和应对工作日劳动不稳定的紧急措施。

第五章

适用于特定群体的特别条款

第一节 列入农业工人特别方案的劳动者

第二百八十六条 适用规则

1. 农业工人特别方案下的劳动者有权在下列条件下获得失业保护：

a. 对长期和长期季节性工作的农业劳动者的失业保护适用于本篇的一般规定和下条第 1 款 a 项第（1）号的规定。

b. 对临时农业劳动者的失业保护适用于下条的具体规定和本节的一般规定。

c. 对居住在安达卢西亚自治大区和埃斯特雷马杜拉自治大区的临时农业劳动者的特别失业保护适用于本法第 288 条的规定。

2. 领取失业保险金期间的社会保障缴费应遵守第 289 条的规定。

第二百八十七条 对临时农业劳动者的失业保护

1. 符合以下条件的临时农业劳动者有义务缴纳失业保险：

a. 符合以下条件的临时农业劳动者在满足第 266 条规定的条件下，有权领取失业保险：

（1）与农场主共同生活的配偶、后代、长辈、二代以下的血缘或婚姻关系的亲属以及具有收养关系的亲属无须缴纳失业保险，也不得领取相应工作期间的失业待遇，但其收入状况得到证明的除外。

（2）领取失业经济待遇的时间应根据法定失业情形发生前或停止履行缴费义务前六年内劳动者的有效职业缴费时间，按照以下比例计算：

缴费时间（以天计）	受益时间（以天计）
360—539	120

续表

缴费时间（以天计）	受益时间（以天计）
540—719	180
720—899	240
900—1079	300
1080—1259	360
1260—1439	420
1440—1619	480
1620—1799	540
1800—1979	600
1980—2159	660
2160 及以上	720

如果临时农业劳动者在此之前已在社会保障计划下登记为自雇人士，其领取失业保险的最低缴费年限应为七百二十日，并从该期间开始适用上述标准计算。

b. 上述劳动者不适用于第 274 条规定的援助型失业保护。

2. 第 1 款中未明确规定的事项适用于本篇的一般规定。

3. 政府可以设定对特定群体获得失业保护的限制；要求其在给付失业待遇前提供就业承诺书；调整确定缴费型待遇领取时间的标准；并根据失业率和财政情况向劳动者提供援助型失业保护。

4. 农业工人特别方案下的长期农业劳动者或其他计划下已提前缴纳失业保险的劳动者和临时农业劳动者的有效职业缴费年限在获得缴费型待遇时可以交互计算。在此情况下，如果最长缴费时间与临时农业劳动者的就业期不一致，则根据本篇的一般规定发放失业保险金或在适当的情况下发放透支津贴；否则，应适用本条特殊规定，无论是否因临时农业工作的停止而导致劳动者处于法定失业情形。

上述规定的交互计算不适用于第 273 条第 4 款规定的失业补助金；因此，在农业工人特别方案中作为临时农业劳动者的实际工作天数不得用于计算此类补助金，但在符合要求的前提下，可以用于计入以取得未来缴费型失业保险金权利，或在适当的情况下用于 1997 年 1 月 10 日颁布的第 5/1997 号皇家法令规定的临时农业工人失业补助金权利的取得。

5. 用于计算一般失业保险金的实际工作日缴费不得用于计算 1997 年 1

月 10 日颁布的第 5/1997 号皇家法令规定的临时农业工人失业补助金，反之亦然。

6. 同时符合本条第 1 条 a 项规定的领取缴费型失业保险金和 1997 年 1 月 10 日颁布的第 5/1997 号皇家法令规定的领取失业补助金的要求的临时农业劳动者可以选择上述两种权利中的一种，并适用于以下规则：

a. 申请 1997 年 1 月 10 日颁布的第 5/1997 号皇家法令规定的失业补助金的劳动者，其在农业工人特别方案下所有实际工作的天数，无论多少，都应计入在内以符合上述皇家法令第 2 条第 1 款 c 项规定的要求。未被用于计算该补助金的其他社会保障计划下的失业保险缴费应根据本篇的规定用于未来失业保险金或补助金的取得。

b. 申请本条第 1 条 a 项规定的缴费型失业保险金的劳动者，其在农业工人特别方案下所有已缴费的实际工作天数和在其他社会保障计划下的缴费天数都适用于前段和本条第 4 款的规定以计入有效职业缴费时间，但前提是上述天数未用于计入以获得先前失业保险金或补助金，并在法定失业情形发生或停止履行缴费义务的前六年内完成。

第二百八十八条　对居住在安达卢西亚自治大区和埃斯特雷马杜拉自治大区的临时农业劳动者的特别失业保护

1. 农业工人特别方案下居住在安达卢西亚自治大区和埃斯特雷马杜拉自治大区的临时农业劳动者有权获得前条规定的失业保护。

2. 上述劳动者在发生法定失业情形时能证明其临时农业劳动者的状况，有权领取 1997 年 1 月 10 日颁布的第 5/1997 号规范社会保障农业特别计划下临时农业劳动者失业补助金的皇家法令规定的失业补助金，或者下款中 2003 年 4 月 11 日颁布的第 426/2003 号规范社会保障农业特别计划下居住在安达卢西亚自治大区和埃斯特雷马杜拉自治大区的临时农业劳动者的农业收入的皇家法令规定的农业收入，但需符合上述法令的要求并满足以下特殊条件：

a. 上述社会保障农业特别计划和该计划下的登记应理解为纳入社会保障一般计划和农业工人特别方案。

b. 上述的实际缴费天数应理解为劳动者在农业工人特别方案下的实际工作天数。按月登记缴费的劳动者，每整月应计入二十三个实际工作日；登记和缴费不足一个月的，适用相应等比确定实际工作天数。

c. 在劳动者领取农业津贴或农业收入期间，由经办机构直接向社会保障基金管理总局为农业工人特别方案下的劳动者缴纳其在社会保障一般计划特别方案中的保险费,并将农闲期间的相应费率应用于任何特定时间内现行最低缴费标准之上。

3. 劳动者在申请补助金之日需签署一份符合2023年2月28日颁布的第3/2023号《就业法》第3条规定的就业承诺书。

* 注意：第3款根据2023年2月28日颁布的第3/2023号《就业法》附加条款第4条第8款进行修订。

第二百八十九条　领取失业待遇期间的缴费

1. 缴费型待遇或援助型补助领取期间的社保费应由经办机构根据本条规定直接向社会保障基金管理总局缴纳。

2. 在缴费型待遇的领取期间内,有法定缴费义务的劳动者的社会保障缴费基数由《国家总预算法》的一般规定确定。无论其是否处于雇佣关系终止或合同中止或正常工作时间减少的情形,该基数都按照工作期间相应的缴费基数计算。

上述费率为第255条第3款规定的非经济活动期间的相应费率。

缴费型待遇领取期间内的缴费,73.5%由经办机构承担,其余26.5%从劳动者的失业保险金中扣除。

3. 第274条规定的失业补助金的领取期间内,社会保障缴费基数为任何特定时间内一般计划下现行的最低缴费标准。

费率为非经济活动期间的相应费率,仅用以缴纳在第280条规定的情形下的退休养老保险,即在基本社会保险费的基础上采用就业与社会保障部确定的折减系数。

在失业补助金的领取期间内劳动者应缴纳的退休养老保险,应按照前段的缴费基数和费率由经办机构根据领取补助金的天数缴纳,扣除负责领取期间的相应缴费,其余缴费从劳动者领取的失业补助金中扣除应缴金额后由经办机构向社会保障基金管理总局全额缴纳。

4. 在经办机构有缴费义务期间,上述法条中失业保险金、失业补助金或农业收入的受益人应继续登记在农业工人特别方案下。

5. 为取得失业保险金已计入临时农业工人在不同计划或方案下的缴费时,在领取失业保险金期间的缴费将计入认定为缴费年限最长的计划或方案下。

第二节　其他群体

第二百九十条　签署培训和学徒合同的劳动者

1. 培训和学徒合同中的失业保险费应根据雇主和劳动者在试用合同中规定的缴费分配比例和费率，采用工伤事故与职业病险对应的最低缴费基数予以确定。

2. 根据本法第 270 条的规定确定缴费基数和失业保险金的数额。

第二百九十一条　社会保障海员特别计划下的劳动者

社会保障海员特别计划中失业险的缴费基数应根据 2015 年 10 月 21 日颁布的有关规范海洋捕捞业劳动者社会保护的第 47/2015 号的法律第 11 条的规定确定，但不得妨碍本法第 19 条的规定。

第二百九十二条　职业军人和海军

1. 临时提供服务的职业军人和海军在签署的协议终止时或非因个人意愿中断就业时，视为处于法定失业情形，应受到相应的保护。

2. 失业保险金和救助金与特殊预备役的后备抚恤金相兼容。但上述抚恤金的金额应计入作为确定第 275 条第 2 款规定的失业补助金的收入。

3. 国防部应与就业与社会保障部合作，对失业的职业军人和海军采取积极的、有针对性的跟踪行动，以促进其快速融入劳动力市场。

第六章

财政制度和待遇管理

第二百九十三条　筹资

1. 本篇规定的保护措施通过雇主和劳动者的缴费以及国家拨款进行筹资。

2. 国家拨款的数额由每年的《国家总预算法》确定。

第二百九十四条　经办机构

1. 由国家公共就业服务局负责提供和行使失业待遇衍生的服务和职能，并宣布承认、暂停、终止和恢复待遇，但不得妨碍劳动管理部门的主管机构在处罚方面的权能。

2. 企业应与经办机构合作在法律规定的情形下负责给付委托的失业保险。

第二百九十五条　偿还不当给付的待遇

1. 由主管机构负责声明并要求劳动者退还不当领取的待遇和雇主直接给付的待遇。

劳动者在偿还不当领取的待遇或雇主直接给付的待遇的期限届满时仍未偿还的，由社会保障基金管理总局根据社会保险征收管理规则进行强制征收，并根据本法规定的条件收取逾期偿还的附加费和滞纳金。

2. 为此，经办机构可以与社会保障基金管理总局或其他公共管理部门协商提供适当的服务。

第二百九十六条　待遇的给付

1. 经办机构应在申请者按规定的形式和时间提交申请后的十五日内，承认或拒绝承认其领取失业待遇的权利。

2. 经办机构或企业应在法律规定的情形下给付待遇。

3. 就业促进计划中有相应规定的，经办机构可以一次性给付劳动者有权享有且尚未领取的部分或全部缴费型失业待遇的现值。

同时，也可以部分给付劳动者有权享有的缴费型失业待遇以补贴劳动者的社会保险费。

4. 就业促进计划中有相应规定以促进地域流动的，经办机构可以向尚未领取福利待遇的受益人给付一个月的失业待遇或三个月的失业补助金，方便其从事需更换居住地的工作。

第二百九十七条　待遇的管理

1. 经办机构负责管理本篇规定的履行情况并对欺诈行为进行核查，但不得妨碍主管机构为处罚在领取失业待遇过程中的违法行为而在检查和管控方面的权利。

2. 经办机构可以根据第 267 条第 1 款 a 项第（3）、（4）和（5）号的规定要求终止雇佣关系的劳动者提供已领取相关法定赔偿的证明。

未领取法定赔偿，也未对上述赔偿金的提起诉讼或对终止决定提出质疑，或者在雇佣关系终止时并不负有法定赔偿义务的，社会保障劳动监察局应对终止雇佣关系的非自愿性进行核查。

3. 如果反欺诈的主管机构在调查过程中有足够证据证明受益人存在欺诈行为，经办机构可以暂停给付失业待遇。

4. 税务局应根据 2003 年 12 月 17 日颁布的第 58/2003 号《总税法》第 95 条的规定与失业待遇经办机构合作，向其提供必要的税务信息以便其履行管理和检查职能。

第七章

义务、侵权及处罚制度

第二百九十八条　雇主义务

以下为雇主的义务：

a. 缴纳企业承担的失业保险。

b. 作为履行缴费义务的责任人全额支付自身及雇员的缴费。

c. 为失业待遇权利的承认、暂停、消灭和恢复提供法律规定的文件和资料。

d. 按照规定的方式和时间向劳动者提供工作证明。

e. 因未履行参保、登记和缴费义务而被宣布为负责给付待遇的企业应向主管机构支付劳动者领取的待遇。

f. 在适当情形下给付委托的失业待遇。

g. 在事件发生后五日内告知被解雇工人已复职的情况，并向主管经办机构支付第 268 条第 5 款规定情形下劳动者领取的待遇。

h. 在《劳工法》修订本第 47 条规定的中止合同或缩短正常工作时间的情形下，事前向可能受影响的劳动者通知相关日期或工作时间表的变动。

第二百九十九条　劳动者、失业待遇申请人和受益人的义务

以下为劳动者、失业待遇申请人和受益人的义务：

a. 缴纳需承担的失业保险部分。

b. 为失业待遇权利的承认、暂停、消灭和恢复提供法律规定的文件和资料，并在适当情形下向地方公共就业服务机构和国家公共就业局说明地址的变更，以便接受通知。

在不影响上述规定的前提下，如果按照申请人或受益人提供的地址不能保证通信的，申请人和受益人有义务向地方公共就业服务机构和国家公共就业服务局提供所需信息以便电子通信。

c. 以求职者的身份完成登记并保持登记状态，签订并遵守 2023 年 2 月

28 日颁布的第 3/2023 号《就业法》第 3 条规定的就业承诺书。

d. 在先前要求的情况下，亲自前往经办机构、公共就业服务机构或在合作范围内开展活动的安置机构，按照更新就业申请文件中规定的方式和时间更新就业申请。

e. 积极寻求就业并参与由公共就业服务主管机构确定的提高就业能力的活动或就业安置计划。

待遇受益人在必要时应向西班牙就业局、社会海洋局和地区公共就业服务机构证明其为积极寻求就业、重新融入劳动力市场或其他提高就业机会而采取的行动。该证明应按照上述机构在合作框架内确定的方式进行认证，未通过认证的视为违反就业承诺书。

f. 参加由公共就业服务机构或安置机构在其合作范围内开展的社会协作工作、就业项目或者职业改进、培训或再培训活动，并接受公共就业服务机构或安置机构提供的适当的安置。

g. 在五日内向公共就业服务机构或在合作范围内开展活动的安置机构返还已在规定时间内亲自前往规定地点的相应证明以增加其就业机会。

h. 在发生权利中止、消灭的情形或在上述情形发生时受益人不再符合领取待遇的条件时，受益人应申请取消失业待遇。

i. 偿还不当领取的待遇。

*注意：c、e 和 f 项经 2023 年 2 月 28 日颁布的第 3/2023 号《就业法》附加条款第 9 条修订。

第三百条　就业承诺书

就本标题规定的目的而言，就业承诺书应理解为 2023 年 2 月 28 日颁布的第 3/2023 号《就业法》第 3 条定义的就业承诺书。

*注意：本条经 2023 年 2 月 28 日颁布的第 3/2023 号《就业法》附加条款第 4 条第 10 款修订。

第三百零一条　适当安置

就本标题规定的目的而言，适当安置应理解为 2023 年 2 月 28 日颁布的第 3/2023 号《就业法》第 3 条定义的适当安置。

*注意：本条经 2023 年 2 月 28 日颁布的第 3/2023 号《就业法》附加条款第 4 条第 11 款修订。

第三百零二条　违法行为和处罚

在违法行为和处罚的问题方面，适用于本篇及 2000 年 8 月 4 日颁布的第 5/2000 号皇家法令批准的《社会治安违法处罚法》修订本的规定。

第三百零三条 提起诉讼

1. 对于主管的经办机构关于承认、拒绝、暂停或终止任何失业待遇的决议，均可以向社会治安司法机关提起诉讼。

2. 对于经办机构在以下方面的决定，同样也可以向社会治安司法机关提起诉讼：

a. 根据本法第 268 条第 5 款 b 项和第 295 条第 1 款的规定，要求返还不当领取的待遇和偿还雇主直接负责给付的待遇，但根据 2011 年 10 月 10 日颁布的关于规范社会管辖的第 36/2011 号法律第 3 条 f 项的规定采取征收管理措施的除外。

b. 根据本法第 296 条第 3 款规定，一次性给付失业待遇。

c. 根据《社会治安违法处罚法》修订本第 48 条第 5 款规定，对劳动者进行处罚。

3. 在前款规定的情形下，参保人应根据《社会管辖权规范法》第 71 条的规定事先向经办机构提出索赔后再提起诉讼。

第八章

补充法律

第三百零四条　补充法

本篇中未明确规定的事项适用于本法第一篇和第二篇的规定。

第四篇

自雇人士社会保障特别计划

第一章

适用范围

第三百零五条　适用范围

1. 根据本法及其实施发展条例的规定，年满十八周岁的、不受他人领导和组织，且经常性、个人性、直接性地从事以营利为目的的经济活动或职业活动的个人，无论是否雇佣雇员，均应强制纳入自雇人士社会保障特别计划。

2. 下列人员也应被纳入特别计划：

a. 农业自雇人士特别方案下的劳动者。

b. 个人持有的股份占企业资本的一半以上，对资合企业有直接或间接有效控制的，以营利为目的，经常性、个人性、直接性地作为董事长或管理人行使指导和管理职能，或为企业提供其他服务的个人。

在没有相反证据的情况下，具备下列情形之一即被视为劳动者具有对企业的有效控制权：

（1）劳动者所在企业的资本至少有一半分配给共同生活的合伙人，和其具有婚姻或血缘、亲缘或收养关系的二代血缘关系的亲属。

（2）劳动者持有的股份大于等于企业股份的 1/3。

（3）具有行使指导和经营企业职能的劳动者持有的股份大于等于企业股份的 1/4。

不符合上述情形的，行政部门可通过其他证明方式证实劳动者的有效控制权。

c. 2007 年 7 月 11 日颁布的第 20/2007 号《自雇职业法规》第 1 条第 2 款 a 项规定的普通合伙企业和有限合伙企业的行业合伙人。

d. 2007 年 7 月 11 日颁布的第 20/2007 号《自雇职业法规》第 1 条第 2 款 b 项规定的共同财产的共有人和非常规民间企业合伙人，除非其活动仅限于管理共同资产。

e. 工人自有公司合伙人、其配偶以及共同生活的亲属（具有血缘、亲缘或收养关系的二代血缘关系）共同持股占比大于等于 50%，除非其能证明对企业的有效控制需要非亲属成员协助。

f. 2007 年 7 月 11 日颁布的第 20/2007 号《自雇职业法规》规定的经济不自主的自雇人士。

g. 根据第 1 款的规定需要参加同业公会的开展自营活动的人员，但不得妨碍附加条款第 18 条的规定。

h. 联合公证处成员。

i. 财产、贸易和动产登记处以及候选人团成员。

j. 2003 年 12 月 16 日颁布的第 55/2003 号法律《卫生服务法定工作人员框架规约》适用范围内、在各自治大区的卫生服务机构或国家卫生管理局附属中心开展全职工作，并因此纳入社会保障系统的人员，但不得妨碍附加条款第 18 条的规定。

k. 根据第 12 条第 1 款和本条第 1 款的规定，长期从事工作但不被视为雇员的自雇人士配偶或亲属。

l. 以流动形式进行交易并从买方直接获得收入的工人合作社社员。

m. 从事第 249 条之四第 1 款所述任何文艺活动的自雇人士。

n. 任何符合本法第 7 条第 1 款 b 项规定的因其活动而受到监管规则约束的其他人员。

*注意：第 305 条第 2 款 m 项经 2023 年 1 月 10 日颁布的第 1/2023 号皇家法令《鼓励雇佣劳动力及改善艺术家社会保障的紧急措施法令》最终条款第 4 条第 8 款增补，原条款 m 项顺延至 n 项。

第三百零六条　排除适用

1. 前条所述的自雇人士，如果因为从事捕捞作业而被纳入海员社会保障特别计划，则不适用于本篇的特别计划。

2. 无论是否为管理者，不以从事经济或职业活动为目的，仅负责管理资产的资合企业合伙人不适用于社会保障制度。

第二章

参加保险、缴费和筹资

第三百零七条 参保、登记、注销、信息变更

自雇人士有义务参加社会保障，并在本法及其实施发展条例规定的期限和条件下，告知其在自雇人士特别计划下的登记、注销和信息变更。

＊注意：本条经 2022 年 7 月 26 日第 13/2022 号皇家法令第 1 条第 4 款修订，自 2023 年 1 月 1 日起生效。该法令规定了为自雇人士建立新的缴费制度并改善对其中断就业的保护措施。

第三百零八条 缴费和筹资

1. 根据第 305 条的规定纳入本特别计划的自雇人士，应按照下述 a、b 和 c 项的规定，根据其从事经济、商业或专业活动所获得的年收入进行缴费。

上述劳动者在每个日历年中通过不同专业或经济活动获得的所有净收入将被计入该特别计划下的缴费基数，即便上述活动无法确定劳动者是否被纳入社会保障体系，也无论劳动者作为个人或是任何类型企业的合伙人或成员、是否具有法人资格，只要劳动者未作为受雇者登记或处于等同于登记的状况。

就本条而言，《国家总预算法》每年都会为该特别计划制定一般表格和缴费基数折减表。两个表都将按月净收入数额分为连续的不同阶段标准，每个净收入阶段对应最低每月缴费基数和最高每月缴费基数标准。

就收入一般表而言，第 1 档的收入下限为社会保障一般计划规定的最低缴费基数。

本款所述缴费应按下列条款确定：

a. 本特别计划保护措施所涵盖的所有意外事件和情况的缴费基数将在每个日历年期间根据以下规则以及其他法定条件确定：

（1）自雇人士应根据其年净收入预估月平均值，在每年《国家总预算法》规定的基数一般表内选择相应的月缴费基数。

（2）当自雇人士预计其年净收入的月平均值可能会低于该特别计划中每年制定的一般表第 1 档规定的最低基数数额时，应在每年《国家总预算法》制定的折减表里选择低于上述平均值的月缴费基数。

（3）自雇人士必须按照法规确定的条件改变其缴费基数，以便根据其年净收入的预估调整其年度缴费，并能够为此选择任何第（1）号和第（2）号所述表格中包含的任何缴费基数，但第（4）号和第（5）号所述情况除外。

（4）根据第 305 条第 2 款 k 项的规定纳入该特别计划的自雇人士的亲属，以及根据本法第 305 条第 2 款 b 项和 e 项规定的纳入该特别计划的自雇人士，不得选择低于每年《国家总预算法》确定的社会保障一般计划缴费组别第七组雇员普通意外险的最低缴费基数作为月缴费基数。为此，在本条 c 项所述的规范化程序中，最终缴费基数不得低于上述最低基数。

只要在该特别计划下注册九十日，即可在上述法规确定的情形下，于本条 c 项所述的规范化期间采用该最低缴费基数。

（5）在本特别计划中依职权登记的情形下，在登记之日至登记生效日前当月的最后一日之间，以及在开始自雇活动和申请登记当月之间，如果该申请是自活动开始后的次月提出，则适用月缴费基数为每个财年制定的第（1）号中所述一般表第 1 档的最低基数，除非在听取社会保障劳动监察局的提议之后依职权登记的情形下，明确设定了其他更高的月缴费基数。在所示期间，不适用第 1 款 c 项所述的规范化程序。

（6）每年根据第（1）号至第（5）号的规定所选择的月缴费基数具有临时性，直至依照 c 项规定进行规范化为止。

b. 本特别计划中的每月缴费应以根据 a 项确定的缴费基数为基础，采用《国家总预算法》每年规定为社会保障普通意外险和职业意外险、自雇人士就业中断险以及职业培训税设定的费率。

根据本法第 28 条和以下条款及其实施发展条例中的规则，应对未能在监管期限内缴纳社保费的进行索赔以及追缴相应的附加费和滞纳金。

c. 为了确定相应年份的缴费基数和每月最终社会社会保险费，根据相应税务机关在下一年以电子方式告知每个自雇人士的年收益，特别计划中缴费的规范化按照以下规则进行：

（1）由自雇人士，以个人或本条规定的任何企业成员或合伙人身份，每年进行的所有经济、商业或职业活动的可计收入决定缴费基数和每月最终社会保险费。

自雇人士从事的每项活动的可计收入应按照本条规定和个人所得税条例关于计算净收入的规定进行计算。

采用直接估算法确定净收入的经济活动，可计收入应为净收入加上活动执照持有者的基本社会保障保险费和对替代型互助协会的缴费金额。

采用客观估算法确定净收入的经济活动，可计收入为降低农业、林业和牧业活动先前的净收入额，或其他情况先前的净收入额。

对于归算到纳税企业的经济活动所得收入以及归于自雇人士的可计收入，应用直接估算法时取净收入；应用客观估算法，在农业、林业和牧业活动的情况下取净收入的缩小值，在其他情况下取净收入值。

对于第 305 条第 2 款 b 项所述自雇人士，应按照法律规定的条件，应计入在应计企业税之日参股等于或高于股本的 33%，或参股等于或高于股本 25% 且具有管理人地位的企业中因其拥有的企业股份所得的货币和现金全部收入的总和，以及在上述企业活动中工作所得收入总和。

同样，还应额外计入自雇人士在自己的经济活动中所得收入，以及根据第 14 条规定选择被纳入自雇人士特别计划下的工人合作社社员中作为合伙人获得的全部工作或动产、现金或货币的总收入。

对于第 305 条第 2 款 c、d 和 e 项所述自雇人士者，应计入来自其作为企业资产共有人或合伙人的身份获得的工作或动产、现金或货币的总收入。

（2）在前条规则所示的收入上可扣除 7% 的一般费用，但对于根据本法第 305 条第 2 款 b 和 e 项的规定纳入本特别计划的自雇人士应扣除额为 3%。

只要在该特别计划下注册九十天，即可在上述法规确定的所有情形下于规范化期间应用上述 3% 的比例。

（3）收入金额确定后，即可根据法律规定的条件，在规范化期间按比例分配以确定每月最终缴费基数，并对每个自雇人士因自雇活动在上一年每月临时缴费规范化。只要其最终缴费基数不包括在与其收入范围相对应的最低和最高缴费基数之间。

（4）如果临时缴费金额低于其收入范围最低缴费基数对应的基本社会保险费，则自雇人士必须缴纳二者之间的差额，直至规范化决议通知当日次月的最后一日，无须缴纳滞纳金或在此期间应支付的任何附加费。

如果临时缴费高于其收入范围最高缴费基数对应的基本社会保险费，社会保障基金管理总局应在相应税务机关向其告知劳动者可计收入的次年 4 月 30 日之前，依职权退还二者之间的差额，无须支付任何利息。

在不妨碍上述规定的情况下，一旦确定了最终缴费基数，根据临时缴费基数计算的自愿期内未缴纳的基本社会保险费所产生的债务不予退还或修改。无论如何，根据第 1 段的规定，如果最终缴费基数大于产生债务的临时缴费基数，则必须按照第 1 段的规定缴纳差额。

在任何情况下均不得退还附加费和滞纳金。

（5）在未向相应税务机关提交个人所得税申报表或已提交个人所得税申报表但未申报适用直接估算法的所得净收入的情形下，自雇人士的最终缴费基数为社会保障一般计划缴费组别第七组雇员普通意外险的最低缴费基数。

（6）相应的税务机关根据职权或应劳动者要求对已计入规范化程序的自雇人士的年收入金额进行后续修改时，劳动者可在适用的情况下要求退还不当缴费。

如果随后修改后的年度收入金额高于规范化程序采用的金额，在通知国家社会保障劳动监察局后，根据 2015 年 10 月 1 日颁布的第 40/2015 号《公共部门法律制度法规》第 141 条有关行政合作框架的条款，制定相应金额的规范化程序并确定应支付的金额。

为此，相应的税务机关应通过远程信息处理方式将上述修改告知社会保障基金管理总局和国家社会保障劳动监察组织。

在本款所述情形下，在任何情况下，适用第 309 条规定后产生的社会保障待遇金额为最终金额，不得被修改。

2. 在不妨碍本条前述各款规定以及以下各条规定的具体内容的情况下，在缴费、结算和征收方面应施行第一篇第三章以及其实施发展条例中适用于本特别计划的具体法规。

*注意：本条经 2022 年 7 月 26 日第 13/2022 号皇家法令第 1 条第 5 款修订，自 2023 年 1 月 1 日起生效。该法令规定了为自雇人士建立新的缴费制度并改善对其中断就业的保护措施。

第三百零九条　年度规范化之前承认社会保障经济待遇的情况下的缴费

1. 所有用于计算在进行规范化之日之前认可的社会保障制度经济待遇的计算基数的缴费基数，其月份相对应的缴费均被排除在第 308 条第 1 款 c 项规定的规范化范围之外。

同样，前段所述月份之后至事由发生之日的缴费基数也被排除在规范化适用范围之外。

因此，前述缴费基数为该月份的最终缴费基数，对其所产生的待遇金额不予以修改。

同样，在自雇人士因暂时性残疾、孕期风险、哺乳期风险、生产育儿、共同照顾婴儿，中断就业或为以周期性或行业模式实现劳动可持续性而领取待遇期间，必须在这一特别计划中保持登记状态，所适用的月缴费基数为最终缴费基数，但不适用于第 308 条第 1 款 c 项规定的规范化程序。

2. 在暂时性丧失劳动力并有权享受经济利待遇的情况下，自病休起六十日后，应向社会保障互助合作保险协会或国家公共就业服务局就所有意外情况缴纳基本社会保险费。

*注意：本条经 2022 年 7 月 26 日第 13/2022 号皇家法令第 1 条第 6 款修订，自 2023 年 1 月 1 日起生效。该法令规定了为自雇人士建立新的缴费制度并改善对其中断就业的保护措施。

第三百一十条　退休与自雇职业兼容的情况下的缴费

1. 根据本法第 214 条的规定，取得退休养老金的自雇人士应仅针对暂时性丧失劳动力和职业事故在本特别计划下缴费，根据本章规定，还需缴纳普通意外险缴费基数 9% 的特别统一缴款，但不可用于计算待遇。

2. 根据附加条款第 18 条的规定，纳入自雇特别计划下的替代性保险协会的退休养老金领取者，在开展自雇职业时将还须缴纳第 308 条第 1 款之（1）所述一般第 1 档最低缴费基数 9% 的特别统一缴款，但不可用于计算待遇。

相应缴费应每月从退休养老金中扣除。

*注意：本条经 2022 年 7 月 26 日第 13/2022 号皇家法令第 1 条第 7 款修订，自 2023 年 1 月 1 日起生效。该法令规定了为自雇人士建立新的缴费制度并改善对其中断就业的保护措施。

第三百一十条之二　退休养老金领取者进行文艺活动时的缴费

根据第 249 条之四规定的条款，取得退休养老金的自雇人士有义务申请登记在改特别计划之下，并仅针对暂时性丧失劳动力和职业事故在本特别计划下缴费，还需缴纳普通意外险缴费基数 9% 的特别统一缴款，但不可用于计算待遇。

*注意：第 310 条之二经 2023 年 1 月 10 日颁布的第 1/2023 号皇家法

令《鼓励雇佣劳动力及改善艺术家社会保障的紧急措施法令》最后条款第 4 条第 9 项引入。

第三百一十一条　自退休年龄起特别计划下的缴费

本特别计划下的自雇人士在达到本法第 205 条第 1 款 a 项规定的适用任何情况的退休年龄后，无须缴纳社会保险费，但暂时性丧失劳动力险和职业事故险除外。

＊注意：本条经 2021 年 12 月 28 日颁布的第 21/2021 号《保证年金购买力及加强公共年金制度社会财政可持续性的其他措施法规》第 1 条第 13 款修订。

第三百一十二条　特定自雇人士的最低缴费基数

1. 如果该特别计划下自雇人士雇佣的雇员数量在本财年大于等于十，下一财年的最低缴费基数则根据相应的《国家总预算法》确定。

2. 上述最低缴费基数也适用于每财年根据本法第 305 条第 2 款 b 项和 e 项规定纳入本特别计划下的自雇人士，但自登记生效之日起在开展经济活动十二个月内已首次参保的除外。

3. 上述最低缴费基数也适用于每财年根据第 305 条第 2 款 b 项及 e 项规定纳入本特殊制度的自营职业者，但在同一财政年度进行首次登记的个体户除外。在其活动的前十二个月内，从所述注册的生效日期算起。

＊注意：本条款经 2017 年 10 月 24 日颁布的第 6/2017 号《自雇职业紧急改革法》第 12 条第 1 款制定。

第三百一十三条　多重计划下的缴费

同时作为雇员工作的自雇人士，当缴费计入多个社会保障计划时，即计入其在特别计划下作为自雇人士的缴费和社会保障制度下作为雇员的缴费，当其对普通意外险的缴费超过《国家总预算法》为每财年规定的数额时，有权获得超额部分的 50% 作为补偿，但补偿金额不得超过特别计划下普通意外险缴费金额的 50%。

上述情况下，由社会保障基金管理总局应在第 308 条第 1 款 c 项规定的规范化实行后于最多四个月内退还相应的金额，除非在缴费中因特殊情况无法按时支付，或需要自雇人士提供有关信息的，可在期后予以补发。

＊注意：本条经 2022 年 7 月 26 日第 13/2022 号皇家法令第 1 条第 8 款修订，自 2023 年 1 月 1 日起生效。该法令规定了为自雇人士建立新的缴费制度并改善对其中断就业的保护措施。

第三章

保障措施

第一节 受保护的意外事件

第三百一十四条 保护措施的适用范围

本特别计划下的保护措施根据本法第42条加以规定,但失业保险和非缴费型福利除外。

根据本章及本法的实施发展条例确认相应的福利待遇。

为认可和支付待遇,本特别计划下的人员应满足第47条规定的最新缴费要求。

第三百一十五条 暂时性丧失劳动力的保护范围

本特别计划下参加暂时性丧失劳动力保险具有强制性,但在社会保障制度其他计划下已参加该保险的除外。在此情况下,自雇人士可以自愿使用上述保险,也可以根据法律规定的条款放弃保险(如果适用)。

前款规定不得妨碍附加条款第28条有关补充公共体系的社会待遇合作体系和天主教会宗教生活协会成员的例外情况的规定。

* 注意:本条经2022年7月26日第13/2022号皇家法令第1条第9款修订,自2023年1月1日起生效。该法令规定了为自雇人士建立新的缴费制度并改善对其中断就业的保护措施。

第三百一十六条 职业意外的保护范围

1. 职业事故的参保具有强制性,由负责暂时性丧失劳动力保险的同一经办合作机构根据第308条的规定确定缴费义务。

对于所示意外,将根据法定条件认可向纳入社会保障一般计划的雇员提供的待遇。

*注意:本款2018年12月28日颁布的用于重新评估公共年金以及社

会、劳动和就业方面的其他紧急措施的第 28/2018 号皇家法令最终条款第 2 条第 12 款增补。

2. 自雇人士的职业意外是指因所从事的、决定其纳入特别计划使用范围内的工作所直接即刻造成的后果。同样，职业病是指由自身工作活动感染因职业病清单下主要工作活动中的元素和物质的作用引起的疾病。该清单附于 2006 年 11 月 10 日颁布的第 1299/2006 号皇家法令，该法令批准了社会保障体系的职业病表格，并制定了职业病通知和登记标准。

＊注意：第 2 款经 2017 年 10 月 24 日颁布的第 6/2017 号《自雇职业紧急改革法规》第 14 条制定。

3. 本条规定不得妨碍第 317 条有关经济不自主的自雇人士的规定、第 326 条有关社会保障特别计划下自雇农业人士的规定，以及附加条款第 28 条有关补充公共体系的社会待遇合作体系和天主教会宗教生活协会成员的例外情况的规定。

＊注意：本条经 2022 年 7 月 26 日第 13/2022 号皇家法令第 1 条第 10 款修订，自 2023 年 1 月 1 日起生效。该法令规定了为自雇人士建立新的缴费制度并改善对其中断就业的保护措施。

第三百一十七条　经济不自主的自雇人士的保护措施

经济不自主的自雇人士有义务在社会保障保护范围内缴纳暂时性丧失劳动力险、工伤事故和职业病险。

为此，工伤事故是指经济不自主的自雇人士在从事职业活动时遭受的身伤害，也包括在往返工作地途中发生或因此造成的事故。在没有相反证据的情况下，在职业活动之外发生的事故应推定与工作无关。

＊注意：本条经 2018 年 12 月 28 日颁布的用于重新评估公共年金以及社会、劳动和就业方面的其他紧急措施的第 28/2018 号皇家法令最终条款第 2 条第 3 款修订。

第二节　待遇规定

第三百一十八条　适用规定

下列规定适用于本特别计划：

a. 第二篇第六章关于生产育儿险的规定，第 179 条第 1 款规定除外。

生产育儿险的经济待遇数额为生产前六个月在特殊计划下的有效缴费基数总和除以180得出的日计算基数。

在上述前六个月内未在特别计划下保持登记状态的，计算基数的数额等于生产前六个月在本特别计划下的有效缴费基数的总和除以此期间内的登记天数。

在时间和分配方面，自雇人士有权领取生产育儿津贴的期间应与受雇员工的法定休息期间一致。本特别计划下的人员也可以在法定条件下以兼职状态领取待遇。

*注意：本条经2022年7月26日第13/2022号皇家法令第1条第11款修订，自2023年1月1日起生效。该法令规定了为自雇人士建立新的缴费制度并改善对其中断就业的保护措施。

b. 根据法律法规的规定，在婴儿护理、孕期险、哺乳期险和照料患有癌症或其他重大疾病的未成年人的共同责任事项上，应分别遵循第二篇第七、八、九和十章的规定。

*注意：a款和b款经2019年3月1日颁布的第6/2019号皇家法令《保障男女拥有平等就业待遇和机会的紧急措施法令》修订第4条第10款修订。

c. 有关永久性丧失劳动力险事项，应遵循第194条第2、3款，第195条（除第2款外），第197条第1、2、3款和第200条的规定。

第196条第4款和第2款的最后一段的规定也同样适用。为确定最低津贴和补助金的数额，上述条款应采用社会保障一般计划下任何时间内的有效最低缴费基数，无论其是根据何种计划规则认可的永久性丧失劳动力津贴和严重伤残津贴。

d. 有关退休养老保险事项，应遵循第205条、第206和第206条之二、第208条、第209条（第1款b目除外）、第210条、第213条、第214条和过渡性条款第34条的规定。

*注意：经2021年12月28日颁布的第21/2021号《保证年金购买力及加强公共年金制度社会财政可持续性的其他措施法规》第1条第14款修订。

e. 有关死亡及遗属险事项，应遵循第219—225条，第226条第4、5款，第227条第1款第2段，第229条，第231—234条中的规定。

f. 第二篇第十五章规定了有关家庭保护的事项。

g. 第 163 条的规定。

＊注意：本款经 2020 年 12 月 30 日颁布的第 11/2020 号《2021 年国家总预算法》最终条款第 38 条增补。

第三百一十九条　参保前缴费的效力

1. 当自雇人士满足纳入本特别计划下的要求，但未按照规定申请登记时，正式登记前的应缴费用一旦与法律规定的附加费用一并缴纳时，即会对待遇产生效力。

2. 在不妨碍对逾期缴费进行行政处罚的前提下，上述缴费也会产生利息。该利息从应缴费之日起按照支付时现行有效的法定利率进行计算。

第三百二十条　六十五岁及以上参保人缴费和缴费减免的计算基数

1. 根据 2007 年 7 月 11 日颁布的第 20/2007 号《自雇职业法规》第 38 条之三的规定，其中规定的社会保险费减免的适用不应影响确定自雇人士可能由从上述缴费受益的社会保障待遇的金额。该金额的计算方法应采用本法第 308 条第 1 款 a 项第（1）号所述基数一般表第 1 档的现行最低缴费基数。

2. 根据第 311 条的规定，为确定免于缴费待遇的缴费基数，对于在工作活动期间未缴费的人员，每财年免于缴费月份的月缴费基数等于上一自然年的平均缴费基数加上上一年度消费价格指数平均变化百分比得出的结果。得出的基数不得低于每年《国家总预算法》为本法第 308 条第 1 款 a 项第（1）号所述基数一般表第 1 档的现行最低缴费基数。

＊注意：本条经 2022 年 7 月 26 日第 13/2022 号皇家法令第 1 条第 12 款修订，自 2023 年 1 月 1 日起生效。该法令规定了为自雇人士建立新的缴费制度并改善对其中断就业的保护措施。

第三百二十一条　暂时性丧失劳动力津贴权利的取得和数额

1. 本特别计划下的劳动者，在法定情形下，有权自相应病休的第四日起取得暂时性丧失劳动力津贴。因工伤事故或职业病导致暂时性丧失劳动力的，自病休的第二日起取得。

2. 适用于确定由于普通意外而导致的暂时性丧失劳动力津贴数额的计算基数的百分比，应为一般计划下上述意外险的现行百分比。

＊注意：本条经 2018 年 12 月 28 日颁布的用于重新评估公共年金以及社会、劳动和就业方面的其他紧急措施的第 28/2018 号皇家法令最终条款第 2 条第 14 款修订。

第三百二十二条　退休养老金的数额

本特别计划下退休养老金的数额完全按照受益人的实际缴费年限确定，即在计算基数的基础上采用一般计划制定的标准比例。

第四章

农业自雇人士特别方案

第三百二十三条　适用范围

1. 符合下列条款规定的年满十八周岁的农业自雇人士。

2. 本特别方案的法律体制与本篇及其实施发展条例以及其特别规定相一致。

第三百二十四条　纳入规则

1. 前条所指劳动者，符合下列条件的，应纳入本特别方案：

a. 作为农场所有者，并从农业或其他辅助活动中获得的收入至少占总收入的50%，前提是直接来自其农场上进行的农业活动的收入不少于其总收入的25%，用于农业或其辅助活动的工作时间占其总工作时间的一半以上。

b. 每个农场所有者从其农场上获得的年净收入不超过每年社会保障一般计划每财年有效最高缴费基数的75%。并对其进行核查。

c. 个人且直接在上述农场从事农业工作，即使雇有雇员，只要是按月缴费的雇员不超过两名，或者是根据第255条规定按日缴费的工人，自每年1月1日起至12月31日止，一年内实际工作天数合计不超过五百四十六日。实际工作日数按照当年本特别方案作为自雇人士登记的天数按比例减少。

前段所述雇佣雇员的限制应被理解为适用于每个农场。对于具有两个或两个以上业主的农场，并且都登记在自雇人士特别计划下的农业自雇人士特别方案下，则每多一位农场主（不包括第一位），在前段所述基础上可增加一名按月缴费的雇员，以实际工作天数缴费的工人每年可增加二百七十三日。

为了确定是否符合a和b项规定的要求，可以采用进行核查之前的三个财政年度的总收入和年净收入的简单平均数。在适用个人所得税法规时受特殊情况影响的一个或多个财年除外，在此情况下，应采用未受此类情况影响的前一个或多个财年的数值。

2. 就本特别方案的规定而言，农场应被理解为由其所有者在从事农业活动时的财产总和组织权利，其本身构成一个经济技术单位，并且农场所有者可以是相应农业土地田产或物质要素的业主、承租人、租种者、受让人或其他类似人员。

此处农业活动被理解为获得农产品、畜牧产品和林业产品所需的所有工作。

就本特别方案而言，农民在市政市场或在非永久性商业场所，直接销售在其农场范围内所获产品，无须经过加工或对其包含在《欧洲联盟运作条约》第 38 条附件一中的最终产品进行首次加工，均被视为农业活动，任何涉及农场管理或指导的活动也应被视为农业活动。

同样，因公开选举农场主参与和出席与农业部门有关的具有代表性的机构，以及具有代表工会、合作社或行业性质的机构，均应被视为农业补充活动。

同样，只要前款所述第一个具体活动，其农场产品的加工活动和对加工产品的直接销售，与自然和环境保护、乡村旅游或农业旅游的活动，以及在农场上开展的影视和艺术活动，也均应被视为补充活动，

* 注意：第 1 款和第 2 款经 2022 年 12 月 23 日颁布的第 30/2022 号法律最终条款第 2 条制定，该法制定了公共农业政策与其他相关事项的管理制度法规。

3. 除农场主外，年满十八岁、直接以个人形式在相应的家庭农场进行农业活动且不作为受雇人员的农场主配偶和具有三代以内血缘或亲缘关系的亲属也应被纳入这一特别方案。

4. 与农场主同住的三十岁以下的子女，也可以根据第 12 条规定的条件签署雇佣合同。

5. 参保人在申请被纳入农业自雇人士特别方案时，必须提交证明其符合上述条款纳入该方案要求的声明。纳入该方案的有效性取决于社会保障基金管理总局随后对是否满足上述要求进行核实。证明和随后的核查应当按照法规规定的条件和方式进行。

第三百二十五条　缴费的特殊情况

纳入前条规定之农业自雇工人特别方案者，应适用第 308 条及以下各条

之自雇人士特别计划之缴费规则，并具有以下特殊性：

a. 对于强制性参保的意外情况，如果工人选择的缴费基数高达本法第308条第1款a项第（1）号所述一般表第1档的最低缴费基数的120%，则适用的费率为18.75%。

但是如果工人选择的缴费基数等于或高于前段所述的缴费基数，则超过该金额的部分应适用本特别计划任何特定时间普通意外险的有效费率。

上述费率也适用于第308条第1款c项所述规范化程序产生的最终缴费基数。

b. 对于自愿性保险的覆盖范围，应根据临时缴费基数总额和最终缴费基数，应用以下费率来确定基本社会保险费：

暂时性丧失劳动力险和中断就业险应适用《国家总预算法》每年设定的费率。

工伤事故和职业病险的缴费适用于各项经济活动、职业或情形下规定的费率，但不得妨碍《国家总预算法》关于第19条第3款和第326条对上述事故引起的永久性丧失劳动力、死亡和遗属方面进行保护的规定。

c. 受职业事故险或中断就业险保护的自雇人士有权在由普通意外引起的暂时性丧失劳动力险的缴费中享有0.5个百分点的减免。

没有完全在工伤事故和职业病方面参保的自雇人士，还应为《社会保障总法》修订本中第八篇和第九篇或《国家总预算法》（如适用）规定的待遇额外缴费。

*注意：本条经2022年7月26日第13/2022号皇家法令第1条第13款增补，自2023年1月1日起生效。该法令规定了为自雇人士建立新的缴费制度并改善对其中断就业的保护措施。

第三百二十六条　暂时性丧失劳动力和职业意外保险范围

根据2007年7月11日颁布的第20/2007号《自雇职业法规》附加条款第3条的规定，在本特别方案下劳动者可自愿参加暂时性丧失劳动力险和职业意外险，但不得妨碍《国家总预算法》关于第19条第3款和第326条对上述事故引起的永久性丧失劳动力、死亡和遗属方面进行保护的规定。

第五篇

中断就业保险

第一章

一般规定

第三百二十七条　适用对象和范围

1. 中断就业的具体保护制度是社会保障制度保护措施的一部分，具有强制性，旨在为已参保并登记在自雇人士特别计划或海员特别计划下的自雇人士，在中断该特别计划下的工作活动后仍有能力并且希望从事盈利的职业或经济活动时，提供本法规定的待遇和保障。

中断就业可以是永久性或暂时性。

在第331条规定的情况下，临时中断就业可以是全部中断，即自雇人士在特别计划中进行登记的所有活动都被中断；也可以是部分终端机，即按照本法规定的条件减少部分活动。

2. 中断就业的保护也适用于选择纳入自雇人士特别计划下的工人合作社社员，以及符合本篇要求和第335条和第336条相应的特殊规定的、以企业制度或其他合法形式与他人共同开展职业活动的自雇人士。

＊注意：本条经2022年7月26日第13/2022号皇家法令第1条第14款增补，自2023年1月1日起生效。该法令规定了为自雇人士建立新的缴费制度并改善对其中断就业的保护措施。

第三百二十八条　法律制度

1. 对中断就业的保护应符合本法及其实施发展条例的规定和社会保障特别计划细则。

2. 依法实施农业自雇人士特别计划下的自雇人士保护制度的具体条件和情况。

第三百二十九条　保护措施

1. 中断就业保险包括以下待遇：

a. 因完全、暂时或永久性中断就业的经济待遇。

上述待遇完全符合本法及其实施发展条例的规定。

b. 为相应计划下的自雇人士缴纳社会保险费。在参保人因中断就业领取经济待遇期间，经办机构负责代其缴纳基本社会保险费。该期间的缴费基数应为第 339 条未中断就业待遇制定的计算基数，并不得低于相应计划下的最低缴费基数或单一缴费基数。

在第 331 条第 1 款 a 项第（4）号和第（5）号规定的情况下，经办机构在参保人领取经济待遇期间承担 50% 的基本社会保险费，其余 50% 由劳动者自行承担。经办机构将向自雇人士者给付相应的社会保险费金额以及中断就业待遇，由自雇人士负责全额缴纳社会保障费用。

在第 331 条第 1 款 d 项规定之情形下，根据 2004 年 12 月 28 日颁布的第 1/2004 号《全面防止性别暴力保护措施组织法》第 21 条第 5 款的规定，经办机构无缴纳保险费之义务。

*注意：本条经 2022 年 7 月 26 日第 13/2022 号皇家法令第 1 条第 15 款增补，自 2023 年 1 月 1 日起生效。该法令规定了为自雇人士建立新的缴费制度并改善对其中断就业的保护措施。

第三百三十条　取得中断就业保护权利的条件

1. 取得因停止工作活动而获得保护权利的自雇人士应符合下列要求：

a. 参加社会保险并注册于自雇人士特别计划或海员特别计划之下（视情况而定）。

b. 已满足第 338 条中所述中断就业险最短缴费年限。

c. 处于法定中断就业情形，签署 2023 年 2 月 28 日颁布的第 3/2023 号《就业法》第 3 条所述就业承诺书，并通过相应自治大区公共就业服务部门或社会海洋局可能组织的培训活动、职业指导和创业活动推广证明其重新进入劳动力市场的积极主动性。

*注意：第 1 款 c 项经 2023 年 2 月 28 日颁布的第 3/2023 号《就业法》附加条款第 4 条第 12 款修订。

d. 在永久性中断就业的情形下，未达到有权享受缴费型退休养老金的正常年龄，除非自雇人士尚未满足为此所需的缴费年限

e. 及时缴纳基本社会保险费。经办机构应要求在中断就业之日未满足这一要求的自雇人士在三十日内（不可延长）清缴应付款项。透支监管化将对保护权利的取得产生具有全面效力。

f. 为了有权获得第 331 条第 1 款 a 项第（4）号和第（5）号规定的中断就业权利，自雇人士不得从事除第 342 条第 3 款规定以外的任何其他

活动。

2. 对于有雇佣其他雇员并造成第 331 条第 1 款所述情形的自雇人士，其中断就业保护权利的取得以遵守劳工法规规定的保障、义务和法定程序为前提。

上述规定也适用于第 335 条中永久中断就业的工人合作社以及与他人共同开展职业活动的自雇人士，无论共同开展职业活动的他人是否已中断就业。

* 注意：本条经 2022 年 7 月 26 日第 13/2022 号皇家法令第 1 条第 16 款修订，自 2023 年 1 月 1 日起生效。该法令规定了为自雇人士建立新的缴费制度并改善对其中断就业的保护措施。

第三百三十一条　中断就业的法定情形

1. 在不妨碍下一章特殊规定的前提下，由于下列原因中断就业的自雇人士，都符合中断就业的法定情形：

a. 由于经济、技术、生产或组织方面的原因无法继续从事经济或职业活动。

对公众开放的机构在接受补助或转让给第三人期间应当关闭。但不代表继续从事已结束的经济或职业活动的前提下，拥有设立机构不动产的自雇人士可在相应权利下使用该不动产。

当有下列情形时，视为存在经济、技术、生产或组织方面的原因：

（1）工作活动开始一年后，年收入损失超过同期收入的 10%。

（2）由执行机构认可的行政或司法处决征收的债务达到了上一财年收入的 30%以上。

（3）根据 2003 年 7 月 9 日颁布的第 22/2003 号法律《破产法》的规定，因破产而无法继续工作。

（4）只要在向税务机关提出申请前的两个财政季度，正常收入水平或销售额比以往财年同期纪录下降 75%，并且在上述两个财政季度自雇人士因其经济、商业或职业活动的月净收入未达到跨行业最低工资标准或此前的缴费基数（如果该数额值较低），则在有缴费义务的公司下登记的雇员的总工作时长减少 60%，或暂时中止其 60%雇员的合同。

在上述情况下，向公众开放的机构无须关闭或转让给第三人。

（5）对于无雇佣工人的自雇人士，维持与债权人的可执行债务金额超过申请前两个财政季度普通收入或销售额的 150%，并且该收入和销售额较以往财年同期下降了 75%。就上述债务而言，不计入因不遵守社会保障义务或税务部门的义务而产生的债务。

还要求自雇人士在上述财政季度进行的所有经济或职业活动的月净收入未达到跨行业最低工资标准或此前的缴费基数（如果该数额值较低），就上述目的而言，不计入因不遵守社会保障义务或税务部门的义务而产生的债务。

在此情况下，向公众开放的机构无须关闭或转让给第三人。

b. 因不可抗力导致经济或职业活动暂时或永久性中断。

因不可抗力当导致暂时性部分就业中断可被理解为公司活动的中断影响到一个部门或工作单位时，公共主管部门选择发布紧急状态声明，并且公司活动的收入与上年同期相比下降了 75%，自雇人士的月收入也未达到跨职业最低工资标准或此前的缴费基数（如果该数额值较低）。

*注意：第 331 条第 1 款 a 和 b 项经 2022 年 7 月 26 日第 13/2022 号皇家法令第 1 条第 17 款修订，自 2023 年 1 月 1 日起生效。该法令规定了为自雇人士建立新的缴费制度并改善对其中断就业的保护措施。

c. 非因刑事犯罪丧失从事经济或职业活动必需的行政许可。

d. 由于性别暴力导致自雇人士的工作活动暂时或永久性中断。

*注意：第 331 条第 1 款 d 项经 2022 年 9 月 6 日颁布的第 10/2022 号《全面保障性自由组织法》最终条款第 16 条修订。

e. 司法判决离婚或分居后，如果自雇人士在其前配偶的商业活动中行使家庭援助职能的，应根据其职能纳入相应的社会保障计划中。

2. 任何情况下，下列情形不得视为中断就业的法定情形：

a. 自愿停止或中断工作活动的，但符合第 333 条第 1 款 b 项规定的除外。

b. 第 333 条中所述自雇人士在终止与客户合作并领取中断就业待遇后，自其领完该待遇后起一年内，与上述相同客户再次签约的，应返还已领取的待遇。

第三百三十二条　中断就业法定情形的认证

1. 自雇人士中断就业的法定情形应由申请人以宣誓书的形式予以认可，其中应说明中断就业的原因和生效日期，并附有下列文件，但不妨碍选择适当的法定证明方式：

a. 经济、技术、生产或组织原因应通过会计、专业、财政、行政或司法文件来证明该活动缺乏可行性。

（1）除 b 和 c 项规定的情形外，都应提交相应文件以证明已根据第 331 条第 1 款 a 项规定的条件关闭机构，已在企业、职员和缴税义务人的税收普查中注销，并且已在申请人登记的社会保障特别计划中注销。对需要行政授权或行政许可的，还应附上相应的注销申请，以及授予或拒绝该申请的证明（如适用）。

在不妨碍上述规定的前提下，自雇人士应根据法律规定提交会计凭证，注明第 331 条第 1 款 a 项第（1）号规定的经济损失，以证明其经济方面的原因；并应提交增值税申报表、个人所得税申报表和其他强制文件，以证明其提交账户中纪录的相应项目的合理性，所有项目纪录均应符合有关会计法律的规定。

自雇人士可以提出提供估计结算数据的请求，以加快程序的审理，并应在决议发布之前输入最终数据。

（2）在第 331 条第 1 款 a 项第（4）号规定的情况下，应该向劳动当局提交采取措施的决定，说明损失程度的会计凭证，以及增值税申报表、个人所得税申报表和其他强制文件，以证明其提交账户中相应项目纪录的合理性，所有项目纪录均需符合有关会计法律的规定。

在上述情况下，无须从社会保障特别计划中注销。

（3）在第 331 条第 1 款 a 项第（5）号规定的情况下，应该提交说明损失程度的会计凭证，以及增值税申报表、个人所得税申报表和其他强制文件，以证明其提交账户中相应项目纪录的合理性，所有项目纪录均需符合有关会计法律的规定。

在上述情况下，无须从社会保障特别计划中注销。

还需提交与债权人单独或共同签署的公共契约中记录的个人债务再融资协议，其期限等于或大于获得领取中断就业津贴权利的时间，在公共契约中反映此类协议的合理性以及自雇人士和认购债权人之间进行的行为和开展的业务。

b. 由于不可抗力导致经济或职业活动暂时或永久性中断的，应提交证明不可抗力的存在和暂时或永久无法开展工作活动的有关文件。

如果是永久性中断就业，应提交在企业、职员和缴税义务人的税收普查和申请人在登记的社会保障特别计划中注销的申请。对需要行政授权或行政许可的，还应附上相应的注销申请，以及授予或拒绝该申请的证明（如适用）。

如果是暂时性中断就业，无须在社会保障特别计划中注销。

c. 丧失从事经济或职业活动所必需行政许可的，以相应裁定证明。

d. 由于性别暴力导致自雇人士的工作活动暂时或永久性中断的，应提交书面声明，并附上保护令。没有保护令的，应附上能够证明其为性别暴力受害者的检方报告。对于经济不自主的自雇人士，该声明可由其经济上依赖的客户的书面信函代替，声明自雇人士已中断工作活动。无论声明还是信函，都应写明中断的日期。

e. 第 331 条第 1 款 e 项规定的离婚或分居的，应以相应的司法判决证明，并附有注明自雇人士已停止对其前配偶的商业活动行使家庭援助职能的材料。

2. 自雇人士为证明其中断就业活动法定情形所提交的材料应符合相关法律规定。

*注意：本条经 2022 年 7 月 26 日第 13/2022 号皇家法令第 1 条第 18 款修订，自 2023 年 1 月 1 日起生效。该法令规定了为自雇人士建立新的缴费制度并改善对其中断就业的保护措施。

*注意：第 1 款 d 项经 2022 年 9 月 6 日颁布的第 10/2022 号《全面保障性自由组织法》最终条款第 16 条修订。

第二章

特殊情况下中断就业的法定情形

第三百三十三条　经济不自主的自雇人士

1. 在不妨碍第一章第 331 条规定的前提下，由于下列原因导致与经济上依赖的客户的合同终止而停止工作活动的，视为中断就业的法定情形：

　　a. 合同期限届满或工程、服务工作完成。

　　b. 经法定认证的客户严重违约行为。

　　c. 根据 2007 年 7 月 11 日颁布的第 20/2007 号法律的规定，客户以正当理由终止合同。

　　d. 根据 7 月 11 日第 20/2007 号法律的规定，客户无正当理由终止合同。

　　e. 由于客户死亡、残疾或退休导致工作活动的中止。

2. 只要自雇人士的工作活动符合 2007 年 7 月 11 日第 20/2007 号法律第 11 条和 2009 年 2 月 23 日颁布的第 197/2009 号皇家法令第 2 条规定，无论是否属于经济不自主，都属于本条第 1 款规定的中断就业的法定情形。上述法令就经济不自主的自雇人士的合同及注册事项制定了自雇人士法规，并且确定了国家批准注册的自雇人士专业协会。

3. 在不妨碍第 332 条第 1 款规定的前提下，通过以下方式证明经济不自主的自雇人士和上述第 2 款中的自雇人士中断就业的法定情形：

　　a. 应通知公共就业服务机构相应的登记处以证明合同期限届满或工程、服务工作完成。

　　b. 客户严重违约的，应提交注明停止工作活动日期的书面通知和事先调解书或司法判决书。

　　c. 客户以正当理由终止合同的，应在终止合同后的十日内提交注明停止工作活动日期并列举其理由的书面通知。如果客户未提供书面通知，自雇人士可对其催告。客户在十内未进行回复的，自雇人士可向经办机构进行申报，提供催告状副本，并要求承认其因中断就业而获得保护的权利。

d. 客户无正当理由终止合同的，应提交在终止合同后的十日内注明停止工作活动日期和应支付赔偿金的通知、事先调解书或司法判决书（无论其是否由客户提起）。如果客户未提供书面通知，自雇人士可对其催告。客户在十日内未进行回复的，自雇人士可向经办机构进行申报、提供催告状副本并要求承认其因中断就业而获得保护的权利。

e. 客户死亡、残疾或退休的，应提交民事登记处的死亡证明或相应经办机构对其领取退休养老金或残疾抚恤金的证明。

4. 自雇人士为证明其中断就业法定情形所提交的材料应符合相关法律规定。

第三百三十四条　作为资合企业合伙人的自雇人士

1. 根据第 305 条第 2 款 b 项的规定，自雇人士特别计划下自雇人士非自愿停止担任董事或管理人或者停止提供服务的，且企业损失达到第 331 条第 1 款 a 项第（1）号规定的或企业净资产低于其三分之二股本的，均属于中断就业的法定情形。

2. 资合企业合伙人停止工作活动应通过股东大会出具的协议证明，说明解除董事管理人职位，并随同附上由商业登记处签发认可该决议的证明。停止提供服务的，应提供相关证明文件和因损失而减少股份的股东大会决议。

上述两种情况，都应按照第 1 款的规定提供损失或净资产减少的证明。

第三百三十五条　工人合作社工人社员

1. 工人合作社的工人社员符合下列情形的，视为终端活动的法定情形：

a. 由于下列原因暂时或永久性停止工作而丧失在合作社活动中获得经济权利的：

（1）无正当理由被开除。

（2）由于经济、技术、组织、生产或不可抗力的原因。

（3）合作社关系到期。

（4）对合作社女性成员的性别暴力。

（5）合作社丧失行政许可。

＊注：第 335 条第 1 款 a 项第（4）号经 2022 年 9 月 6 日颁布的第 10/2022 号《全面保障性自由组织法》最终条款第 16 条第 10 款修订。

b. 处于试用期的准社员，经合作社董事会或相关行政机构单方决定停止其工作。

2. 工人合作社的工人社员对中断就业法定情形的声明应符合下列规定：

a. 无正当理由被开除的，应提交合作社董事会或相关行政机构开具的注明生效日期的开除通知，以及主管司法机构开具的证明开除无正当理由的调解书或司法判决书。

b. 符合第 331 条第 1 款 a 项规定的，由于经济、技术、组织或生产原因停止工作的，在仍有合作社社员从事工作时，无须关闭对公众开放的合作社机构。

由合作社方面提交第 331 条第 1 款 a 项所述资料证明上述原因。同样，还应提交合作社大会永久或暂时停止为工人社员提供工作的书面证明。

c. 合作社关系到期的，应提交合作社董事会或相关行政机构开具的说明到期原因及生效日期的证明。

d. 因性别暴力或性暴力停止或中断工作活动的，申请人应提交书面声明，并附上 2004 年 12 月 28 日颁布的第 1/2004 号《全面防止性别暴力保护措施组织法》第 23 条或《全面保障性自由组织法》第 37 条规定所有文件。上述声明必须注明停止或中断活动的生效日期。

* 注意：第 335 条第 2 款 d 项经 2022 年 9 月 6 日颁布的第 10/2022 号《全面保障性自由组织法》最终条款第 16 条第 10 款修订。

e. 试用期未通过的，应提交合作社董事会或相关行政机构开具的未录取该成员的通知。

3. 合作社社员在最终确定中断就业并因此领取待遇后，在停止领取待遇后的一年内重新加入同一合作社的，不视为中断就业的法定情形，并应返还已取得待遇。

4. 符合法定情形下中断就业的合作社社员应按照第 346 条的规定，在声明停止工作活动后的次月的最后一日前，向经办机构申请待遇，但符合第 346 条第 3 款规定的除外。

未在法定期限内申请的，遵循本篇的一般规定。

第三百三十六条　与他人共同开展职业活动的自雇人士

与他人共同开展职业活动的自雇人士由于下列原因暂时或永久性中断就业的，视为中断就业的法定情形：

a. 由于第 331 条第 1 款 a 项所述经济、技术、组织或生产原因而停止工作活动，且不存在继续该工作的可行性，无论其是否会导致企业或其他法定形式下工作活动的完全停止。

仍有其他雇员从事工作活动时，对公众开放的机构无须关闭，但完全由该雇员经营的除外。但是，自雇人士在停止工作活动并领取因中断就业而获得保护的待遇后，在停止领取待遇的一年内，重新在同一机构从事工作活动的，不视为中断就业的法定情形，并应返还已取得待遇。

b. 由于不可抗力而中断就业。

c. 非因刑事犯罪丧失从事经济或职业活动必需的行政许可。

d. 由于性别暴力导致女性自雇人士的工作活动暂时或永久性中断。

＊注意：第336条第1款d项经2022年9月6日颁布的第10/2022号《全面保障性自由组织法》最终条款第16条第11款修订。

f. 司法判决离婚或分居后，如果自雇人士在其前配偶的商业活动中行使家庭援助职能的，并因婚姻关系破裂或分居而停止工作的，应根据其职能纳入相应的社会保障计划中。

第三章

保护制度

第三百三十七条　中断就业保护权利的申请和产生

1. 符合第 330 条规定的自雇人士应向为其提供工伤事故和职业病保险的社会保障互助合作协会或经办机构申请因中断就业而获得保护的权利。

2. 在第 331 条第 1 款 a 项规定的情况下，获得相应经济利益的权利从其所属特别计划注销生效的次日产生。但是在第 331 条第 1 款 a 项第（4）号规定情形下，参保人未从其所属的特别计划下注销，则享受该经济待遇的权利，自告知劳动部门企业决定将减少全部雇员 60%的劳动时间或暂停企业 60%的工作合同的决定后的次月的第一日产生。

同样，在第 331 条第 1 款 a 项第（5）号的情形下参保人未从其所属的特别计划下注销，则享受该经济待遇的权利自申请日次月的第一日产生。

由于第 331 条第 1 款 b 项规定的不可抗力而导致就业活动全部或部分中断的，权利自有相应文件证明不可抗力的存在之日起生效，无须从相应的特别计划注销。

在第 331 条规定的其他情况下，该权利将在因中断就业而从相应特别计划注销生效的次月的第一日产生。

3. 为保障其待遇权利的取得，与主要客户终止合作的经济不自主的自雇人士不得自开始领取待遇之日起与其他客户开展合作。

4. 申请对中断就业法定情形的认证应在自中断之日起至次月的最后一日前完成。但因经济、技术、生产或组织方面的原因、不可抗力、性别暴力或客户死亡、残疾或退休而导致的法定中断就业，申请期限自相应文件确认上述情形发生之日起计算。

5. 在前款规定日期后申请的，只要其符合其他法律规定的要求，应从取得待遇的时间扣除应提交申请日和实际提交申请日间的日期差。

6. 在本条第 4 款规定的期限内提出申请的，由经办机构负责缴纳其取得待遇期间的社会保险费。否则，经办机构应自提出申请后次月的第一日起支付。

与主要客户终止合作的经济不自主的自雇人士，在终止合作的一个月内与其他客户开展合作的，经办机构有义务从其取得待遇之日起缴纳相应的社会保险费。

＊注意：本条经2022年7月26日第13/2022号皇家法令第1条第19款修订，自2023年1月1日起生效。该法令规定了为自雇人士建立新的缴费制度并改善对其中断就业的保护措施。

第三百三十八条　领取待遇的时间

1. 领取中断就业待遇的时间取决于发生中断就业法定情形前四十八个月内的缴费年限，四十八个月内应包含在发生法定情形前连续十二个月的缴费。具体情况如下：

缴费期限（月）	受保时间（月）
12—17	4
18—23	6
24—29	8
30—35	10
36—42	12
43—47	16
48及其以上	24

＊注意：本款经2018年12月28日颁布的用于重新评估公共年金以及社会、劳动和就业方面的其他紧急措施的第28/2018号皇家法令最终条款第2条第19款修订。

2. （已删除）

＊注意：本款经2018年12月28日颁布的用于重新评估公共年金以及社会、劳动和就业方面的其他紧急措施的第28/2018号皇家法令最终条款第2条第19款废除。

＊注意：第338条第1款经2022年7月26日第13/2022号皇家法令第1条第20款修订，自2023年1月1日起生效。该法令规定了为自雇人士建立新的缴费制度并改善对其中断就业的保护措施。

3. 符合法定要求的已取得待遇的自雇人士可自上次取得待遇起满十八

第三章　保护制度

个月后重新申请取得受保护权利。

4. 为确定本条第 1 款和第 2 款的缴费年限：

a. 仅计入相应特别计划下中断就业险的缴费。

b. 先前中断就业待遇未被计入的缴费。

c. 缴费月份以整月计算。

d. 先前中断就业待遇的缴费不得再计入后权利的取得。

e. 在海员特别计划中，海员在禁闭期内未领取中断就业待遇的前提下，主观当局批准的强制性禁闭期不计入发生中断就业法定情形前的连续十二个月的时间内。

第三百三十九条　中断就业经济待遇数额

1. 中断就业经济待遇的计算基数是在发生中断就业法定情形前连续十二个月的缴费基数的平均值。

在海员特别计划中，经济待遇的计算基数按照中断就业险的缴费基数总额进行计算，不适用于缴费修正系数。此外，海员在禁闭期内未领取中断就业待遇的前提下，主观当局批准的强制性禁闭期不计入发生中断就业法定情形前的连续十二个月的时间内。

2. 在取得待遇期间，待遇金额将采用计算基数的 70% 来确定，但第 331 条第 1 款 a 项第（4）号和第（5）号所述情形下以及因不可抗力而暂时部分中断就业的情形除外，待遇数额应为 50%。

3. 中断就业经济待遇的最高标准不得超过西班牙收入指标（IPREM）的 175%，但自雇人士有一个或多个受抚养子女的，待遇金额应为上述指标的 200% 或 225%。

中断就业经济待遇的最低标准不得少于西班牙收入指标（IPREM）的 107% 或 80%，具体情况以是否有受抚养子女决定。

本款规定不适用于第 331 条第 1 款 a 项第（4）号和第（5）号所述情形以及第 331 条第 1 款 b 项规定的因不可抗力而暂时部分中断就业的情形。

4. 为确定中断就业经济待遇的最高标准和最低标准，受抚养子女应理解为未满二十六周岁，或已满二十六周岁但残疾程度大于等于 33%，收入小于等于排除额外收入比例部分后的跨行业最低工资标准，且与受益人共同生活的子女。

中断就业经济待遇的最高标准和最低标准的计算，应在权利产生时现行西班牙收入指标（IPREM）的基础上再增加六分之一。

＊注意：本条经 2022 年 7 月 26 日第 13/2022 号皇家法令第 1 条第 21 款修订，自 2023 年 1 月 1 日起生效。该法令规定了为自雇人士建立新的缴费制度并改善对其中断就业的保护措施。

第三百四十条　受保护权利的中断

1. 在下列情况下，经办机构应停止为中断就业提供保护：

a. 根据《社会治安违法处罚法》规定，对轻微或严重违法行为实施处罚的。

b. 处于剥夺人身自由刑罚的服刑期间。

c. 处于开展自雇工作或受雇期间。但第 331 条第 1 款 a 项第（4）号和第（5）号所述情形或因不可抗力而暂时部分中断就业的情形除外，因为根据第 342 条第 1 款中规定，上述情形与引起中断就业的工作相兼容，但不妨碍第 341 条第 1 款 c 项有关中断就业权利终止的规定。

＊注意：第 1 款 c 项经 2022 年 7 月 26 日第 13/2022 号皇家法令第 1 条第 22 款修订，自 2023 年 1 月 1 日起生效。该法令规定了为自雇人士建立新的缴费制度并改善对其中断就业的保护措施。

2. 权利中断会造成经济待遇的停止给付和社会保险费的缴纳义务，但并不影响领取时间。但符合本条前款 a 项规定的，领取时间根据中断时间相应减少。

＊注意：本条经 2018 年 12 月 28 日颁布的用于重新评估公共年金以及社会、劳动和就业方面的其他紧急措施的第 28/2018 号皇家法令最终条款第 2 条第 20 款修订。

3. 申请人在证明引起中断原因已经消灭，并符合受保护法定情形的情况下，可以申请恢复保护。

提出恢复保护的申请应在中断原因消灭后的十五日内完成。

恢复保护后，申请人有权在申请后次月的第一日获得之前未领取的相应经济待遇并缴纳社会保险费。提交申请时间超过法定期限的，适用于第 337 条第 3 款的规定。

第三百四十一条　受保护权利的消灭

1. 在下列情况下，因中断就业而获得保护的权利消灭：

a. 取得待遇期限届满。

b. 根据《社会治安违法处罚法》的规定实施处罚。

c. 开展受雇或自雇工作达到或超过十二个月，在第二种情况下只要作为自雇人士产生了受中断就业保护的权利。

d. 达到正常退休年龄，或海员特别计划下的自雇人士达到理论退休年龄，但不符合领取缴费型退休养老金的除外。当自雇人士满足上述退休养老金的其他要求或领取中断就业待遇期限届满时，受保护权利消灭。

e. 不妨碍第 342 条第 1 款规定的前提下，享有退休养老金或永久性丧失劳动力津贴。

＊注意：第 341 条第 1 款 e 项经 2022 年 7 月 26 日第 13/2022 号皇家法令第 1 条第 23 款修订，自 2023 年 1 月 1 日起生效。该法令规定了为自雇人士建立新的缴费制度并改善对其中断就业的保护措施。

f. 移居国外，但法律规定的情况除外。

g. 自愿放弃权利。

h. 自雇人士死亡。

2. 根据前款 c 项的规定，当受保护权利消灭时，自雇人士在取得新待遇的情况下可以选择恢复原权利及其相应缴费基数和费率，也可以选择获得由新缴费产生的待遇。但当自雇人士选择原待遇时，上述新缴费不计入而后其他权利的缴费年限。

第三百四十二条　不兼容性

1. 无论自雇人士是否强制性纳入自雇人士特别计划或海员特别计划，正在开展受雇或自雇工作的，不得领取受中断就业经济待遇。但第 331 条第 1 款 a 项第（4）号和第（5）号所述情形或因不可抗力而暂时部分中断就业的情形除外，因为根据第 342 条第 1 款中规定，上述情形与引起中断就业的工作相兼容。前提是每月净收入未达到跨职业最低工资标准或此前的缴费基数（如果该数额值较低）。

＊注意：第 1 款 e 项经 2022 年 7 月 26 日第 13/2022 号皇家法令第 1 条第 24 款修订，自 2023 年 1 月 1 日起生效。该法令规定了为自雇人士建立新的缴费制度并改善对其中断就业的保护措施。

但在家庭菜园内不以营利为目的自产自用的农业工作，和符合欧盟农业用地条例规定的旨在维护良好农业和生态条件的工作除外。同样，作为中断就业待遇领取者的自雇人士特别计划下的家庭合作者也除外。上述例外按照有关条例实施。

取得中断就业待遇的不得再享有社会保障制度下其他经济性质的福利或

待遇，除非上述福利待遇与造成中断就业的工作相兼容。同样，针对不同群体的部门规章规定的中断就业帮扶措施或其他未来可能制定的国家性措施也不得领取中断就业待遇。

2. 海员特别计划下的自雇人士在取得中断就业待遇后，不得享有海军舰队停工补贴。

3. 自雇人士登记于多重社会保障计划之下时，在中断就业发生时，只要权利产生前最后四个月的月平均薪酬和中断就业待遇的总和得到的月平均数低于权利产生时有效跨行业最低标准，即可同时领取中断就业待遇和正在开展的受雇工作的报酬。

＊注意：第 3 款经 2022 年 7 月 26 日第 13/2022 号皇家法令第 1 条第 24 款引入，自 2023 年 1 月 1 日起生效。该法令规定了为自雇人士建立新的缴费制度并改善对其中断就业的保护措施。

第三百四十三条　中断就业、暂时性丧失劳动力、生育和陪产

1. 当自雇人士暂时性丧失劳动力时发生了中断就业的法定情形，自雇人士可继续领取与中断就业经济待遇金额相同的暂时性丧失劳动力津贴，直至该待遇用尽，随后符合法定要求的自雇人士可转为领取中断就业待遇。在此情况下，自发生中断就业的法定情形之日起，应从中断就业待遇领取时间内扣除暂时性丧失劳动力待遇领取时间。

2. 当自雇人士在生育或陪产期间发生了中断就业的法定情形，自雇人士可继续领取产假或陪产津贴直至用尽，随后符合法定要求的自雇人士可转为领取中断就业待遇。

3. 如果自雇人士在因中断就业领取经济待遇期间发生暂时性丧失劳动力的情形，并再次构成了中断就业的法定情形，暂时性丧失劳动力津贴与中断就业领取经济待遇的金额相同。在此情况下，如果自雇人士在中断就业的法定情形消灭时仍未恢复劳动能力，可继续领取与先前金额相同的暂时性丧失劳动力津贴。

如果自雇人士在因中断就业领取经济待遇期间发生暂时性丧失劳动力的情形，但其能力丧失并不构成中断就业的法定情形，暂时性丧失劳动力津贴与中断就业领取经济待遇的金额相同。在此情况下，如果自雇人士在中断就业的法定情形消灭时仍未恢复劳动能力，可继续领取暂时性丧失劳动力津贴，但其金额为月度西班牙收入指标（IPREM）的 80%。

因中断就业而领取经济待遇的期限不因丧失劳动能力而延长。在上述情况下，经办机构应根据第 329 条第 1 款 b 项的规定为自雇人士缴纳社会保险费，直至其有权取得待遇的期限届满。

4. 如果受益人在因中断就业领取经济待遇期间生育或陪产期间，就可转为领取生育和陪产津贴。在其用尽后，经办机构应依职权重新给参保人给付中断就业待遇直至其期限届满。

第四章

财政制度及待遇管理

第三百四十四条　资金筹集、缴费基数和费率

1. 因中断就业而获得保护的待遇仅从缴纳的中断就业保险费拨款，生效日期依据法律法规确定。

2. 中断就业险的缴费基数为自雇人士依据实施条例所选择的自雇人士特别计划的缴费基数或海员特别计划下自雇人士的缴费基数。

3. 根据第19条的规定确定适用于前款缴费基数的费率。但为了保障保护制度下资金的可持续性，根据《国家总预算法》的规定，依照以下规则确定每财年的费率：

a. 由下列公式计算以百分比表示的费率：

$$TCt = G/BC \times 100$$

具体为：

t = 《国家总预算法》中设定的新缴费率生效的年份。

TCt = 适用于 t 年份的费率。

G = 自 t-2 年的 8 月 1 日至 t-1 年的 7 月 31 日各月中断就业待遇支出之和。

BC = 自 t-2 年的 8 月 1 日至 t-1 年的 7 月 31 日各月中断就业保险缴费基数之和。

b. 除上述规定外，在下列情况下，不适用上述公式计算而维持现行费率：

（1）假设现行费率的增长不到 0.5 个百分点。

（2）假设现行费率的降低幅度小于 0.5 个百分点，或者当费率降低幅度大于 0.5 个百分点时，第 346 条第 2 款所述待遇储备金在 t-1 年年末不超过 t 年中断就业待遇的支出预算。

c. 在任何情况下，每年设定的费率不得低于 0.7%，也不得高于 4%。

当依据本款规定所确定的费率高于4%时，本法第338条第1款所规定的宽限期均须上调（不得少于两个月），并在相应的《国家总预算法》中予以规定。

4. 财政责任独立机构可根据2013年11月4日颁布的第6/2013号《设立财政责任独立机构组织法》第23条规定，就劳动、移民和社会保障部对前款的适用和保护制度下可持续性资金方面的问题提出意见。

第三百四十五条　筹资

1. 由社会保障基金管理总局负责征收中断就业保险费以及自雇人士特别计划和海员特别计划下的基本社保费，并根据相应特别计划下的经办条例进行结算和支付。

2. 上述计划下因中断就业的缴费，无论自愿或强制，都适用于征缴条例。

第三百四十六条　经办机构

1. 除前条和本条第3款的规定外，在不妨碍第98条第1款中由主管机构处罚违反社会秩序的行为、由就业和社会保障部进行指导和监督规定的前提下，由社会保障互助合作保险协会提供因保护中断就业而产生的职能和服务。

为此，中断就业待遇由与之签署相应附件并正式签订会员合同的互助保险协会管理。中断就业保护的正式程序、有效期和道理将受社会保障互助合作保险协会的适用规则管辖。

2. 为解决管理中未来可能产生的亏损，互助合作保险协会每年因管理该保护计划所得的收益用以建立中断就业稳定储备金。中断就业稳定储备金最低数额不得低于本财年为该保险缴费的5%，可自愿增加至上述缴费的25%。

一旦稳定储备金按照既定条件在每个财年结束时存入，其盈余应交予社会保障基金管理总局，用于存入中断就业稳定储备补充金。根据第95条第4款的规定，稳定储备补充金用以弥补互助合作保险协会在使用稳定储备金后可能产生的赤字，并维持稳定储备的最低标准。

在任何情况下均不适用为企业合伙人建立的连带责任制度。

3. 当自雇人士符合由社会保障经办机构提供的工伤事故和职业病保护的条件时，由以下机构负责处理上述保险申请和中断就业待遇：

a. 在海员特别计划适用范围内的，由社会海洋局负责。

b. 在自雇人士特别计划适用范围内的，由国家公共就业服务局负责。

4. 自雇职业委员会可以要求经办机构提供其认为与中断就业保护制度相关的信息，并向就业和社会保障部建议采取适当措施以更好地实现其职能。

经办机构应向自雇职业委员会提交有关中断就业保护制度发展的年度报告，委员会可以要求其提供任何有关的补充信息。

第五章

义务、违法行为及处罚制度

第三百四十七条　自雇人士的义务

申请中断就业保险的受益人应履行下列义务：

a. 向所属的社会保障互助合作保险协会申请中断就业保护。

b. 缴纳中断就业保险费。

c. 为取得、中止、终止或恢复待遇提供必要的信息和文件。

d. 权利中止、消灭或不符合领取条件时，申请终止待遇。

e. 在取得待遇期间不得就业或开展自雇工作。

f. 返还不当取得的待遇。

＊注意：本条经2022年7月26日第13/2022号皇家法令第1条第25款修订，自2023年1月1日起生效。该法令规定了为自雇人士建立新的缴费制度并改善对其中断就业的保护措施。

第三百四十八条　返还不当待遇

在不妨碍2000年8月4日颁布的第5/2000号皇家法令通过的《社会治安违法处罚法》中第47条第3款规定的前提下，未遵守本法第347条第1款e项、第331条第2款b项、第335条第3款和第336条a项第2段规定的，应依照本法第55条和2004年6月11日颁布的第1415/2004号皇家法令通过的《社会保险征收总条例》第80条的规定，由经办机构宣告为不当领取并返还不当取得的待遇。

第三百四十九条　违法行为

违法行为和处罚事项适用本法和《社会治安违法处罚法》的相关规定。

第三百五十条　管辖权和事先申诉

1. 社会治安管辖法院有权审理经办机构对于待遇的取得、中止、终止和支付的决定。参保人在向有管辖权的社会治安管辖法院起诉前，可先向经办机构提出申诉。经办机构应在决议中说明申诉的可能性、受理申诉的机构和提起申诉的期限。

2. 在向经办机构就社会保障互助合作保险协会对中断就业待遇事项作出的决议提出事先申诉时，社会保障互助合作保险协会、自雇人士代表协会和社会保障管理局应组成联合委员会在决议前共同发布报告。联合委员主席由社会保障管理局代表担任，社会保障互助合作保险协会的工作人员成员担任秘书（但非委员会成员）以处理事务。社会保障管理局法律事务处的社会保障管理局律师可以作为顾问参加委员会，但仅有发言权，无投票权。

处理事务的保险协会主管部门应向联合委员会提交有关解决先前申诉的提议，以便委员会就其效果做出裁决。秘书应负责每次会议的会议记录以及实现委员会与保险协会间沟通对接的工作。保险协会应签署必要的协议，为委员会的运作提供行政和财政支持。根据社会保障大臣的决议，确定上述委员会的组成、结构和其他具体运作所需的规定，未规定的，则适用2015年10月1日颁布的第40/2015号法律《公共部门法律制度法规》的规定。

其他的事先申诉由提出异议的经办机构负责。

* 注意：本条经2018年12月28日颁布的用于重新评估公共年金以及社会、劳动和就业方面的其他紧急措施的第28/2018号皇家法令最终条款第2条第23款修订。

第六篇

非缴费型福利

第一章

非缴费型家庭福利

第一节　福利

第三百五十一条　概述

非缴费型家庭福利包括以下内容：

a. 无论亲属关系的法律性质，为由受益人抚养的每个未满十八周岁且残疾程度大于等于33%或满十八周岁但残疾程度大于等于65%的子女，以及符合相同要求的长期寄养或收养的未成年人提供的经济补贴。

只要权利转让人与受益人共同生活，且年收入不超过年跨行业最低工资标准，权利转让人不因从事盈利工作而丧失取得福利的条件。

即使权利转让人作为雇员登记的社会保障计划不同于受益人登记的社会保障计划，不影响其取得福利的条件。

b. 为多子女家庭、单亲家庭和残疾家庭其子女的出生和收养提供一次性经济补贴。

＊注意：本段经2021年12月20日颁布的规定了最低生活收入标准的第19/2021号法律最终条款第4条第4款修订。

c. 为多胞胎和收养多子女家庭提供的一次性经济补贴。

＊注意：本条经2020年9月29日颁布的第30/2020号皇家法令《保护就业社会措施法令》最终条款第3条第1款修订。

第二节　受抚养未成年子女的经济补贴

第三百五十二条　受益人

1. 符合下列情形的，有权利享有受抚养子女和未成年人的经济补贴：

a. 在西班牙境内合法居住。

b. 抚养的子女或未成年人属于长期寄养或收养的范围，且符合前条 a 项规定并在西班牙境内居住。

在合法分居或离婚的情况下，因有子女或未成年人抚养权的一方父母保留领取补贴的权利。

c. 父母双方均无权享有其他公共社会保护计划的同类福利。

*注意：本款经 2020 年 5 月 29 日颁布的规定了最低生活收入标准的第 20/2020 号皇家法令最终条款第 4 条第 5 款修订。

2. 符合下列情形的，子女或未成年人本人为受益人：

a. 未满十八周岁且残疾程度大于等于 33% 或满十八周岁但残疾程度大于等于 65% 的父母双亡的孤儿。

b. 符合第 351 条 a 项规定的，不属于长期寄养或收养范围的被父母遗弃的非孤儿。

c. 因未制定任何使十八周岁以上的残疾子女具有社会保障津贴受益人的支持措施，该子女享有其父母对应享有的福利。

*注意：第 2 款 c 项经 2023 年 3 月 16 日颁布的第 2/2023 号皇家法令《扩大年金领取者权利并缩小性别差距以及建立可持续公共年金制度新框架的紧急措施法令》独立条款第 29 款重新制定。

第三百五十三条　补贴金额

1. 根据每年的《国家总预算法》确定第 351 条 a 项所述年度补贴金额。

2. 除一般补贴外，每年的《国家总预算法》为满十八周岁但残疾程度大于等于 75% 的受抚养子女提供特别补贴。由于其身体结构或功能缺失，需要他人照料以实现穿衣、身体移动、进食等最基本的生活行为。

*注意：本条经 2020 年 5 月 29 日颁布的规定了最低生活收入标准的第 20/2020 号皇家法令最终条款第 4 条第 5 款修订。

第三百五十四条　伤残程度以及需要他人照料的判定

为承认对受扶养子女或未成年人的津贴，应根据皇家法令通过的标准，对前条第 2 款所述残疾程度、自理情形和他人照料需要进行判定。

*注意：本条经 2020 年 9 月 29 日颁布的第 30/2020 号皇家法令《保护就业社会措施法令》最终条款第 3 条第 1 款修订。

第三百五十五条　家庭情况变更的申报和效力

1. 所有受益人都有义务申报对其权利的取得、变更和消灭有影响的家庭变更情况。

在任何情况下，都无须提供纪录社会保障局应当直接知晓的事实或情况的文件资料，例如年金和津贴的数额。

*注意：本款经 2020 年 9 月 29 日颁布的关于保护就业的社会措施的第 30/2020 号皇家法令最终条款第 3 条第 4 款修订。

2. 上述情况发生变更时，即生效：

a. 权利于提交申请之日起的下一季度的第一个自然日产生。

b. 权利于发生变更后的自然季度内的最后一个自然日消灭。

第三百五十六条　取得和给付

1. 受抚养子女和未成年人的经济补贴应根据受益人在每个财政年度内有权领取的月薪计算。

2. 受抚养子女和未成年人的经济补贴根据本法实施发展条例规定定期给付。

第三节　多子女家庭、单亲家庭和父母伤残家庭的生育或收养子女经济福利

*注意：经 2020 年 9 月 29 日颁布的第 30/2020 号皇家法令《保护就业社会措施法令》最终条款第 3 条第 5 款制定。

第三百五十七条　福利和受益人

1. 多子女家庭、单亲家庭或父母残疾程度大于等于 65% 的残疾家庭，有权按照本节规定的金额和条件享有因在西班牙出生或收养的子女的经济福利。

2. 应根据《多子女家庭保护法》认定多子女家庭。

单亲家庭指的是与生育或收养子女共同生活只与父亲或母亲同住，且该父亲或母亲是家庭的唯一经济支柱。

3. 该福利的受益人必须符合第 352 条第 1 款 a 项和 c 项规定的父亲、母亲或其他依法确定的抚养人（如适用），且其任何性质的年收入都不得超过每年《国家总预算法》规定的金额。

包括第二个子女在内，每增加一个受抚养子女，上述金额都增加 15%。

仅就确定限额而言，受抚养子女包括未满十八周岁或已满十八周岁但残

疾程度大于等于65%的子女，和长期寄养或收养的未成年人。

此外，根据2003年11月18日颁布的第40/2003号《多子女家庭保护法》的规定，年收入不超过每年《国家总预算法》规定金额的多子女家庭，即有三个受抚养子女的家庭，也享有上述福利，且包括第四个子女在内，每个受抚养子女的福利金额按上述法律规定增加。

在父母双方共同生活的情况下，双方的年收入总和超过上述规定限额的，不被视为受益人。

本节所述年收入限额应根据每年《国家总预算法》进行更新，至少与上一财年的规定金额相比，应与《国家总预算法》规定的社会保障缴费型年金的一般增长保持相同的增长比率。

* 注意：本条经2020年9月29日颁布的第30/2020号皇家法令《保护就业社会措施法令》最终条款第3条第6款修订。

第三百五十八条　福利金额

1. 本节规定的生育或收养子女福利包括一次性给付1000欧元。

2. 无论何种性质的年收入，超过第357条第3款规定的限额但低于福利金额与上述限额总和的，其福利金额为年收入与上述总和结果间的差额。

若上述差额低于《国家总预算法》规定的金额，则不予确认该福利。

* 注意：本款经2020年9月29日颁布的第30/2020号皇家法令《保护就业社会措施法令》最终条款第3条第7款修订。

第四节　多胞胎或多收养福利

第三百五十九条　受益人

多胞胎多收养经济福利的受益人应是符合第352条第1款a、b、c项规定的父亲、母亲或其他依法确定的抚养人。

多胞胎多收养指的是生育或收养子女在两个及两个以上。

* 注意：本款经2020年9月29日颁布的第30/2020号皇家法令《保护就业社会措施法令》最终条款第3条第8款修订。

第三百六十条　福利金额

多胞胎或多收养的经济补贴金额如下：

生育或收养子女数量	跨专业最低工资标准的倍数
2	4
3	8
4 个及以上	12

第五节　共同条款

第三百六十一条　不兼容性

1. 父母都符合享有福利所需必要条件的，只有一方有权领取。

2. 享有本章规定福利的父母不得享有其他公共社会保护计划的同类福利。

一方父母由于其所从事工作或作为年金受益者而被纳入社会保障公共计划的，可领取其在该计划下认可的年金。

3. 享有受抚养子女福利的不得再享有子女因伤残或退休享有的非缴费型福利。

＊注意：本款经 2020 年 9 月 29 日颁布的关于保护就业的社会措施的第 30/2020 号皇家法令最终条款第 3 条第 9 款修订。

第三百六十二条　重估

本章非缴费型福利的重估标准适用本法第 58 条的规定。

第二章

非缴费型年金

第一节　非缴费型伤残津贴

第三百六十三条　受益人

1. 符合下列条件的，有权享有非缴费型伤残津贴：

a. 年龄在十八周岁以上六十五周岁以下的。

b. 在西班牙境内合法居住五年以上，其中两年必须是在申请津贴之日之前。

c. 伤残或慢性疾病的影响程度大于等于65%。

d. 缺少足够的收入。年收入总和低于下条第1款所述年度福利数额的，视为缺乏收入或收入不足。

在前款所述的条件下，自身没有收入的申请人与其他人在同一经济单位共同生活时，只有当该经济单位成员的收入总和低于下述规定中资源积累限额的情况下，才被视为缺乏收入或收入不足。

受雇、自雇或参加针对四十五岁以上的长期失业工人的主动安置收入计划（RAI）的非缴费型伤残津贴受益人，在合同终止、停止工作活动或停止参与主动安置收入计划（RAI）时，视情况自动恢复享有非缴费型伤残津贴的权利。尽管有上述第5节的规定，但在计算其年收入时，不计入其在合同终止、停止工作活动或停止参与主动安置收入计划（RAI）的同一财年中因受雇、自雇或参与主动安置收入计划（RAI）所得收入。

2. 以经济单位计算的资源积累限额等于津贴数额加上津贴数额的70%乘以经济单位人数减一的结果。

3. 在同一经济单位内，申请人与一代血缘关系的长辈或后代共同生活时，资源积累限额为第2款规定限额的2.5倍。

4. 受益人与因婚姻或二代血缘关系与其他人员共同生活时，无论其他人员是否为受益人，均视为同一经济单位。

5. 根据前款规定，任何来自工作、资本和具有福利待遇性质的财产和酬金都属于可计算收入。

但是，第 249 条之四所述从事文艺活动所获得的收入只要不超过年度最低跨行业工资数额，则不予计入。超过此数额的部分则计入作为第 364 条第 2 款所述年收入。

当申请人或共同生活的经济单位成员具有动产或不动产时，应将其实际收入计入在内。如果没有实际收入，则根据个人所得税的法定规则进行估值（受益人的常住房屋除外）。受抚养子女的经济补贴也不列入计算范围之内。

＊注意：第 363 条第 5 款经 2023 年 1 月 10 日颁布的第 1/2023 号皇家法令《鼓励雇佣劳动力及改善艺术家社会保障的紧急措施法令》最后条款第 4 条第 12 款修订。

6. 个人可计算的和同一经济单位内共同生活的他人可计算的收入，在西班牙境内的合法居住，以及伤残程度和慢性病程度均决定津贴权利的取得和维持，以及津贴数额（如适用）。

第三百六十四条　津贴数额

1. 非缴费型伤残津贴数额应根据每年《国家总预算法》按年收入确定。

当同一经济单位内有多名受益人领取同性质津贴的，每项津贴的数额按下列规定确定：

a. 本款第 1 段所述金额加上该金额的 70%，乘以与经济单位中存在的受益人人数减一的相同倍数。

b. 每个受益人的津贴数额等于 a 项所得总和除以受益人总人数所得之商。

2. 只要受益人的年收入不超过非缴费型年金数额的 35%，受益人即可在获取年收入的同时领取前款规定的津贴。如若不然，超出该比例的收入将从该津贴中扣除，但第 366 条的规定除外。

3. 在受益人同时或受益人与非受益人共同生活时，如果经济单位的每年的收入与本条前两款所规定的非缴费型年金之和超过了前条第 2、3 款规定的资源累积限额，则每个受益人的津贴应减少相同数额，以达到上述限额要求。

4. 除了本条第 2、3 款规定，认可的年金数额应至少占第 1 款所述津贴的 25%。

5. 就前款规定而言，可计收入是指前条第 5 款规定的内容。

6. 符合前条第 1 款 a、b、d 项规定的，且伤残程度或慢性病程度大于等于 75% 的，并因身体结构或功能缺失需要他人照料以实现穿衣、移动、进食等最基本的生活行为的伤残人士有权获得本条第 1 款第 1 段所述津贴的 50% 的额外补助。

第三百六十五条　津贴的经济效力

非缴费型残疾津贴的领取自提交申请后的次月的第一日生效。

第三百六十六条　津贴的兼容性

非缴费型伤残津贴不妨碍伤残人士从事与其残疾状况相适应的、不代表其工作能力改变的、盈利或非盈利活动。

从事盈利活动前已经领取非缴费型伤残津贴的，在其盈利活动开始后的四年内，其盈利收入和领取津贴的年度总和不得超过西班牙收入指标（IPREM）的年度总和，不包括额外薪酬和任何时间内的有效非缴费型伤残津贴）。超出上述限额的，应减少津贴金额以符合规定限额的要求。但不得减少第 364 条第 6 款所述补助。

第三百六十七条　资格鉴定

1. 任何使人丧失或改变身体或精神或感官能力的、精神或身体方面的、先天或后天的永久性缺陷，都构成残疾。承认非缴费型伤残津贴需通过应用政府批准的等级来确定所遭受的残疾或慢性疾病的程度，其中将评估身体、精神或感官方面以及补充的社会因素。

2. 同样，第 364 条第 6 款所述自理能力和护理需要也以政府通过的标准进行确定。

3. 受益人年满六十五周岁后，伤残津贴改称为退休养老金。其名称变化并不影响受益人获得福利的条件。

第三百六十八条　受益人的义务

非缴费型伤残津贴的领取人有义务向提供津贴的机构声明其在共同生活状况、婚姻状况和居住地的变化以及可能影响津贴领取和津贴数额的任何其他变化。

在任何情况下，受益人都必须在每年的第一季度提交其相应经济单位于上一年度的收入声明。

第二节　非缴费型退休养老金

第三百六十九条　受益人

1. 年满六十五周岁、收入未超过第 363 条规定限额且在西班牙境内合法居住的老年人，其自十六周岁到领取退休养老金年龄之间已在西班牙居住十年，并且在申请养老金前已连续在西班牙居住两年，可有权享有非缴费型退休养老金。

2. 个人可计算的和同一经济单位内共同生活的他人可计算的收入，以及在西班牙境内的合法居住决定了退休养老金的取得、维持和数额。

第三百七十条　退休养老金金额

非缴费型退休养老金金额的确定适用第 364 条伤残津贴的规定。

第三百七十一条　权利取得的经济效力

自提交申请后的次月的第一日即可领取非缴费型退休养老金。

第三百七十二条　受益人的义务

非缴费型退休养老金的领取人有义务遵守第 368 条有关非缴费型伤残津贴的规定。

第三章

非缴费型福利的共同条款

第三百七十三条　管理

1. 由下列经办机构负责非缴费型福利的管理：

a. 国家社会保障局，下文 b 项规定的除外。

b. 社会养老服务机构，负责非缴费型伤残津贴和非缴费型退休养老金。

2. 在不妨碍前款 b 项规定的前提下，上述机构可视情况将非缴费型伤残津贴和非缴费型退休养老金的管理移交给各自治大区的法定主管部门。

3. 政府可以与社会养老服务局的服务尚未转移到的自治大区签署必要的协定，以便其管理社会保障非缴费型年金。

4. 非缴费型伤残津贴和非缴费型退休养老金应列入第 72 条规定的公共社会福利待遇登记处。

为此，上述非缴费型伤残津贴和非缴费型退休养老金的管理部门和机构有义务向国家社会保障局上报其依法给付福利的相关数据。

附加条款

第一条 适用于特别计划的规则

1. 第 146 条第 4 款、第 151 条、第 152 条、第 153 条、第 161 条第 4 款、第二篇第六、七、八、九、十章的规定、第 194 条第 2 款和第 3 款、第 195 条第 2 款除外、第 197 条、第 200 条、第 205 条、第 206 条和第 206 条之二、第 207 条、第 208 条、第 209 条、第 210 条、第 213 条、第 214 条、第 215 条、第 219 条、第 220 条、第 221 条、第 222 条、第 223 条、第 224 条、第 225 条、第 226 条第 4 款和第 5 款、第 227 条第 1 款第 2 段、第 229 条、第 231 条、第 232 条、第 233 条、第 234 条和第二篇第十五章和第十七章，均适用于煤矿工人社会保障特别计划。

*注意：本款经 2021 年 12 月 28 日颁布的第 21/2021 号《保证年金购买力及加强公共年金制度社会财政可持续性的其他措施法规》第 1 条第 5 款修订。

2. 在不妨碍 2015 年 10 月 21 日颁布的有关海洋捕捞业工人社会保护规定的第 47/2015 号法律规定的情形下，特别是该法律第一篇第四章的保护措施的情况下，本法的下列规定应适用于海员社会保障特别计划：

a. 受雇人员适用第 146 条第 4 款、第 151 条、第 152 条、第 153 条和第二篇第十五章和第十七章的规定。

b. 自雇人士适用第 306 条第 2 款、第 308 条、第 309 条、第 310 条、第 311 条和第二篇第十五章的规定。

*注意：第 2 款经 2022 年 7 月 26 日第 13/2022 号皇家法令第 1 条第 26 款修订，自 2023 年 1 月 1 日起生效。该法令规定了为自雇人士建立新的缴费制度并改善对其中断就业的保护措施。

3. 尽管有上述规定，第 210 条第 3 款第 2 段中规定的 0.50% 的削减系数，以及第 215 条第 2 款 a 项规定的年龄要求，和过渡条款第 10 条所述年龄阶梯表，不适用于 2015 年 10 月 21 日颁布的第 47/2015 号法律过渡条款第 1 条中所述劳动者的情形，该法律规范了对海洋捕捞业工人的社会保护措施。

4. 国家社会保障局应通过体检，对纳入社会保障体系的一般计划和任何特别计划的雇员行使第 170 条第 1、2 和 3 款以及第 174 条第 1 款规定的权力，包括纳入社会保障一般计划和特别计划的劳动者。

*注意：经 2023 年 3 月 16 日颁布的第 2/2023 号皇家法令《扩大年金领取者权利并缩小性别差距以及建立可持续公共年金制度新框架的紧急措施

法令》独立条款第 30 条修订。

第二条　移民劳动者的保护措施

1. 政府应采取必要的措施，使社会保障的保护范围扩大至因工作原因移居国外的西班牙人及其受抚养的亲属。

为此，政府应直接或通过主管政府间机构，以及通过批准国际劳工公约、加入多边协定和与接受国缔结条约和协定，提供一切必要条件保证移民在社会保障方面与接受国国民保持平等或同化。

在没有协议的情况下，或者由于任何原因上述协议未涵盖某些社会保障福利，政府应通过相应的规定，将其在该领域的保护措施延伸至移民及其居住在西班牙的家属。

2. 移民总局或在其干预下执行的操作中，移民出境或回程期间发生的符合法规确定条件的事故，应被视为工伤事故。为此，移民总局应与社会保障局签订相应的协议为该意外情况提供保护。根据本节规定，与事故相应的经济待遇与该事故可能产生的任何其他赔偿或福利待遇可同时领取。

同样的规定也适用于在出境或回程中直接引起的疾病。

第三条　将公务员和其他新聘人员纳入社会一般保障计划

1. 自 2011 年 1 月 1 日起，经 1987 年 4 月 30 日颁布的第 670/1987 号皇家立法法令批准的《国家年金法》修订本第 2 条第 1 款所列人员（除 i 项所列人员外），只要自该日起获得相关身份，仅就该法及其实施条例规定而言，应被强制纳入社会保障一般计划。

2. 在任何情况下，前段所指劳动者纳入社会保障一般计划的行为应尊重每个群体强制退休年龄的特性，并在适用情况下向主管医疗法庭作出丧失公务员能力的声明。

特别是在将非永久性军事人员纳入社会保障一般计划时，应考虑到在上述计划的保护措施中没有为同等人群考虑到的意外事故的特殊性。

此外，上述武装部队和国家安全部队的人员纳入社会保障一般计划时，应对《国家年金法》中规定的特别年金制度进行必要的调整。

3. 截至 2010 年 12 月 31 日被纳入年金制度职业覆盖范围的、自即日起不再继续在同一机构从业的人员，于该日起被纳入或重新纳入（无论采用何种准入制度）列入年金计划的另一机构时，应继续被纳入一般计划。

4. 国家年金制度的管理条例适用于《国家年金法》修订本第 2 条第 1 款 i 项所述人员本人或其家属获得年金的权利。

第四条 在第二个职位或公共行政部门提供服务的情况

1984年12月26日颁布的第53/1984号《公共行政服务部门人事不可兼容法》授权的公共部门工作的兼容情形下，于第二个职位或公共行政部门活动中提供服务的人员，在超过于普通工作日制度下执行的任何兼容职位取得的福利，不得计入以领取社会保障制度下的年金。可按法定方式为此种情况缴纳社保费。

第五条 在欧盟行政部门工作的被保险人的社会保障计划

已被纳入社会保障体系覆盖范围的、进入欧洲联盟行政部门工作且选择行使由理事会于1968年2月29日颁布的第259/1968号条例（欧共体（CEE）、欧洲原子能共同体（EURATOM）、欧共体安全委员会（CECA）批准通过的《欧洲联盟官员条例》附件八第11条第2款规定的权利的被保险人，在没有提前在西班牙社保体系中注销的情况下，一经根据《欧洲联盟官员条例》规定被派遣至欧盟，即自动在上述社保体系中注销，且在缴纳该计划下的缴费义务即告终止。

在不影响前段规定的情况下，如果参保人在规定期限之前或之后签署了相应的特别协议，则可以继续受到西班牙社会保障体系的保护。但在任何情况下，退休养老金及死亡遗属抚恤金均不在受保护范围内。

尽管有上述各段规定，如果参保人在离开欧洲联盟行政当局后返回西班牙，作为雇员或自雇人士重新加入社会保障体系，行使上述《欧洲联盟官员条例》附件八11条第1款赋予的权利，一旦该参保人在社会保障基金管理总局缴纳相应的保险费，则可计入其在欧盟工作的时间使其有权在上述社保体系中领取退休养老金或死亡遗属抚恤金的缴费期。

第六条 培训、实习、合作或职业停留

1. 针对大学毕业生的补助，旨在为服务提供制度下开展工作所需的培训、实习、合作或职业逗留期间提供补贴。在任何情况下都必须遵守劳工法规、以培训合同形式缴纳社会保险费用。签署劳动合同的受益人受劳工法规约束，对普遍适用的情况进行改善的则应遵守派遣机构有效的集体谈判协议的约束。

2. 主管公共行政部门需执行具体计划，以消除与隐瞒工作职位的奖学金有关的劳动、税收和社会保障欺诈行为。

第七条 源自已经废除的地方政府公务员特别计划的公务员医疗制度

源自已废除的地方政府公务员特别计划下的公务员以及该计划下的工作

人员，如果在地方行政部门、机构或企业任职且享受国家医疗保险待遇，则其医疗保健覆盖范围在任何情况下都受适用于社会保障一般计划保护措施所覆盖的所有意外事件的法律和经济制度的约束。

第八条　生育和陪产的经济待遇管理

本法中规定的生育和陪产经济待遇的管理应直接和专门由相应的经办机构负责。

第九条　社会海洋局

1. 社会海洋局应继续履行和提供向其委托的与管理海员社会保障特别计划有关的职能和服务，但不得影响海员社会保障特别计划监管法律和有关该事项的其他现行法律所赋予的其他职能。

2. 根据第74条和第104条的规定，社会保障基金管理总局拥有社会海洋局的经济资源和资产所有权，也将承担社会海洋局的缴费义务。

代表社会海洋局净资产的账目应移交给至社会保障基金管理总局，以列入该公共服务部门的资产结算表。

第十条　向第三人提供的商品销售及服务收入

1. 由下列护理、福利待遇或服务获利的资金不得视为社会保障资源：

a. 1986年4月25日颁布的第14/1986号《卫生总法》第16条第3款和第83条所述收入，即来自国家卫生管理局向无权享受社会保障医疗保健的用户提供的医疗服务、强制私人保险以及不论是否投保有第三人义务支付的情况下的收入。

b. 医疗中心在符合由2015年7月24日颁布的第1/2015号皇家法令批准的《药品及医疗器械合理使用保障法规》修订本及其他卫生条例规定的情况下，销售非库存的医疗或非医疗产品、废料或副产品。

c. 提供非严格意义医疗保健性质的服务所得收入。

d. 为开展科研和教学活动，促进移植、献血或其他类似活动而签订的协议，资助或入围或无私捐赠所得收入。但部委预算专项资金不计入。

e. 一般而言，不构成社会保障福利待遇的因医疗保健护理或服务获得的所有其他收入。

2. 西班牙卫生社会服务及平等部需根据上述护理、福利待遇和服务的预估成本，制定其价格和收费制度。

3. 收入去向：

a. 前款所述收入总额用于拨付除工作人员薪酬以外的业务支出和卫生

机构的重置投资，以及实现相应的医疗和护理目标。

然而，科研活动的合同或合作协议产生的收入可全额计入用于拨付为实现科研活动所有目标的支出。如果全部或部分拨款影响到第一章规定时，科研人员在研究活动结束时不得因此而获得任何就业权利。

b. 此类资金的分配应遵守用于赠款或捐赠资金用途的规定。

c. 此类资源应由国家卫生管理局以国家行政总局的名义并代表国家行政总局上交国库。国库应按西班牙卫生社会服务及平等部（即卫生部）负责人批准的拨款金额，向社会保障基金管理总局于每个医疗中心开设的账户进行相应的转账。

第十一条　支出授权事项的权限

西班牙卫生社会服务及平等部在国家卫生管理局的管理方面行使与就业和社会保障部在支出授权事项上相应的权限。

反之，就社会养老服务局的管理而言，卫生社会服务及平等部（即卫生部）负责批准由国家预算的最终缴费资助的项目的开支。

第十二条　在另一国家参保并居住在西班牙的参保人的国家社会保障局移交给自治大区

每年，国家社会保障局应将上一财年获得的正数净余额转交给各自治大区，即以下两种缴费的差额：全国范围内居住在西班牙境内的其他国家的参保人家属的医疗保险费以及在另一国家参保并居住在西班牙的年金领取者及其家庭成员缴纳的统一社保费；为在西班牙参保并居住在另一国家境内的参保人家属以及在西班牙参保并居住在另一国家境内的年金领取者及其家庭成员向其他国家缴纳的金额。上述缴费均受国际法规保护。

根据前段获得的净余额在各自治大区之间的分配，应按照来自其他国家在各自治大区的参保居民人数和居住时间的比例进行，其医疗保险覆盖范围根据保险协会出具的在国家社会保障局正式登记的证明确定。

第十三条　特定集体裁员程序中订立专项协议的法律制度

1. 在《劳工法》修订案文第 51 条第 9 款所述的专项协议中，缴费应根据以下章节规定的条款，涵盖雇员自中断就业之日起，或在适用情况下因缴费型失业保险金用完而停止缴费义务之日起，直至雇员达到第 205 条第 1 款 a 项所述年龄之日。

2. 为此，上述期间的缴费金额应通过对雇员在最后六个月的工作中已缴纳的平均缴费基数适用专项协议条例中规定的费率来确定。从所得数额中扣除国家公共就业服务局应缴纳的与雇员有权获得失业保险金时期相对应的款项。当缴费用于缴纳退休养老保险时，需按照签署专项协议之日适用的基数和比率计算。

集体协议相应的缴费由雇主承担，直至雇员年满六十三岁为止，但因经济原因进行集体裁员的情形除外。在此情况下，该缴费义务应延长至雇员年满六十一岁。

上述缴费应在国家公共就业服务局征缴应缴费用后的一个月内向社会保障管理局一次性付清；或根据就业和社会保障部规定的条件，事先取得社会保障管理局的同意，通过共同担保或通过金融机构或保险协会担保代替雇主履行清缴未付金额义务的方式分期付清。

雇员达到六十三岁或六十一岁（视情况而定）后，专项协议的缴费则为强制性，并由其自行承担，而且应根据管理专项协议条例规定的条件缴纳，直到雇员达到第 205 条第 1 款 a 项所述年龄，或直至其符合领取提前退休养老金条件（视情况而定），但不得违反第 4 款的规定。

3. 如果雇员在雇主承担缴费期间死亡或获得永久性残疾津贴的，雇主有权在年度调整后并根据法律规定的条款，要求退还根据专项协议在雇员死亡或获得津贴后所缴纳的基本社会保险费（若适用）。

4. 如果在雇主承担缴费期间，雇员从事任何向社会保障体系缴费的经济活动，与所从事的活动对应的基本社保费，以其数额为限，应在第 2 款最后一段所述的雇员承担缴费义务期间，按照法律规定，用于支付专项协议下的费用。但如果雇员在领取退休养老金之日有结余，则不得影响雇主要求退还相关社保费的权利。

5. 第 3 款和第 4 款所述退还款项应按事由发生之日的法定利率计算利息，自事由发生之时起至建议支付之日止。

为此，退还款项的事由应是雇员的死亡日期或第 3 款规定的雇员领取永久性残疾津贴的日期，以及在第 4 款规定雇员领取退休养老金的日期。

6. 前款未尽事宜，本专项协议应受社会保障制度中有关特别协议的管理规则所约束。

第十四条　为非专业的受供养人提供的专项协议的法律制度

1. 自 2019 年 4 月 1 日起，根据 2007 年 5 月 11 日颁布的第 615/2007 号皇家法令的规定签署的专项协议，应完全按照该皇家法令的规定执行，该法令对受供养人的社会保障制定了规定。

2. 上述专项协议应自 2006 年 12 月 14 日颁布的第 39/2006 号《促进个人自主及照顾无生活自理能力者法规》第 18 条规定的经济待遇确定之日起生效，条件是在该日期后九十日内提出申请。一旦超过此期限，即从提出申请之日起生效。

3. 根据 2007 年 5 月 11 日颁布的第 615/2007 号皇家法令第 4 条的规定，每年确定的基本社会保险费和职业培训税，由社会养老服务局（IMSERSO）一起直接支付给社会保障基金管理总局。

4. 本条款的规定不影响 2007 年 5 月 11 日颁布的第 615/2007 号皇家法令的等级，该法令可通过同等等级的法规进行修正。

* 注意：本条款经 2019 年 3 月 1 日颁布的第 6/2019 号皇家法令《保障男女拥有平等就业待遇和机会的紧急措施法令》第 4 条修订。

第十五条　农业工人特别方案监督委员会

由社会保障局、就业和社会保障部和其他经济部委或负责农村地区、农业和畜牧业的部委代表，以及最能代表雇主和雇员的国家级雇主组织和工会组织组成的委员会，旨在确保适用于农业工人特别方案的缴费待遇可以鼓励稳定就业、延长合同期限、更大程度地签署长期季节性合同，以及避免不利于农业开发竞争力和就业成本的增加。

自 2017 年 1 月 1 日起，该委员会需分析实际缴费情况和资金来源划分一般的标准的遵守情况。

在修改一般缴费率的情况下，需审查第 18 条过渡性条款中规定的减少额，以实现上段所述的目标。

第十六条　农场持有者的配偶

本法第四篇第四章所述农场持有者的配偶是应理解为一经确认与农场持有者具有类似于夫妻关系的稳定情感关系的在社会保障制度并在隶属该制度的计划的适用范围内的人员，也包括工业或商业业务或农业或海洋渔业持有者的法定同居伴侣。

第十七条　自雇人士社会保障特别计划的调整

根据 2011 年 8 月 1 日颁布的关于社会保障体系更新调整和现代化的规定第 27/2011 号法律附加条款第 9 条，为了使自雇人士的保护措施强度与受雇劳动者的保护强度趋于一致，自雇人士社会保障特别计划的平均缴费基数应与一般计划的平均缴费基数保持相似的增长水平。

上述特别计划中列入《国家总预算法》的缴费型待遇需在社会对话框

架内事先进行讨论。

根据《自雇职业法规》第 25 条第 3 款和第 27 条第 2 款 c 项的规定，可以为某些在本质上提高经济和创收能力方面有特殊困难的自雇人士群体，或者为日常收入暂时大幅削减的专业部门豁免、减少或退还社会保障缴费。

＊注意：本条经 2022 年 7 月 26 日第 13/2022 号皇家法令第 1 条第 27 款修订，自 2023 年 1 月 1 日起生效。该法令规定了为自雇人士建立新的缴费制度并改善对其中断就业的保护措施。

第十八条　加入同业公会

1. 在本法和 1970 年 8 月 20 日颁布第 2530/1970 号关于规范自雇人士社会保障特别计划法令规定的条件下，从事自雇职业活动且需要纳入同业公会而该公会尚未纳入自雇人士社会保障特别计划的人员，应视为在该计划的适用范围内，并且必须参加社会保险（若未参保），在任何情况下都需根据法律规定在上述计划中进行登记。

如果公会是在 1995 年 11 月 10 日至 1998 年 12 月 31 日之间开始经济活动的，在此之前未要求在上述特别计划下登记的，则必须在 1999 年第一季度申请登记，并从提出相应申请当月的第一日起生效。如果未在上述期限内提出申请，则应视开始工作的日期为 1999 年 1 月 1 日。延迟登记的效力需依法律规定。

尽管有前述规定，对于选择或已经选择加入相应同业公会确定的社会待遇互助协会的成员，可免除其在上述特别计划中登记的义务，但上述互助协会需属于 1995 年 11 月 10 日前根据 1985 年 12 月 4 日颁布的第 2615/1985 号皇家法令批准的《社会福利机构条例》第 1 条第 2 款所列互助会之一。如果享有权利的相关方未选择加入相应的互助协会，则此后无法行使上述选择权。

2. 1995 年 11 月 10 日之前开始经济活动的公会成员，如果同业公会在该日尚未确定列入上述《社会福利机构条例》第 1 条第 2 款的互助协会，并且在该日之前未被纳入这一特别计划的，则可免除前款第 1 段规定的登记义务。然而，公会成员享有一次在 1999 年期间自愿选择申请在上述特别计划中登记的机会，自提出申请当月的第一日起生效。

在 1995 年 11 月 10 日之前开始经济活动的并在该日已选择加入前段所述互助协会之一的公会成员，如果在完成 1995 年 11 月 8 日颁布的第 30/1995 号《私人保险管理监督法》过渡条款第 5 条第 3 款规定的预防性调整时决定不再继续留在该互助协会，则必须申请登记在该特别计划下。如果上述调整发生在1999年1月1日之前，相关人员在上述过渡条款的保护下仍具有选择权。

3. 在上述各款规定的情形下，无须事先向相关同业公会的上级代表机构提出请求即可将其纳入上述特别计划。

4. 自2021年3月1日起，如果获准作为自雇人士特别社会保障计划的替代型互助协会，则必须在登记或注销登记后当月结束前，以电子传输方式，向社会保障基金管理总局提供一份作为上述特别计划的替代方案被纳入其中的公会成员名单，明确说明每个自雇人士在该特别计划登记的日期和职业活动，以及在适用情况下，由于中断就业而在互助保险协会中取消登记的日期。

＊注意：经2020年12月30日颁布的第11/2020号《2021年国家总预算法》最终条款第38条增补。

第十九条　社会待遇互助协会作为自雇人士社会保障特别计划替代方案的保护范围

1. 根据附加条款第18条规定，社会待遇互助协会可以作为自雇人士社会保障特别计划中登记的替代方案，通过个人资本化制度和其所运作的保险技术，为同业公会成员在退休、永久性丧失劳动力、暂时性丧失劳动力、包括生育、陪产假和孕期保险以及因死亡导致丧偶和孤儿等情形下提供强制性的保障。

2. 互助协会作为上述特别计划的替代方案，以年金形式发放的福利，在发生前段所述任何意外情况时，必须达到不低于社会保障制度中规定的各类年金最低初始金额的60%，如果更高则为非缴费型社会保障年金规定的金额。如果这种待遇采取资本形式，则不得少于最低收入标准的资本化数额。

无论与替代型互助协会签订为第1款所述强制性保护范围内的何种保险，如果成员在替代性互助协会中缴纳的社保费相当于在该特别计划下一般应缴纳的最低缴费的80%，则也视为履行了为获取该待遇的缴费义务。

3. 互助协会成员向互助协会缴纳的作为上述特别计划替代型方案的款项和基本社保费，其目的是承保计划所涵盖的意外事件，在上述特别计划下于每个财年确定的普通意外险的最高缴费标准上可进行缩减。

第二十条　埃尔茨坦萨警察卫队（巴斯克地区自治警察卫队）退休年龄折减系数

1. 埃尔茨坦萨警察卫队成员或该队的工作人员获取退休养老金的年龄，需在第 205 条第 1 款 a 项规定的取得退休养老金的正常年龄的基础上，减少相当于其实际工作年限的 0.20。

适用前款规定的提前退休年龄在任何情况下都不允许参保人在低于六十岁的情况下获得退休养老金，如果在埃尔茨坦萨警察卫队或隶属该队的机构中工作且缴费等于或大于三十五年（不计入额外薪酬部分），则可在五十九岁获得退休养老金。

2. 根据前款规定，劳动者退休年龄折减的时间应计作有效缴费时间，其唯一目的是确定适用于计算退休养老金一般基数的比率。

前款规定的年龄折减和为缴费目的计算年龄折减的时间均适用于在退休之前一直处于登记状态的埃尔茨坦萨警察卫队成员。

同样，因适用本条第 1 款规定而达到退休年龄的人员，如果停止作为埃尔茨坦萨警察卫队成员工作，但因新工作仍然登记为成员，无论其因该工作活动被纳入何种社会保障计划，都应保持其取得相同待遇的权利。

3. 就本规定所指群体而言，雇主和雇员的普通意外险的缴费基数应适用额外的费率。此缴费率应根据在职群体和年金领取群体的情况进行调整。

4. 本附加条款所确立的制度应在联合配额委员会达成协议后实施，该协议规定由国家出资，每年出资额相当于因提前退休而损失的缴费和提前退休到正常退休期间增加的待遇所需的超额缴费，该待遇数额为国家行政局为年金制度中的国家安全部队和兵团成员提前退休而支付的金额。

第二十条之二　莫索斯警察卫队（加泰罗尼亚地方警察卫队）退休年龄折减系数

1. 加泰罗尼亚地方警察卫队成员获取退休养老金的年龄，需在第 205 条第 1 款 a 项规定的取得退休养老金的正常年龄的基础上，减少相当于其实际工作年限的 0.20。

适用前款规定的提前退休年龄在任何情况下都不允许参保人在低于六十岁的情况下获得退休养老金，如果在莫索斯警察卫队或隶属该队的机构中工作且缴费等于或大于三十五年（不计入额外薪酬部分），则可在五十九岁获得退休养老金。

2. 根据前款规定，劳动者退休年龄折减的时间应计作有效缴费时间，其唯一目的是确定适用于计算退休养老金一般基数的比率。

前款规定的年龄折减和为缴费目的计算年龄折减的时间均适用于在退休之前一直处于登记状态的莫索斯警察卫队成员。

同样，因适用本附加条款第 1 款规定而达到每种情况下退休年龄的人，如果停止作为莫索斯警察卫队成员工作，但因新工作仍然登记为成员，无论其因该工作活动被纳入何种社会保障计划，都应保持其取得相同待遇的权利。

3. 就本规定所指群体而言，雇主和雇员的普通意外险的缴费基数应适用额外的费率。

4. 本附加条款中规定的制度自本法生效之日起适用，随后几年，在加泰罗尼亚自治大区—国家双边委员会的框架内，对费率进行调整，并重新计算国家行政总局为加泰罗尼亚自治大区警察拨付的提前退休养老金费用。

＊注意：本条经 2022 年 12 月 28 日颁布的第 22/2021 号《2022 年国家总预算法》最终条款第 28 条第 4 款增补。更正 2022 年 5 月 26 日颁布的第 125 号《国家官方公告》错误。

第二十条之三　降低纳瓦拉省警察卫队成员退休年龄折减系数

1. 纳瓦拉省警察卫队成员获取退休养老金的年龄，需在第 205 条第 1 款 a 项规定的取得退休养老金的正常年龄的基础上，减少相当于其实际工作年限的 0.20。

适用前款规定的提前退休年龄在任何情况下都不允许参保人在低于六十岁的情况下获得退休养老金，如果在纳瓦拉省警察卫队工作且缴费等于或大于三十五年（不计入额外薪酬部分），则可在五十九岁获得退休养老金。

2. 根据前款规定，劳动者退休年龄折减的时间应计作有效缴费时间，其唯一目的是确定适用于计算退休养老金一般基数的比率。

前款规定的年龄折减和为缴费目的计算年龄折减的时间均适用于在退休之前一直处于登记状态的纳瓦拉省警察卫队成员。

同样，因适用本附加条款第 1 款规定而达到每种情况下退休年龄的人，如果停止作为纳瓦拉省警察卫队成员工作，但因新工作仍然登记为成员，无论其因该工作活动被纳入何种社会保障计划，都应保持其取得相同待遇的权利。

3. 就本规定所指群体而言，雇主和雇员的普通意外险的缴费基数应适用额外的费率。

4. 本附加条款所确立的制度应在国家—纳瓦拉协调委员会达成协议后实施，该协议规定由国家出资，每年出资额相当于因提前退休而损失的缴费和提前退休到正常退休期间增加的待遇所需的超额缴费。

＊注意：本调经 2022 年 12 月 28 日颁布的第 22/2021 号《2022 年国家总预算法》最终条款第 28 条第 4 款增补。

第二十一条 纳瓦拉公共经办机构蒙特皮奥基金（Montepíos）的缴费时间计算方法

1. 为了领取社会保障制度下的永久性丧失劳动力津贴、退休养老金、死亡和遗属抚恤金，无论参保人在何种社会保障计划下登记，只要缴费时间不与上述计划中的其他缴费时间重叠，参保人向纳瓦拉公共行政部门的任何蒙特皮奥基金缴费时间都应计入以确定每种情况下获得待遇权利所需的有效缴费时间，并在适用时依据缴费年限比率计算该待遇。在计算相应待遇的一般基数时，应考虑参保人在为该待遇缴费的时期领取的实际薪酬，根据社会保障一般计划中任何特定时间内的有效缴费规则来确定缴费基数。

尽管有前段规定，但在任何情况下取得其他蒙特皮奥基金待遇权利的同一缴费时间，都不得计入上述蒙特皮奥基金同一待遇的有效缴费年限。

2. 本条款的规定具有追溯力，在一方的要求下，可对以前由相应的社会保障经办机构处理的档案进行审查，但上述审查的经济效力仅从申请日次月的第一日开始生效。

3. 上述条款规定的计算应以纳瓦拉大区社会保障制度认可缴费时间的方式进行，并适用相关方面的规定，如 1993 年 12 月 30 日颁布的第 13/1993 号《纳瓦拉总预算法》和 2003 年 3 月 5 日颁布的第 10/2003 号关于纳瓦拉公共管理部门蒙特皮奥基金的公务员年金权利的过渡制度第 30 条。

本条款不适用于国家公务员社会保障特别计划、武装部队社会保障特别计划和司法行政人员社会保障特别计划。

第二十二条 社会保障体系年金适当性和充足性报告

自 2013 年 12 月 23 日颁布的第 23/2013 号《社会保障年金制度的可持续性系数和重估指数规范条例》批准以来，每隔五年，政府需向众议院提交一份研究报告，并在与工会和雇主组织进行社会对话的范围内，说明该法律中采取的措施对社会保障年金的充足性和适当性的影响。

第二十三条　特定地理区域的劳动者的特殊就业关系基本社会保险费及其他联合征收的保险项目缴费的减免

1. 国家公法监狱劳工及就业培训局或同类自治机构，以及在监狱机构劳动的罪犯有权享受联合征收保险项目中失业保险、职业培训税和工资保障基金的65%的免征政策。

同样，雇主为此类雇员缴纳的普通意外险应减免45%。当适用于特殊雇佣关系可能制定的或已经制定的免税政策时，应选择最有利的。

＊注意：本段经2020年12月30日颁布的第11/2020号《2021年国家总预算法》最终条款第38条第6款修订。

纳入2000年1月12日颁布的第5/2000号《未成年人刑事责任规范组织法》适用范围的未成年人特殊就业关系的各方，可享受前两段所述减免政策。

本条款规定的免征费用从国家公共就业服务局的相应预算项目中拨付，但与工资保障基金缴费有关的免征费用应从该机构的预算中拨付。

就业和社会保障部在《国家总预算法》规定的每个财政年度的最高和最低限额内，根据其特殊性确定该群体的缴费基数，但任何情况下均不得低于为非全日制合同规定的最低基数。

2. 除公共行政管理局和公共行业机构、组织和企业外，在休达和梅利利亚市从事农业、渔业和水产养殖业；工业（能源和水除外）；商业；旅游业；酒店及其他服务行业（除航运、建筑业、金融和保险活动以及房地产活动外）的雇主，为在上述城市境内的工作场所提供服务的雇员缴费时，有权在基本社会保险费中的普通意外险以及联合征收保险项目中的失业险、职业培训税和工资保障基金方面享受50%部分免征政策。

同样，纳入自雇人士社会保障特别计划的、在休达和梅利利亚市居住并从事前段所述领域的工作的自雇人士有权获得基本社会保险费中的普通意外险险费50%的减免。

在法定有效期的前三年内，上述段落规定的免征政策的实施和有效应用需逐步进行。第一年为43%，第二年为46%，第三年及其后为50%。

第二十四条　家庭雇员特别方案缴费中的适用福利

＊注意：本条经2022年9月6日颁布的关于改善家庭雇员社会保障和工作条件的第16/2022号皇家法令唯一废除条款所废除。

第二十五条　等同于司法判决为伤残程度大于或等于65%的情形

在不妨碍能够通过社会养老服务局或主管部门出具的证明来认定残疾程度等于或高于 65% 的情况下，本法适用于作为支持伤残程度等于或高于 65% 的伤残人士的法律行为能力的措施，通过司法决议任命为具有所有法律行为具有全权代表权的监护人。

*注意：经 2023 年 3 月 16 日颁布的第 2/2023 号皇家法令《扩大年金领取者权利并缩小性别差距以及建立可持续公共年金制度新框架的紧急措施法令》独立条款第 31 条修订。

第二十六条　家族企业主配偶

如果证明配偶一方在婚姻存续期间为家庭企业工作，但未在相应的社会保障机构计划下进行登记，审理分居、离婚或婚姻废除案件的法官应将该事实告知社会保障劳动监察局，以便后者采取适当行动。在适用的情况下，为认可的登记期所缴纳的非规定缴费应具有法律规定的所有效力，以享受社会保障待遇。上述缴费数额应由家庭企业承担，因而由其家庭企业主承担。

第二十七条　特殊失业津贴

1. 在申请之日符合下列情形之一的、本条款规定的特殊失业津贴的受益人可以是登记为求职者的失业人员：

a. 在本规定生效时，因本修订本第 274 条规定的失业补助领取完毕而终止。

b. 长期失业且已领完以下待遇：2015 年 10 月 30 日颁布的第 8/2015 号皇家法令批准的《社会保障总法修订本》第三章规定的失业保险金或失业补助金；2006 年 11 月 24 日颁布的第 1369/2006 号皇家法令规定的为有特殊经济需求和就业困难的失业人员提供的"主动安置收入计划"（RAI）相关的经济援助；或 2009 年 8 月 13 日颁布的第 10/2009 号皇家法令规定的"临时保护安置计划"（PRODI）；或 2011 年 2 月 11 日颁布的第 1/2011 号皇家法令规定的"用尽失业待遇的失业保护人员的职业再培训计划"（PREPARA），该法令涉及促进向稳定就业过渡和失业者专业再培训的紧急措施，以及此后延长上述计划的皇家法令。同样，需在 2018 年 5 月 1 日登记为求职者。如果雇员虽然在该日未登记为求职者，和由于受雇而中断登记，只要合同期限不超过九十日，亦被视为符合上述要求。

在 b 项情况下，同时要求最后一项权利用完之前，非自愿地停止了作为就业人员的工作。

就本款而言，如果在申请该待遇之前的十八个月中已经有三百六十日登记为求职者，则被视为长期失业者。

2. 在申请之日，必须满足以下要求：

a. 没有第三篇规定的缴费型或援助型失业保护的权利。

b. 未达到有资格领取退休养老金的年龄，无论是缴费型还是非缴费型。

c. 无任何性质收入，高于最低跨行业月工资标准的75%，不包括两笔额外薪酬的部分，并具有供养家庭的责任。对收入的衡量和家庭责任的认定应分别按照本法第275条第2、3和4款的规定进行。

d. 如果最后一项权利用尽，则非自愿终止所从事的最后一项工作。

3. 此前已获得2014年12月19日颁布的第16/2014号皇家法令中规定的"就业激活计划"的配套经济资助的人员，无资格享受特别失业补助。

在申请之日处于非全职受雇状态或就业合同被中止的人员也无资格享受特别失业补助。

4. 申请特别失业补助，必须附上证明符合申请条件的文件，即签署了2023年2月28日颁布的第3/2023号《就业法》第3条中所述就业承诺书。该权利的申请和产生应调整以满足以下具体要求：

a. 在第1款a项的情况下，雇员必须在用尽前待遇后的一个月等待期内持续登记为求职者，且未拒绝合适的工作机会或拒绝参加晋升、培训或职业再培训活动，除非有正当理由，并且必须证明在此期间开展了积极的求职行动。只要在随后的十五个工作日内提交申请，就可以在等待期结束后的次日开始享受特别失业补助。如果申请是在上述期限后提交的，则权利将从提出申请的次日产生，享受津贴的时间需减去本应按时按要求申请权利与实际提出申请日期之间的天数。

如果在申请之日，主动求职未得到公共就业服务局的认可，申请将被拒绝，但不影响有关方面重新提交申请的权利。在此类情况下，权利期限无须减去两次申请之间的时间差。

b. 在第1款b项情形下，雇员需证明在申请日期前的一个月内已经积极开展了求职活动，则在申请日期的次日有权利获得特别失业补助。

根据2023年2月28日颁布的第3/2023号《就业法》第3条的规定，特别失业补助申请人应向负责积极就业政策的公共就业服务局证明其在该机构登记为求职者，该机构应保留所提供的文件证据，以便日后进行审计和监督。

*注意：第4款经2023年2月28日颁布的第3/2023号《就业法》附

加条款第 4 条修订。

5. 一旦下达确认有权领取特别津贴的决议，受益人可以按照以下规定领取津贴：

 a. 津贴的最长期限为一百八十日，且不得领取超过一次以上。

 b. 津贴金额应等于有效西班牙收入指标（IPREM）的 80%。

 c. 国家公共就业服务局必须在应给付的次月内定期给付经济资助。

6. 本规定中没有明确规定的事项应适用第三篇的规定。

 *注意：第 7 款 2018 年 12 月 28 日颁布的用于重新评估公共年金以及社会、劳动和就业方面的其他紧急措施的第 28/2018 号皇家法令第 2 条 d 项唯一废止条款废除。

 *注意：本条经 2018 年 6 月 3 日颁布的第 6/2018 号《2018 年国家总预算法》最终条款第 40 条第 5 款引入。

第二十八条　自雇人士社会保障特别计划中所有意外事件的强制性覆盖范围例外情况

1. 具有补充公共体系的社会待遇合作体系，且经社会保障部授权合作管理暂时性丧失劳动力经济待遇并为上述意外事件提供保护，其覆盖范围至少相当于自雇人士社会保障特别计划所规定的范围下的、纳入自雇人士社会保障特别计划的合作社社员，在工伤事故和职业病、中断就业和职业培训等方面的保险不具有强制性。

2. 在 1981 年 12 月 29 日第 3325/1981 号皇家法令和 2004 年 3 月 12 日 TAS/820/2004 号指令的保护下登记于自雇人士社会保障特别计划的天主教会宗教生活协会成员，其暂时性丧失劳动力、工伤事故和职业病、中断就业和职业培训方面的保险将不予豁免。

 *注意：经 2022 年 7 月 26 日第 13/2022 号皇家法令第 1 条第 28 款修订，自 2023 年 1 月 1 日起生效。该法令规定了为自雇人士建立新的缴费制度并改善对其中断就业的保护措施

第二十九条　受经济危机影响者的特别协议

1. 能够证明在实施此类协议的条例生效之日，年龄在三十五至四十三岁之间，并且在 2008 年 10 月 2 日至 2018 年 7 月 1 日之间有至少三年的缴费空白期的人员，可与社会保障基金管理总局签署特别协议，在上述期间可恢复最多两年的缴费时间。

2. 上述缴费根据法律规定，仅用于计算永久性丧失劳动力津贴、退休

养老金和死亡及遗属抚恤金。

　　*注意：经 2018 年 12 月 28 日颁布的用于重新评估公共年金以及社会、劳动和就业方面的其他紧急措施的第 28/2018 号皇家法令最终条款第 2 条第 276 款修订。

第三十条　适用 2015 年 10 月 30 日颁布的第 8/2015 号皇家法令批准的《社会保险总法》修订本中新第 249 条之二

　　根据用于重新评估公共年金和其他社会、劳动和就业方面的紧急措施的皇家法令制定的本修订本第 151 条和第 249 条之二的规定，仅适用于合同期限等于或少于五日的短期合同，且工作开始时间为 2019 年 1 月 1 日或之后。

　　*注意：本款经 2018 年 12 月 28 日颁布的用于重新评估公共年金以及社会、劳动和就业方面的其他紧急措施的第 28/2018 号皇家法令最终条款第 2 条第 27 款修订。

第三十一条　在公司和雇员数据发生变更的情况下退还基本社会保险费

　　在法定期限之后要求更改或更正雇主和雇员以前提供的数据，并要求退还已缴纳的基本社会保险费，则只退还提出申请之日的前三个月的缴费。

　　*注意：经 2020 年 12 月 22 日颁布的第 35/2020 号皇家法令的最终条款第 3 条第 1 款增补，该法令规定了对旅游部门、酒店贸易和商业缴税事务的紧急支持措施。

第三十二条　根据《托莱多公约》中规定的来源分离原则，为社会保障保护性措施拨付资金

　　1. 为了按照《托莱多公约》的第一项建议有效实现资金来源的分离，并根据本法第 109 条第 1 款 a 项的规定，《国家总预算法》应规定每年从国家向社会保障预算划拨款项，以资助以下情况：特定计划和群体的社会保障待遇和社会保障缴费减免；在没有规定额外缴费的情况下，通过应用年龄折减系数确认提前退休待遇的费用；在确定一般基数和社会保障待遇金额时纳入的非缴费期的成本；法律规定的社会保障缴费的减扣；低于正常退休年龄的非自愿提前退休养老金的成本；以及受收入限制的缴费型待遇金额的增长额。

　　同样地，根据第 109 条第 2 款最后一段的规定，《国家总预算法》将每年确定由国家向社会保障机构划拨资金的待遇金额，其中包括缴费型生育保险待遇，为缩小性别差距的缴费型年金补助，家属年金和补贴，以及当死者因暴力侵害妇女而死亡时的孤儿津贴。

2. 为资助社会保障体系的缴费型待遇和非缴费型福利而从国家向社会保障预算划拨的任何款项必须事先向财政和公共职能部的报告，以便纳入《国家总预算法》。

*注意：经 2021 年 12 月 28 日颁布的第 21/2021 号《保证年金购买力及加强公共年金制度社会财政可持续性的其他措施法规》第 1 条第 16 款制定。

第三十三条　修改社会保障管理和公共服务省级机构的属地管辖权限

1. 满足根据公共服务机构的最高管理部门签发的决议所规定的条件，且必须在《国家官方公报》上公布后，社会保障管理和公共服务机构的省级部门以及其附属单位的权限可以延伸至与省外地域对应的程序和措施。

2. 在根据前款规定约定的属地管辖权限延伸的情况下，为异议、上诉之目的，该行政行为可被视为由未发生上述管辖权延伸的情况下负责该行为的属地机关或者单位作出。

*注意：经 2021 年 1 月 26 日颁布的第 2/2021 号皇家法令《加强巩固保护就业的社会措施法规》最终条款第 5 条第 6 项增补。

第三十四条　RED 系统授权人员资格

根据本法第 131 条的规定，被授权通过社会保障领域电子数据传输系统（RED 系统）行事之人有权以电子方式办理对应于履行缴费义务的责任主体的参保、延期缴清债务、延期缴费和退还不当社保费用有关的申请和其他手续。

本条款所述被授权方也可以通过 RED 系统，在事先征得参保人同意的情况下，向社会保障管理局提供在任何社会保障系统计划中登记的雇员或等同情况雇员的移动电话。此类准许必须明确包括授权使用移动电话作为可靠的员工身份识别手段，以接受社会保障局发送的通信和通知。

*注意：经 2021 年 1 月 26 日颁布的第 2/2021 号皇家法令《加强巩固保护就业的社会措施法规》最终条款第 5 条第 7 款增补。

第三十五条　国家社会保障局或社会海洋局与各自治大区和国家卫生管理局的协议

国家社会保障局或社会海洋局应在与各自治大区以及在适当情况下与国家卫生管理局签署的相应协议中，列入与本法第 71 条第 3 款规定的雇员医疗记录的电子访问以及与信息交换和访问监测相关的具体目标。

*注意：经 2021 年 1 月 26 日颁布的第 2/2021 号皇家法令《加强巩固

保护就业的社会措施法规》最终条款第 5 条第 8 款增补。

第三十六条　为缩小性别差距的缴费型年金补助拨付资金

为第 60 条所述缩小性别差距的缴费型年金补助拨付的资金，将通过国家向社会保障预算划付的方式进行。

＊注意：经 2021 年 2 月 2 日颁布的第 3/2021 号皇家法令第 1 条第 2 款规定增补，该法令规定了采取缩小性别差距以及社会保障和经济事务领域其他事项的措施。

第三十七条　缩小性别差距的缴费型年金补助的暂行范围

1. 就本法之目的，退休养老金的性别差距被定义为男性和女性每年缴纳的退休养老金平均数额之间的百分比差。

只要前一年造成的退休养老金性别差距大于 5%，第 60 条规定的为减少性别差距的缴费型年金补助权应予以保留。

2. 除第 60 条规定的性别差距补助外，在社会对话框架内，可临时制定其他有利于妇女的福利计算肯定性保护措施。

3. 为了保证为缩小养老金性别差距而采取的纠正措施的充分性，西班牙政府必须在社会对话的框架内每五年对其效果进行一次定期评估。

4. 一旦每年的养老金性别差距等于或低于 5%，政府在与社会伙伴协商后，向议会提交议案，可废除第 60 条规定以及上述方面采取的其他任何措施。

＊注意：经 2023 年 3 月 16 日颁布的第 2/2023 号皇家法令《扩大年金领取者权利并缩小性别差距以及建立可持续公共年金制度新框架的紧急措施法令》独立条款第 32 条修订。

第三十八条　音乐家生活费和差旅费及差旅补助

1. 受 1985 年 8 月 1 日颁布的第 1435/1985 号皇家法令规定的公开演出艺术家特殊雇佣关系约束的音乐家，在履行五日以下的合同前往演出时，根据本法第 147 条第 2 款 a 项和 b 项规定的条件，社会保障一般计划的缴费基数应计入其生活费以及从家到演出地点的旅行费用和差旅补助。

2. 如果在 2021 年 10 月 11 日颁布的第 14/2021 号法律生效之前（该法律修订了 2020 年 5 月 5 日颁布的第 17/2020 号批准了支持文化部门解决新冠肺炎的经济和社会影响的税收措施的皇家法令），已就社会保障缴费的批准程序和结算做出最终司法判决，自《社会劳动保障监察文书》签发之日起不超过五年，则免除该债务。

＊注意：经 2020 年 5 月 5 日颁布的第 17/2020 号皇家法令的最终条款第 12 条增补，该法令批准了支持文化部门和解决新冠肺炎的经济和社会影响的税收措施，并由 2021 年 10 月 11 日颁布的第 14/2021 号法律第 11 条 11 款制定。

＊注意：本条第 2 款经 2022 年 11 月 25 日颁布的关于承认妇女在获得不完全退休金方面的有效社会服务时间的第 24/2022 号法律最终条款第 1 条增补。

第三十九条　监测年金重估并保证维持年金购买力

为了保持年金的购买力并保证年金领取者的经济充足，政府和最具代表性的雇主和工会组织在社会对话的框架内，每五年对年度重估效果进行一次定期评估，评估结果需向托莱多公约协定监督和评估委员会报告。如果发现有任何偏差，在该评估中需列入保持年金购买力的建议措施。

＊注意：经 2021 年 12 月 28 日颁布的第 21/2021 号《保证年金购买力及加强公共年金制度社会财政可持续性的其他措施法规》第 1 条第 17 款制定。

第四十条　法定家庭伴侣的丧偶抚恤金的特殊情况

在特殊情况下，如果法定家庭伴侣的一方在本条款生效前死亡，并符合以下情况，则应自本条款生效后承认其享有领取丧偶抚恤金的权利：

a. 死者死亡时，符合《社会保障总法》修订本第 219 条所述的登记和缴费要求，则无权获得丧偶抚恤金。

b. 受益人可以根据第 221 条第 2 款规定的条件，在死者去世时证明存在家庭伴侣关系。

c. 受益人无权享受缴费型社会保障待遇。

d. 为了获得本条款规定的抚恤金，必须在该条款生效后的十二个月内提交相应的申请，不得延期。符合本条款的所有要求的，则从申请后次月的第一日开始发放认可的年金。

＊注意：经 2021 年 12 月 28 日颁布的第 21/2021 号《保证年金购买力及加强公共年金制度社会财政可持续性的其他措施法规》第 1 条第 18 款制定。

第四十一条　《劳工法》修订本第 47 条之二规定的受"就业灵活性和稳定性 RED 机制"影响的雇员的社会保护措施

1. 根据《劳工法》修订本第 47 条之二的规定，经内阁同意启动"就业灵活性和稳定性 RED 机制"，在划定范围的公司获得劳动主管部门应用该机制的授权后，即可缩短雇员的普通工作时长或暂停其就业合同，并且根据本条款规定的条件享受本条款规定的待遇。

当雇员的雇佣合同被暂时中止或其普通工作时长暂时缩短时，只要其在工资方面同样有减少，就可以享受此类 RED 机制的待遇，而无须证明其满足社会保险的最低缴费年限。

属于社会保障一般计划或者提供失业保护的特殊方案的工人合作社和工人自有的公司的工人成员也可享有此种待遇。

在任何情况下，在授权应用"就业灵活性和稳定性 RED 机制"的企业开始劳资或企业关系的日期都必须早于内阁宣布启动该机制的协议日期。

2006 年 11 月 24 日颁布的第 1369/2006 号皇家法令规定的失业保险金或失业补助、中断就业津贴和主动就业收入待遇不可与此项待遇同时领取。

同样也不可与其他社会保障经济待遇同时领取，除非此类待遇与适用"就业灵活性和稳定性 RED 机制"的工作相兼容。

雇员不得同时从两个或两个以上的"就业灵活性和稳定性 RED 机制"领取待遇。

2. 该待遇的申请和确认程序应根据社会劳动经济部部长的指令，按照以下规则制定：

a. 公司必须代表雇员使用在国家公共就业服务局的网站或电子政务网络上的既定表格提出申请。

该申请应包括所有可能受 RED 机制应用影响的雇员的、确认该权利必要的详细资料。在任何情况下，应说明劳动局批准的措施的性质，批准内容为缩短正常工作时长的，应说明批准缩短时间的最大百分比。

b. 提交该申请的期限为一个月，从劳动主管部门通知批准适用"就业灵活性和稳定性 RED 机制"的决议之日起或从行政沉默证明发放之日起计算。

逾期提交的，权利则在申请当日产生。在此情况下，公司必须向雇员支付其本应从 RED 机制领取的待遇金额，从缩短正常工作时长或暂停合同的第一日计起。

c. 获取该待遇需要雇员在公共就业服务主管机构登记。

3. 待遇的计算基数等于适用该机制的公司工伤事故和职业病缴费基数的平均值，不包括对雇员适用该措施之日前的一百八十日内的加班费。

如果不能证明在该公司已经开展了为期一百八十日的有偿工作，则计算基数按照该公司认可的较低缴费时间对应的基数计算。

4. 在措施执行期间，根据前款得出的计算基数的 70% 为待遇数额。

但是，每月领取的最高金额为该权利产生时的有效月度西班牙收入指标（IPREM）的 225% 再增加六分之一。

雇佣关系是非全职的，前款所述最高数额应根据第 3 款所述期间的平均工作小时数计算的西班牙收入指标（IPREM）来确定。

5. 在暂停合同或缩短正常工作时长措施执行期间，公司需缴纳其承担的社保费，经办机构仅缴纳员工的部分并从员工领取的待遇金额中扣除。

6. 该待遇与全职工作或自雇职业不相容，但与其他兼职工作相兼容。在此类情况下，待遇数额不得减少与工作时间成比例的部分。

7. 待遇持续时间应最多延长到 RED 机制在公司的应用期结束。

8. 领取此待遇不需要消耗此前为其他类型保险缴纳的费用。

领取此待遇的时间不被视为领取未来的失业保护待遇。

就第 269 条第 1 款的规定而言，领取待遇的时间不计入职业缴费时间。然而，上述规定中提到的六年期应以雇员领取上述津贴的时间为基准进行追溯。

在减少正常工作时长的情况下，领取待遇的时间应为将临时参照期间未工作的小时数转换为完整工作日所产生的时间。

9. 当雇佣关系因适用本机制以外的原因而中止时，应暂停发放该待遇。

10. 员工因任何原因离职，其待遇则终止。此外，应根据《社会治安违法处罚法》修订本规定的条款实施处罚终止待遇。

11. 国家公共就业服务局有责任管理本条款规定的待遇所衍生的职能和服务，在不影响赋予主管部门处罚权力的情况下，宣布承认、暂停、终止和恢复此类待遇。

同样，经办主管机构也有责任申报并要求偿还雇员不正当领取的待遇以及偿还由雇主直接支付的待遇。

对于列入海员社会保障特别计划的雇员，本段所述权力归于社会海洋研究局。

12. 超过为偿还不当领取的待遇或企业承担的待遇所规定的期限而未偿还的，社会保障基金管理总局应按照社会保险征收管理规则进行强制征缴，并根据本法规定的条件计收附加费和滞纳金。

13. 针对经办机构关于此项待遇的决议，雇员可以在决议通知后的三十个工作日内，根据2011年10月10日颁布的关于社会管辖权规范的第36/2011号法律第71条规定的条件事先提出申诉。

14. 本条款规定的待遇应从"就业灵活性和稳定性的RED基金"中拨付资金。

＊注意：本条经2021年1月26日颁布的第2/2021号皇家法令《加强巩固保护就业的社会措施法规》第3条第5款增补。

第四十二条 国家公共就业服务局和社会保障基金管理总局为简化行政手续采取的行动

为了减少企业行政负担，国家公共就业服务局和社会保障基金管理总局必须按规定建立一个单一程序，使得企业可以通过该程序告知上述两个机构受临时劳动力调整计划影响的员工的工作合同暂时中止期和正常工作时长暂时缩短期的开始和结束时间。

通过该程序，各企业必须能以有效促进上述两个机构的全面能力发展的方式告知上述信息。

＊注意：本条经2021年12月28日颁布的第32/2021号皇家法令《制定劳动改革、保障就业稳定及劳动力市场转型的紧急措施法规》第3条第6款增补。

第四十三条 在职培训合同的社会保险缴费

1. 对于2015年10月23日颁布的第2/2015号皇家法令批准的《劳工法》修订本第11条第2款所述全职在职培训合同，雇主有义务根据以下条款为所有社会保障意外缴纳保险金：

a. 当根据相应的社会保障计划确定的普通意外险月缴费基数不超过该计划的最低月缴费基数时，雇主应每月缴纳《国家总预算法》为每个财年确定的基本社会保险费，其中普通意外险由雇主和雇员承担缴纳，而职业意外险则由雇主单独承担。同样还需完全由雇主负责支付与工资保障基金相应的保险费用，以及由雇主和雇员承担的失业保险金和职业培训税，其数额由当年的《国家总预算法》确定。

b. 当根据相应的社会保障计划确定的普通意外险月缴费基数超过该计划的最低月缴费基数时，应缴纳的基本社会保险费数额是前款所述社保费和在超过上述最低基数的缴费基数的基础上适用相应的费率得出的社保费两者相加之和。

2. 待遇的缴费基数应是社会保障一般计划的最低月缴费基数，除非前款第二项所述缴费基数金额更高，在这种情况下应适用后者。

3. 本条款中为全职在职培训合同规定的缴费规定适用于非全职在职培训合同。

4. 本条款生效时为培训和学徒合同规定的社会保障缴费中的福利适用于在职培训合同。

＊注意：经2021年12月28日颁布的第32/2021号皇家法令《制定劳动改革、保障就业稳定及劳动力市场转型的紧急措施法规》第3条第7款增补。

第四十四条 适用于临时劳动力调整计划和RED机制的社会保障缴费福利

1. 在适用《劳工法》修订本第47条和第47条之二所述临时劳动力调整计划期间，只要满足本条所述条件和要求，企业即可自愿适用第153条之二所述雇主为普通意外险和联合征收保险项目所缴纳的社会保险费的减免政策，具体如下：

a. 根据《劳工法》修订本第47条第1款和第2款所述由于经济、技术、组织或生产方面的原因，对临时劳动力调整计划减免20%。

b. 根据《劳工法》修订本第47条第5款所述由于暂时性不可抗力原因，对临时劳动力调整计划减免90%。

c. 根据《劳工法》修订本第47条第6款所述由于公司正常活动中的障碍或限制而造成的暂时性不可抗力，对临时劳动力调整计划减免90%。

d. 根据《劳工法》修订本第47条之二a项所述以其周期性模式适用"就业灵活性和稳定性RED机制"，适用以下规则：

（1）从内阁同意启动之日开始计起至第四个月的最后一日，对临时劳动力调整计划减免60%。

（2）在上段第（1）号法条所述期间结束后的四个月内减免30%。

（3）在上段第（2）号法条所述期间结束后的四个月内减免20%。

e. 根据《劳工法》修订本第47条之二第1款b项所述以行业模式适用"就业灵活性和稳定性RED机制"，对临时劳动力调整计划免除40%。

本款a、d和e项中规定的减免政策仅适用于企业开展《劳工法》修订本附加条款第25条所述培训行动的情形。

本条规定的减免政策适用于在受影响工作单位的缴费账户代码中登记

的、受合同中止或正常工作时长缩短影响的雇员。

内阁考虑到总体宏观经济形势或某些行业的情况，可以推动必要的法律修订，以修改本条规定的社会保障缴费减免比例，并在《劳工法》第47条之二第1款所述临时劳动力调整计划的情况下，在雇员合同中止或正常工作时长缩短时期之后，对重新工作的雇员应缴款项确定适用的减免额。

2. 本附加条款所述的缴费减免对雇员无任何影响，且上述减免期应被视为所有保险的有效缴费期。

3. 上述减免政策不适用于第20条第1款和第3款的规定。

4. 本附加条款中规定的减免政策，由国家出资，从社会保障、社会保障互助合作保险协会、国家公共就业服务局和工资保障基金的预算中按各自对应的减免额度拨付。

5. 提前告知雇员身份和暂停合同或减少日工作时长的期限并提交每个缴费账户代码的责任声明后（责任声明需注明隶属于受影响的工作单位的雇员在该账户中登记和应计月份），由社会保障基金管理总局应企业要求实施上述缴费减免政策。上述声明应说明临时劳动力调整计划的存在及有效性的持续，以及是否符合适用上述减免政策的要求。在适用的情况下，该声明还应说明已获得劳工当局明确发布的或以行政沉默方式发布的相应决议。

为了适用减免权，责任声明必须在要求清算与上述声明涉及的有效应计缴费期对应的基本社保费金额之前提交。

6. 第1条a、d和e项所指情形下，在告知雇员身份以及暂停合同或缩短正常工作时长期限的同时，还必须就企业承诺开展本规定所指的培训行动作出责任声明。

为了适用减免权，该责任声明必须在申请清算上述声明涉及的首批基本社保费的有效应计缴费时间对应的社保费之前提交。如果责任声明晚于最后一次在监管期限内申请清算基本社保费，则上述豁免只适用于随后提交的社保费清算，不适用于已经结算的时期。

7. 前款所述责任声明和通知，必须通过2013年3月26日颁布的第ESS/484/2013号命令规定的社会保障领域电子数据传输系统（RED系统），通过社会保障基金管理总局规定的数据传输方式进行。

8. 社会保障基金管理总局必须根据第1款a项和e项的规定，将企业申请享有减免社保费的雇员名单告知国家公共就业服务局。

国家公共就业服务局则应根据《劳工法》修订本附加条款第25条和本

条所有要求，核查本规定所述培训活动的执行情况。

如果国家公共就业服务局的核查结果为本条所述培训行动没有得到执行，社会保障基金管理总局需向社会保障劳动监察局通报这一情况，以便后者可以就未执行上述活动的每个雇员，启动相应的制裁和缴费结算程序。

如果企业证明已经向雇员提供了培训活动，但雇员未参加，则企业无义务退还第 1 款 a 项和 e 项所述减免额。

9. 受益于第 1 款 a 项、d 项和 e 项所述豁免权的企业，如果未履行上述条款中提到的培训义务，在社会保障劳动监察局确定未履行该义务和其应退还的金额后，应根据社会保障征收条例的规定为每个未履行培训义务的雇员缴纳其被减免的社保费金额，以及相应的附加费和滞纳金。

10. 本条规定的缴费减免政策需以受影响的雇员在临时劳动力调整计划有效期结束后的六个月内维持就业为条件。

未遵守该义务的企业必须根据社会保障征收条例的规定，在核实未遵守这一义务后，由社会保障劳动监察局确定应退还的金额，偿还与未满足这一要求的雇员有关的缴费减免金额，以及相应的附加费和滞纳金。

当劳动合同因雇员违纪被解雇、辞职、死亡、退休、完全永久性丧失劳动力、绝对伤残或严重残疾而终止时，则不被视为违反这上述义务。若非解雇而是合同中断以及签署长期季节性合同的人员在结束临时召唤工作时也不被视为违反这上述义务。

特别是在短期合同的情况下，当按照《劳工法》第 15 条的规定正式签订合同并因事由终止时，或者当合同签订的劳动活动不能立即开展时，不视为违反此要求。

＊注意：该条款经 2023 年 1 月 10 日颁布的第 1/2023 号皇家法令《鼓励雇佣劳动力及改善艺术家社会保障的紧急措施法令》最终条款第 4 条修订。

第四十五条　社会保障劳动监察局的行动

1. 社会保障劳动监察局在行使其权力时，负责监督社会保障缴费减免相关规定和义务的遵守情况。

为此，社会保障劳动监察局应对基本社会保险费缴费减免的正确执行情况采取控制，可以对违法情形其进行处罚和缴费结算。

社会保障劳动监察局应对企业提供的数据或责任声明或用于计算相应基本社保费结算的任何其他信息及其真实准确性或是否具有遗漏进行特别监

管，还需对在企业告知雇员暂停雇佣关系或缩短正常工作时长并且已适用减免缴费规定后，是否开展不当的工作活动进行监管。

2. 在不妨碍社会保障劳动监察局在监督社会保障法规遵守情况方面行使权力的情况下（包括正确适用附加条款第 47 条所述减免政策），社会保障基金管理总局应在管理和监督基本社保费和其他社会保障资金征收和缴费的框架内，履行监督雇主在缴费和缴费减免或其他适用于上述缴费惠益政策方面的职能。

＊注意：经 2021 年 12 月 28 日颁布的第 32/2021 号皇家法令《制定劳动改革、保障就业稳定及劳动力市场转型的紧急措施法规》第 3 条第 9 款制定。

＊注意：本条第 2 款经 2022 年 6 月 30 日第 12/2022 号法律最终条款第 4 条第 3 款增补，该法令制定了关于促进就业年金计划的规定，并对 2002 年 11 月 29 日颁布的第 1/2002 号皇家立法法令批准的《年金计划及基金管理法》修订本进行修订。

第四十六条　对因不可抗力而进入临时劳动力调整计划的雇员的社会保护

受到根据《劳工法》第 47 条第 5 款和第 6 款授权的临时劳动力调整计划影响的雇员，在与上述计划相关的缴费型失业待遇范围内享受以下政策：

a. 在整个措施执行期间，待遇金额等于其一般基数的 70%。同时适用第 270 条第 3 款规定的最高和最低标准。

b. 取得此待遇无须使用此前缴纳任何保险费。

c. 参保人有权获得缴费型失业保险金，即便未达到所需的最低有效缴费年限。

＊注意：本条经 2022 年 2 月 22 日颁布的第 2/2022 号皇家法令最终条款第 1 条增补，该法令规定了采取紧急措施以保护自雇人士向保护就业结构机制过渡并促进拉帕尔马岛的社会经济复苏，以及延长应对社会经济脆弱的特定措施。

第四十七条　就业计划下企业基本社会保险费的减免

1. 对于在就业计划模式下和《年金计划及基金管理法》修订本框架内雇主按月支付给年金计划的缴费，以及在未纳入社会保障的互助保险协会事项上具有专属权限的自治区立法所确立的社会福利就业模式工具下的企业缴费，企业有权享受基本社会保险费的减免以应对普通意外情况，以专门应对雇主向下段条款规定的年金计划缴费直接导致的社保费增长。

可 100%减免的最大缴费数额是社会保障一般计划第 8 组适用于普通意外险的最低日缴费基数采用此类普通意外险的一般费率得出的数额再乘以 13 的结果。

2. 社会保障基金管理总局应根据企业要求，提前告知雇员身份、结算期限和雇主实际缴纳的保险数额，实施缴费减免。

为了社保费减免的实施，应根据第 147 条第 3 款的规定在申请结算相应缴费之前提交上述通知。

上述通知必须通过 2013 年 3 月 26 日颁布的第 ESS/484/2013 号命令规定的社会保障领域电子数据传输系统（RED 系统），以社会保障基金管理总局规定的数据传输方式进行。

3. 为了获得缴费减免，公司必须根据第 20 条规定的条款及时缴纳基本社会保险费，但第 1 款中规定的情况除外。

*注意：本条经 2022 年 6 月 30 日第 12/2022 号法律最终条款第 4 条第 4 款增补，该法令制定了关于促进就业年金计划的规定，并对 2002 年 11 月 29 日颁布的第 1/2002 号皇家立法法令批准的《年金计划及基金管理法》修订本进行修订。

第四十八条　《劳工法》修订案文第 47 条之二规定的"就业灵活性和稳定性 RED 机制周期性模式"影响的行业的自雇人士的可持续活动待遇

一、内阁协议根据《劳工法》修订文本第 47 条之二的规定以周期性模式启动 RED 机制，在受其影响的行业范围内开展劳动的自雇人士，有权享受本条规定的可持续活动待遇。

二、为了有权享受该项待遇需满足以下要求：

1. 对所有自雇人士的共同要求：

1.1 在劳动活动所属的特殊计划中登记。

1.2 及时缴纳税款和履行社会保障义务。

1.3 不以雇员或自雇身份在不受 RED 机制影响的其他行业中提供服务，或者以此身份但未采取《劳工法》修订本第 47 条之二规定的措施，本条第 4 款中关于不兼容性的规定除外。

1.4 未领取中断就业津贴或可持续活动待遇。

1.5 未达到享受缴费型退休养老金的正常年龄，除非自雇人士未满足退休养老金所需的有效缴费年限。

2. 对于自雇人士、作为资合企业合伙人的自雇人士、工人合作社社员或与有受薪雇员的公司联合开展职业活动的自雇人士，还要求：

2.1 劳动主管部门授权对公司雇员实施 RED 机制的决议。

2.2 采取 RED 机制措施影响公司 75% 有缴费义务的在册员工。

2.3 向税务机关提出申请的前两个财政季度的普通收入或销售额与上一年或前几年同期收入或销售额相比减少了 75%。

2.4 自雇人士在申请待遇之前的两个财政季度内，在所有经济、商业或职业活动中的月净收入未达到最低跨行业工资标准或此前的缴费基数（如果数额较低）。

2.5 企业必须履行因采取 RED 机制下保护措施而产生的劳动义务，并及时支付雇员工资。

3. 对于作为资合公司合伙人的自雇人士、工人合作社社员或与无受薪雇员的公司联合开展职业活动的自雇人士，还要求：

3.1 向税务机关提出申请的前两个财政季度的普通收入或销售额与上一年或前几年同期收入或销售额相比减少了 75%。

3.2 自雇人士在申请待遇之前的两个财政季度内，在所有经济或职业活动中的月净收入未达到最低跨行业工资标准或此前的缴费基数（如果数额较低）。

三、保护措施。

可持续性活动的保护体系包括以下待遇：

1. 相当于计算基数 50% 的经济待遇。

经济待遇的计算基数为适用于自雇人士的缴费基数折减表第 3 档中规定的基数。

2. 由待遇经办机构根据待遇计算基数向相应的计划缴纳自雇人士 50% 的社会保险费，其余 50% 由雇员承担支付。经办机构将连同此待遇一起向自雇人士拨付相应的基本社保费，由自雇人士自行全额缴纳社会保障费用。

四、不兼容性：

1. 此待遇不得与失业保险金、RED 机制待遇、中断就业津贴以及 2006 年 11 月 24 日颁布的第 1369/2006 号皇家法令规定的主动就业收入或其他任何不同于前述待遇的社会保障福利待遇同时领取，除非该待遇与工作相兼容。

2. 雇员不得同时从两个或两个以上的"就业灵活性和稳定性 RED 机

制"领取待遇。无论是自雇还是受雇，同时获得两项待遇的应选择最受益的。

3. 与其他受雇或自雇职业不相兼容。在自雇人士处于在多重社会保障计划下工作的情形下，只要权利产生前最后四个月的平均月薪与中断就业津贴之和的月平均数低于权利产生时有效最低跨行业工资标准，则在引起可持续活动待遇的事由发生时，可同时领取该待遇和正在领取的受雇薪酬。

五、终止。

1. 在下列情况下，受保护权即得到消灭：

1.1 产生享有社会保障体系待遇的权利。

1.2 领取待遇的期限届满。

1.3 公司或自雇人士的收入增加超过规定限额。

1.4 如果雇员因任何原因在自雇人士社会保障特别计划下注销，待遇将被终止。同样，通过实施根据2000年8月4日颁布的第5/2000号皇家立法法令批准的《社会治安违法处罚法》修订本中规定的制裁而终止。

2. 除前款规定的情形外，因下列原因，雇佣受薪员工的自雇人士的待遇被终止：

2.1 未遵守采用RED机制时须履行的义务。

2.2 公司因适用附加条款第44条的规定而失去社会保险待遇。

六、时限。

1. 对于作为资合公司合伙人的自雇人士、工人合作社社员或与有受薪雇员的公司联合开展职业活动的自雇人士，待遇的领取时限为三个月，可按季度延长，但在任何情况下都不得超过一年（包括延长期）。

2. 作为资合公司合伙人的自雇人士、工人合作社社员或与无受薪雇员的公司联合开展职业活动的自雇人士，待遇的领取时限为申请中规定的期限，但不得超过六个月。在特殊情况下，可以批准延长三次，每次两个月，最多不超过六个月，因此，在任何情况下该项待遇的领取时限都不得超过一年。

七、中止。

在以下情况下，应暂停享受可持续活动保护制度的权利：

1. 根据《社会治安违法处罚法》修订本中规定的条款，对轻微或严重违法行为进行制裁的期间。

2. 在剥夺人身自由的刑罚期间。

应当事人要求，只要证明中止原因已结束且满足相关要求，就可以恢复领取待遇的权利。

只要在随后的十五日内提出申请，即自中止原因结束时起恢复该权利。

如果在上述期限后提交申请，则恢复领取待遇的权利应在申请后次月的第一日生效。

八、义务。

1. 领取此项待遇的自雇人士必须在同意解除 RED 机制中采取的措施时开始连续六个月从事同一工作。

2. 必须及时为公司员工缴纳社会保险费用。

3. 领取此待遇的且无雇佣员工的自雇人士必须在领取待遇权利结束时开始连续六个月从事同一工作。

九、获得此待遇并不意味使用了为中断就业保险缴纳的费用，也不视为对未来享有该保险的时限的消耗。

为满足第 330 条第 1 款 a 项规定的登记要求，领取该待遇的时间将被视为已登记，并且在领取待遇期间缴纳的费用计入承认后续权利的范围内。

十、自雇人士可持续性活动待遇和暂时性丧失劳动力津贴。

领取暂时性丧失劳动力津贴与自雇人士可持续活动待遇不可同时领取。领取暂时性丧失劳动力津贴的时间需从领取本待遇的时间中扣除。

十一、未成年人生育抚养津贴。

1. 如果领取本津贴事由发生在自雇人士处于生育、收养、以收养为目的的监护或寄养情形时，可以继续领取生育和抚养未成年人津贴直至领取期限届满，只要满足法律规定的要求，届时将开始领取本项津贴。

2. 受益人在领取本经济待遇期间，如处于生育、收养、以收养为目的的监护或寄养的情况，可转为领取未成年人生育抚养津贴。一旦未成年人生育抚养津贴领取期限届满，经办机构将依职权恢复发放自雇人士活动可持续性活动待遇，直至其有权享受的期限届满。

十二、经济不自主的自雇人士。

经济不自主的自雇人士只要不在其他公司提供服务，而且接受其服务的公司已经采用了《劳工法》修订本第 47 条之二的任何措施，即有权享受自雇人士可持续活动待遇。

在任何情况下，也要求向税务机关提出申请的前两个财政季度的普通收入或销售额与上一年或前几年同期收入或销售额相比减少了 50%，在同一时期内，在所有经济或职业活动中的月净收入未达到最低跨行业工资标准或此前的缴费基数（如果数额较低）。

十三、经办机构。

待遇经办机构为互助合作保险协会或社会海洋局。

十四、作为资合公司合伙人的自雇人士、工人合作社社员或与有受薪雇员的公司联合开展职业活动的自雇人士申请采取措施。

本款所述自雇人士有至少 75% 的公司在册员工按照《劳工法》修订本第 47 条之二规定的采用 RED 机制周期性模式，应向劳动部门申请将其纳入措施中以获得此待遇。

劳动监察局应根据《劳工法》修订案第 47 条之二出具报告以分析上述自雇人士的情况。

十五、申请待遇。

1. 作为资合公司合伙人的自雇人士、工人合作社社员或与有受薪雇员的公司联合开展职业活动的自雇人士，并且已经按照《劳工法》修订本第 47 条之二规定的申请采用 RED 机制周期性模式，有权在收到劳工局授权决议后的十五日内，向社会保障互助合作保险协会或社会海洋局申请此项待遇。经济效力自申请之日起产生。

如果在前款规定的期限之后提出申请，则经济效力从申请后次月的第一日开始产生。

申请必须附有劳工当局的决议，注明受影响的雇员或自雇人士和其减少正常工作时长或暂停劳动的时间，以及受影响的劳动力比例至少占公司员工总数的 75%。

提交申请后，互助保险协会或社会海洋局应从公司或公共行政部门收集必要的数据，以核实是否符合所有要求。

2. 作为资合公司合伙人的自雇人士、工人合作社社员或与无受薪雇员的公司联合开展职业活动的自雇人士，必须向互助保险协会或社会海洋局提出申请授权以便待遇经办机构核实是否符合所有要求。

待遇经办机构必须将确认待遇的决议转交至社会保障劳动监察局。

提交申请后，互助保险协会或社会海事海洋局应从公司、雇员或公共行政部门获取必要的数据，以核实是否符合所有要求。

申请的效力从申请次月的第一日开始生效。

3. 经济自主的自雇人士必须向互助保险协会或社会海洋局提出申请，

并附有劳工当局出具的注明受影响的雇员或经济不自主的自雇人士的决议。

同样必须出示记录了普通收入或销售额减少的会计凭证，以及增值税、个人所得税和其他可以证明月净收益和缴费账户中的相应款项的强制性文件的申报单。

提交申请后，互助合作保险协会或社会海洋局应要求公司或公共行政部门提供必要的数据，以核实是否符合所有要求。

申请的效力从申请次月的第一日开始生效。

十六、退还不当领取的待遇。

在不影响《社会治安违法处罚法》修订本第47条第3款规定的情况下，未遵守规范此待遇的规定的，需要根据《社会保障总法》第55条和经2004年6月11日第1415/2004号皇家法令批准的《社会保险征收总条例》第80条的规定，退还不当领取的待遇。

十七、侵权行为。

违法处罚事项适用本法及《社会治安违法处罚法》修订本的规定。

十八、主管管辖权和优先索赔。

社会治安管辖法院是处理经办机有关承认、暂停或终止待遇的决议以及发放该待遇的主管机构。参保人必须提前向社会治安管辖法院提出索赔。经办机构的决议必须明确指明提出索赔的可能性、向其提出索赔的机构以及提出索赔的期限。

十九、筹资。

从中断就业保险费中拨付此类中断就业保险待遇。

*注意：附加条款第48条经2022年7月26日第13/2022号皇家法令第1条第29款增补，自2023年1月1日起生效。该法令规定了为自雇人士建立新的缴费制度并改善对其中断就业的保护措施。

第四十九条　受《劳工法》修订文本第47条之二规定的"就业灵活性和稳定性 RED 机制行业模式"影响的特定行业自雇人士的可持续活动待遇

一、内阁协议根据《劳工法》修订文本第47条之二的规定以行业模式启动 RED 机制的、在受其影响的行业范围内开展劳动的自雇人士，有权享受本条规定的可持续活动待遇。

二、为了有权享受该项待遇，需要满足以下要求：

1. 对所有自雇人士的共同要求：

1.1 在劳动活动所属的特别计划下登记。

1.2 满足第 338 条所述中断就业保险的最低缴费年限。

1.3 及时缴纳税款并履行社会保障义务。

1.4 不以雇员或自雇身份在不受 RED 机制影响的其他行业中提供服务，或者以此身份但未采取《劳工法》修订本第 47 条之二规定的措施，本条第 4 款中关于不兼容性的规定除外。

1.5 未领取中断就业津贴或可持续活动待遇。

1.6 获得此待遇需要签署第 300 条所述的就业承诺书。

1.7 未达到享受缴费型退休养老金的正常年龄，除非自雇人士未满足退休养老金所需的有效缴费年限。

2. 对于作为资合公司合伙人的自雇人士、工人合作社社员或与有受薪雇员的公司联合开展职业活动的自雇人士，还要求：

2.1 劳动主管部门授权对公司雇员以行业模式实施 RED 机制的决议。

2.2 采取 RED 机制措施影响公司 75% 的在册员工。

2.3 向税务机关提出申请的前两个财政季度的普通收入或销售额与上一年或前几年同期收入或销售额相比减少了 75%。

2.4 自雇人士在申请待遇之前的两个财政季度内，在所有经济、商业或职业活动中的月净收入未达到最低跨行业工资标准或此前的缴费基数（如果数额较低）。

2.5 企业必须履行因采取 RED 机制下的保护措施而产生的劳动义务，并及时支付雇员工资。

2.6 向待遇经办机构提交投资项目和活动计划。

2.7 参加向劳动部门提交的资格复审计划。

3. 作为资合公司合伙人的自雇人士、工人合作社社员或与无受薪雇员的公司联合开展职业活动的自雇人士，还要求：

3.1 向税务机关提出申请的前两个财政季度的普通收入或销售额与上一年或前几年同期收入或销售额相比减少了 75%。

3.2 自雇人士在申请待遇之前的两个财政季度内，在所有经济或职业活动中的月净收入未达到最低跨行业工资标准或此前的缴费基数（如果数额较低）。

3.3 向待遇经办机构提交投资项目和活动计划。

3.4 参加向待遇经办机构提交的资格复审计划。

三、保护措施。劳动可持续性的保护体系包括以下待遇：

1. 一次性支付的经济待遇，计算时应考虑：

1.1 对于作为资合公司合伙人的自雇人士、工人合作社社员或与有受薪雇员的公司联合开展职业活动的自雇人士，经济待遇的数额为计算基数的 70%，并且与其采用 RED 机制的持续时间有关。在任何情况下，都不得超过第 338 条第 1 项规定的数额。

1.2 对于作为资合公司合伙人的自雇人士、工人合作社社员人或与无受薪雇员的公司联合开展职业活动的自雇人士，经济待遇的数额为计算基数的 70%并考虑根据第 338 条规定的缴费时间。

1.3 经济待遇的计算基数为内阁协议前连续十二个月的平均缴费基数。

2. 由待遇经办机构根据待遇计算基数向相应的计划缴纳自雇人士 50% 的社会保险费，其余 50%由雇员承担支付。经办机构将连同此待遇一起向自雇人士拨付相应的基本社保费金额，由自雇人士自行全额缴纳社会保险费。

四、不兼容性：

1. 此待遇不得与失业保险金、RED 机制待遇、中断就业津贴以及 2006 年 11 月 24 日颁布的第 1369/2006 号皇家法令规定的主动就业收入或其他任何不同于前述待遇的社会保障福利待遇同时领取，除非与工作相兼容。

2. 雇员不得同时从两个或两个以上的"就业灵活性和稳定性 RED 机制"领取待遇。无论是自雇还是受雇，同时获得两项待遇的应选择最受益的。

3. 与其他受雇或自雇职业不相兼容。在自雇人士处于在多重社会保障计划下工作的情形下，只要权利产生前最后四个月的平均月薪与中断就业津贴之和的月平均数低于权利产生时有效最低跨行业工资标准，则在引起可持续活动待遇的事由发生时，可同时领取该待遇和正在领取的受雇薪酬。

五、义务。

1. 如果达成协议对公司至少一名员工解除 RED 机制中所采取的措施时，有受薪雇员的自雇人士在领取此项待遇时需开始至少连续六个月从事同一工作。

2. 继续履行缴纳所有意外险 50%费用的义务（包括中断就业险）。

3. 还必须及时为自己和其雇员或类似人员缴纳社会保障费用。

4. 以自雇人士身份将待遇金额投资于经济或职业活动，或将待遇金额完全投入到新成立的或在缴费前不超过十二个月内成立的商业机构的股本中，只要根据《社会保障总法》修订本的规定拥有同一机构的有效控制权，且在该机构登记于自雇人士社会保障特别计划下以自雇身份从事职业活动。

六、自雇人士可持续活动待遇和暂时性丧失劳动力津贴。领取暂时性丧失劳动力津贴与自雇人士可持续活动待遇不可同时领取。领取暂时性丧失劳动力津贴的时间需从领取本待遇的时间中扣除。

七、未成年人生育抚养津贴。

1. 如果领取本津贴事由发生在自雇人士处于生育、收养、以收养为目的的监护或寄养情形时，可以继续领取生育和抚养未成年人津贴直至领取期限届满，只要满足法律规定的要求，届时可开始领取本项津贴。

2. 受益人在领取本经济待遇期间，如处于生育、收养、以收养为目的的监护或寄养的情况，可转为领取未成年人生育抚养津贴。一旦未成年人生育抚养津贴领取期限届满，经办机构将依职权恢复发放自雇人士活动可持续性活动待遇，直至其有权享受的期限届满。

八、经济不自主的自雇人士。

只要不在其他公司提供服务，而且接受其服务的公司已经采用了《劳工法》修订本第47条之二规定的以行业模式启动RED机制的任何措施，经济不自主的自雇人士可有权享受自雇人士可持续活动待遇。

自雇人士必须包含在公司根据《劳工法》修订本第47条之二第3条的规定提交给劳动部门的受影响人员的资格复审计划中。

在任何情况下，向税务机关提出申请的前两个财政季度的普通收入或销售额与上一年或前几年同期收入或销售额相比减少了50%，在同一时期内，在所有经济或职业活动中的月净收入未达到最低跨行业工资标准或此前的缴费基数（如果数额较低）。

经济不自主的自雇人士的经济待遇需适用《社会保障总法》修订本的规定。

九、经办机构。

待遇经办机构为互助合作保险公司或社会海洋局。

十、作为资合公司合伙人的自雇人士、工人合作社社员或与有受薪雇员的公司联合开展职业活动的自雇人士申请采取措施。

本款所述自雇人士有至少75%的公司在册员工按照《劳工法》修订本第47条之二规定的采用RED机制行业模式，应向劳动当局申请将其纳入措施中以获得此待遇。

劳动监察局根据《劳工法》修订案第 47 条之二出具报告以分析上述自雇人士的情况。

十一、申请待遇。

1. 作为资合公司合伙人的自雇人士、工人合作社社员或与有受薪雇员的公司联合开展职业活动的自雇人士，并且已经按照《劳工法》修订本第 47 条之二规定的以行业模式申请采用 RED 机制的，有权在收到劳工局授权的决议后的十五日内，向社会保障互助合作保险协会或社会海洋局申请此项待遇。经济效力自请求之日起生效。

在前款规定的期限之后提出申请的，经济效力从申请后次月的第一日开始产生。

申请必须附有劳工当局的决议，注明受影响的雇员或自雇人士和其作段正常工作时长或暂停劳动的时间，以及受影响的劳动力比例至少占公司员工总数的 75%。

与申请一起还需附上将要开展的投资项目和活动计划，以及参与的资格复审计划。

提交申请后，互助保险协会或社会海洋局将从公司或公共行政部门收集必要的数据，以核实是否符合所有要求。

2. 作为资合公司合伙人的自雇人士、工人合作社社员或与无受薪雇员的公司联合开展职业活动的自雇人士，必须向互助保险协会或社会海洋局提出申请，通过授权以便待遇经办机构核实是否符合所有要求。

待遇经办机构必须将确认待遇的决议转送至劳动保障监察部门。

提交申请后，互助保险协会或社会海事海洋局应从公司、雇员或公共行政部门获取必要的数据，以核实是否符合所有要求。

3. 经济独立的自雇人士需要在收到劳工局授权采取第 47 条之二规定的措施的决议后次日起十五日内，向与其在中断就业保险方面有合作关系的互助合作保险公司或社会海洋局申请此项待遇。申请的经济效力自申请日生效。

自雇人士的申请必须附有公司必须根据《劳工法》修订本第 47 条之二第 3 款的规定向劳动部门提交的受影响人员的申请和资格复审计划，计划上必须包括经济不自主的自雇人士。

同样，必须出示记录了普通收入或销售额减少的会计凭证，以及增值税、个人所得税和其他可以证明月净收益和缴费账户中的相应款项的强制性文件的申报单。

提交申请后，互助合作保险公司或社会海洋局必须要求公司或公共行政部门提供必要的数据，以核实是否符合所有要求。

十二、退还不当领取的待遇。

在不妨碍《社会治安违法处罚法》修订本第 47 条第 3 款规定的情况下，需要根据《社会保障总法》第 55 条和《社会保险征收总条例》第 80 条的规定，退还经办机构声明为不当领取的待遇。

十三、违法行为。

违法处罚事项适用本法及《社会治安违法处罚法》修订本的规定。

十四、主管管辖权和优先索赔。

社会治安管辖法院是处理经办机关有关承认、暂停或终止待遇的决议以及发放该待遇的主管机构。参保人必须提前向社会治安管辖法院提出索赔。经办机构的决议必须明确指明提出索赔的可能性、向其提出索赔的机构以及提出索赔的期限。

十五、从中断就业保险费拨付此类中断就业保险待遇。

＊注意：附加条款第 49 条经 2022 年 7 月 26 日第 13/2022 号皇家法令第 1 条第 30 款增补，自 2023 年 1 月 1 日起生效。该法令规定了为自雇人士建立新的缴费制度并改善对其中断就业的保护措施。

第五十条　分析和监测因经济原因中断就业的待遇以及计入自雇人士无义务缴费期的观测站

自 2023 年 4 月 1 日起的三个月内，为了提高第 331 条规定的自雇人士因经济原因中断就业待遇的效率和覆盖面，以及计入第 322 条规定的无缴费义务期，应通过部长令设立由社会保障年金国务秘书处、最具代表性的企业和工会组织，以及自雇人士协会的代表组成的观测站，以分析和监督其运作。为此，将定期针对中断就业保护方面提出调整自雇人士管理和覆盖范围的紧急措施。

＊注意：附加条款第 50 条规定经 2023 年 3 月 16 日颁布的第 2/2023 号皇家法令《扩大年金领取者权利并缩小性别差距以及建立可持续公共年金制度新框架的紧急措施法令》独立条款第 33 款修订。

第五十一条　适用于从事表演、视听和音乐文艺活动的艺术家以及从事必要的技术和辅助活动的人员的特殊雇佣关系的特别失业保险金，于 2023 年 7 月 1 日生效

1. 受从事文艺活动以及开展文艺活动所必需的技术和辅助的特殊劳动

关系制约的劳动者，有权根据本条规定的条件享受本条规定的特别失业保险金。

2. 前款所指人员符合下列条件者，可享受此待遇：

a. 无权享受第三篇规定的缴费型失业保险金，第 3 款规定的情形除外。

b. 满足第 266 条规定的所有要求，但 b 项中规定的要求除外。

c. 证明在法定失业前十八个月内或到停止缴费义务时，在文艺活动中实际提供服务六十日，且此前未被计入以确认先权利。

或者在法定失业之前的六年内或到停止缴费义务时，因在文艺活动中实际提供服务而登记或已经进行年度规范化，在社会保障一般计划下有至少一百八十日的有效缴费时间，且缴纳的社保费未计入以确认先权利，也则有权领取该待遇。

3. 已暂停享受第三篇规定的缴费型失业保险金并证明在本规定第 2 款 b 项和 c 项中规定的艺术领域开展活动并缴费的人员，可选择领取由新的缴费产生的特别保险金，在此情况下，缴费型待遇则被取消。

4. 在不影响第 2 款 c 项规定的情况下，出现法定失业状况之日或停止缴费义务之日之前六年的缴费不得计入以确立后权利，包括确立上述权利后可能进行的规范化对应的缴费，无论其是否为取得特别保险金已被计入。

5. 从事文艺活动出现法定失业情况后的十五日内申请特别失业保险金的，权利在上述法定失业情况的次日生效。申请特别失业保险金要求失业者进行求职登记，并签署第 300 条所述的就业承诺书。

符合条件但在前款所述十五日期限后提出申请的，有权从申请之日起获得该特别失业保险金，损失待遇的天数为本应及时正式申请失业保险金的日期和实际提出申请日之间的天数。

6. 本规定规定的特别失业保险金领取时间为一百二十日。

7. 该特别失业保险金的金额等于任何给定时间内有效月西班牙收入指标（IPREM）的 80%，除非在文艺活动中实际提供服务的最后六十日的日平均缴费基数高于六十欧元，在此情况下，应等于 IPREM 的 100%。

8. 在领取本条规定的特别失业保险金的时间内，经办机构应为退休保险缴费。缴费基数与任何给定时间内社会保障一般计划的缴费组别表第 7 组的普通意外险有效最低缴费基数一致。

9. 停止领取该特殊保险金后雇员可以在其再次处于法定失业状态，在符合领取特别失业保险金的要求的条件下，自停止领取之日起一年后，再次获得该失业待遇。

10. 如果领取人取得本法第三篇规定的缴费型失业保险金或援助型失业补助金，或 2006 年 11 月 24 日颁布的第 1369/2006 号皇家法令规定的主动安置收入计划（RAI）补贴，则应取消该特别失业保险金。

11. 用尽本条规定的失业保险金并不赋予参保者获得第 274 条第 1 款 a 项规定的失业补助金或本法第 280 条规定的五十二岁以上雇员津贴的权利。在要求用尽失业保险金或其他失业待遇的情况下，上述情况也不赋予受益人获得主动安置收入计划（RAI）补贴的权利。然而，如果用尽缴费型保险金后获得特别失业保险金，只要在其后的十二个月内提出申请，就可以因用尽缴费型保险金而获得特别失业保险金。

12. 特别失业保险金与自雇职业（即便参保人并未因自雇而被强制纳入任何社会保障计划）或受雇职业相兼容，也不得与任何其他待遇、最低收入、社会包容金、社会工资或任何公共行政部门提供的类似援助同时领取。尽管有上述规定，可与知识产权和肖像权待遇同时领取。

如本条未作规定，本条规定的特别失业保险金适用于本合并文本第三篇所载规则（除第三章外）。

第五十二条 将进行培训实习或列入培训计划的外部学术实习学生纳入社会保障体系，自 2023 年 10 月 1 日起开始生效

1. 在相应法律法规的保护下，在培训计划中的公司、单位或机构进行培训实习，以及进行外部学术实习，应根据本条规定将进行实习的人员纳入社会保障体系。

前段中所述实习包括：

a. 由大学生开展的实习，包括旨在获得正式学士、硕士和博士学位以及大学校级学位的实习，无论是继续教育硕士学位、专业文凭还是专家证书。

b. 由职业培训学生在非强化职业培训制度下开展的实习。

2. 从事第 1 款所述工作的人员应作为受雇人员被纳入社会保障一般计划，不包括其特别方案。除非实习或培训是在船上进行的，在该情况下，应纳入海员社会保障特别计划。

3. 保护措施与适用的社会保障计划相对应，但不包括失业保险、工资保障基金和专业培训税的覆盖范围。在无薪实习的情况下，也不包括由普通意外险产生的暂时性丧失劳动力津贴。

未成年人生育抚养津贴、孕期保险津贴和哺乳期保险津贴由经办机构给付，或者由互助合作保险公司直接给付（如适用）。

在所有情况下，因普通或职业意外而导致的暂时性丧失劳动力津贴将通过委托支付的方式给付。

4. 社会保障义务的履行应遵循以下规则：

a. 在带薪培训实习的情况下，社会保障义务应由资助培训项目的机构或单位以雇主的身份履行。如果该计划是由两个或两个以上的机构或组织共同资助的，由支付相应经济对价补偿的一方承担雇主的身份。

社会保险的登记和取消应按照一般适用规定进行。

b. 在无薪培训实习的情况下，社会保障义务由进行实习的公司、单位或机构履行，除非在签署的合作协议（如有）中规定该义务由负责提供培训的培训中心履行。以雇主身份行事的人员或机构必须根据培训实习中心提供的信息向社会保障部门告知实习的有效天数。

依前款规定的责任单位和根据上段规定的责任机构需向社会保障基金管理总局为此类人群申请特定的缴费账户代码。

除本法规定的例外情况外，应按照一般适用规则进行社会保障登记和注销，在培训实习开始和结束时分别进行登记和注销，但不妨碍在社会保险缴费及保护措施方面只计入开展上述实习的天数。为此，根据上段规定的责任机构需在实习开始或结束后的十日内，向社会保障基金管理总局告知登记和取消的情况。

5. 在带薪和无薪实习的情况下，社会保险费的缴纳应符合以下规定：

a. 在这两种情况下，代际公平机制的最终缴费被明确排除在外。

b. 普通意外险应适用95%的减免政策，除此减免外，其他任何缴费优惠均不适用。此类减免应适用本法第20条（除第1款外）的规定。

c. 根据第4款a项和b项的规定，为履行社保义务而承担雇主身份的机构取得义务主体的条件，并负责缴纳全部基本社会保险费。

6. 带薪培训实习的缴费应符合以下规定：

a. 采用每年《国家总预算法》及其实施发展条例中规定的在职培训合同缴费规则进行缴费，但附加条款第43条第1款第2款o项中规定的除外。

b. 适用于本待遇的月缴费基数与缴费组别表第7组在任何给定时间内的有效最低缴费基数一致。除了登记月份为非完整月份，在此情况下，应按照本待遇的缴费基数与上述最低基数的比例计算。

7. 无薪培训实习的缴费应符合以下规定：

a. 包括公司按培训天数缴纳的普通意外险和工伤事故险，不包括由普通意外引起的暂时性丧失劳动力的保护范围，由每年《国家总预算法》为每个财政年度确定缴费金额，但不得超过该法中确定的普通意外险和工伤事故险的最高缴费金额。

b. 适用于本待遇的月缴费基数为缴费组别表第 8 组在任何给定时间内的有效最低缴费基数乘以当月进行培训的天数得出的结果，在任何情况下以第 7 组对应的最低月缴费基数为上限。

c. 一月、二月和三月的法定缴费期限为四月；四月、五月和六月的法定缴费期限为七月；七月、八月和九月的法定缴费期限为九月；与十月、十一月和十二月的法定缴费期限为一月。

每个月的倒数第二个自然日为前段规定的法定缴费期限，以雇主身份行事的机构必须告知社会保障基金管理总局本节中提到的雇员在前三个月中开展的所有无薪实践和培训计划的天数。

d. 在给定月份未进行任何无薪实习或培训计划的人员，必须明确报告这一情况。在任何情况下，公司必须向社会保障基金管理总局申请结算与前三个月的基本社保费，直至缴纳期限的倒数第二个自然日。

当实习人员处于因工伤事故导致暂时性丧失劳动力、生育和照顾未成年人、孕期风险或哺乳期风险时，公司必须向社会保障基金管理总局说明预计进行培训实习的天数。

如果公司没有在本条规定的期限内，按照上述 c 项最后一段或前两段的规定，告知必要的数据以确定待缴社保费的金额，则月债务金额等于 a 项第 1 段所述社保费之和乘以在相关月份登记的天数，以该项第 1 段所述金额为月限额。在此类情况下，享受本待遇的缴费时间为登记天数。

e. 就待遇而言，无薪培训的每一日应被视为缴纳 1.61 天的社保费，但在任何情况下都不得超过相应月份的天数。上述系数可能产生的一日的小数部分应按全天计算。

8. 在生效日期之前处于本条所述情形的本条所述人员，可以根据融合、社会保障及移民部确定的期限和条件签署一次性特别协议，以使其有机会计入在生效日期之前进行的、不超过两年的培训或非工作和学术实习期间的缴费。

9. 主管公共行政部门需执行具体计划，以消除与隐瞒工作职位有关的社会保障欺诈行为。

10. 自2023年4月1日起的三个月内，为了提高本条所规定措施的有效性，应通过部长令设立由教育和职业培训部、大学部、社会保障和年金国务秘书处以及最具代表性的商业和工会组织的代表组成的观测站，以用于分析和跟进其应用情况和有效性。为此，将定期建议旨在调整对参加培训计划中的培训实习或外部学术实习的学生的规定和覆盖范围的措施。

第五十三条　符合《托莱多公约》第 15 条建议的最低年金和充足性指标

1. 自2027年起，六十五岁以上有供养配偶的退休养老金领取者的最低缴费型退休养老金数额，根据第58条第2款的规定进行重新估算后，作为参考的数额不得低于以两个成年人组成的家庭贫困线数额。

上述贫困线等于《国家统计局生活条件调查》的最新可用数据中为西班牙规定的一人家庭所对应的贫困线数额乘以1.5，并根据过去八年中上述收入的平均同比增长情况更新至相应年份。

2. 参考金额和为两成年人组成家庭的贫困线数额之间的现有差距将按照以下比例逐步缩小：

——2024年1月1日，参考金额将额外增加必要的百分比以将现有差距减少20%。

——2025年1月1日，参考金额将额外增加必要的百分比以将现有差距减少30%。

——2026年1月1日，参考金额将额外增加必要的百分比以将现有差距减少50%。

——2027年1月1日，如有必要，参考金额将额外增加到为两成年人组成家庭的贫困线数额。

3. 有供养家庭责任的丧偶抚恤金、有供养配偶的缴费型年金的最低金额，除了六十岁以下的完全永久性丧失劳动力津贴，自2024年起均应等于第1款规定的参考金额。

4. 其余缴费型年金的最低数额，一经重新估算，每年同一时期应额外增加第2款规定的百分比的50%。

5. 非缴费型年金，一经根据第62条的规定重新估算，每年按第2款规定之同期及同一程序追加，但参照数额为单人家庭的贫困线数额乘以0.75。

6. 前款所述数额需根据每年的《国家总预算法》规定来确定。

7. 遵照 2020 年《托莱多公约》第 15 条建议，政府将持续监测最低年金标准和非缴费型年金的发展情况。基于该分析，政府将每年向上述托莱多公约委员会提交一份报告，以评估上述福利待遇对减少贫困的影响，特别关注性别层面，并在必要时建议审查影响上述福利待遇消除贫困和提高受益人生活水平的能力的参数。

＊注意：本条经第 2023 年 3 月 16 日颁布的第 2/2023 号皇家法令《扩大年金领取者权利并缩小性别差距以及建立可持续公共年金制度新框架的紧急措施法令》独立条款第 35 款引入。

过渡条款

第一条　源自1967年前立法的过渡性权利

1. 1967年1月1日之前产生的一般计划待遇应继续适用旧时立法。同样的规则需根据1966年4月21日颁布的《社会保障法》最终条款第1条第3款规定的方式适用于在每个计划生效前就已产生的特别计划待遇。

应计待遇为受益人受保护的突发事件或情况已经发生，并满足构成其权利所有条件的情况下有权获得的待遇，即使尚未行使该权利。

2. 根据旧时立法规定产生的年金的修订和转换也继续适用旧时立法。

3. 企业根据旧时立法建立的自愿改善社会保障待遇的措施继续适用，但不妨碍为适应现行法律规定而可能需要作出的变更。

4. 根据1954年9月10日颁布的《劳动互助保险总条例》第21条的规定，以互助保险协会成员行事者，应继续以该身份在所有方面继续受上述总条例的约束，但不改变各自合同中的权利和义务。

第二条　已废除的强制性养老和伤残保险待遇

1. 在1967年1月1日满足已废除的老年和伤残保险所要求的缴费年限（无须考虑参保者在该日的年龄）的，或者在未满足缴费年限的情况下已经登记于已废除的强制性工人退休计划的参保人，只要无权享受社会保障制度任何计划下的年金（包括根据过渡条款第21条规定的被纳入社保体系替代机构相应的年金，但丧偶抚恤金除外），应根据该计划的法定条件保留其领取原待遇的权利。

2. 无论是否同时存在其他公共年金，已废除的强制性养老和伤残待遇的数额都应由每年《国家总预算法》确定。

3. 当丧偶抚恤金和强制性老年和伤残保险金同时存在时，其金额不得超过在任何给定时间内六十五岁及以上受益人的最低丧偶抚恤金的两倍。如果超过这一限额，则需减少强制性养老和伤残待遇以避免超过所述限额。

第三条　旧时计划的缴费

1. 在旧时统一社会保障、失业和劳动互助计划下缴纳的款项，应被计入以取得社会保障一般计划下的待遇权利。

2. 可向社会保障局对其办理的缴费信息提出怀疑，并在适当情况下向社会治安管辖法院提出申诉。征税部门制定的官方缴费文件是在此方面唯一认可的证明方式。

3. 本法的实施发展条例需制定已废除的养老和伤残保险计划和劳动互助保障计划的缴费计算具体规则，以确立本法规定的退休养老金数额所需的缴费年限。

上述规则需确定一个符合下列原则的计算体系：

a. 以1967年1月1日之前七年实际缴纳的保险费为缴费基数。

b. 根据一般标准和上述期间的缴费天数，得出每个雇员在a项所述日期之前的缴费年限（以年计算）。

c. 对已经废除的养老和退休计划的实行日期以及1967年1月1日的雇员年龄进行加权。

d. 允许在上文a项所述日期年龄较大的雇员，或在年满六十五岁时（如适用）获得其在被废除计划存在期间无法达到的养老金水平。

第四条　适用旧时立法以获得退休养老金的权利

1. 领取退休养老金的权利应根据以下规则在一般计划中加以规定：

a. 本法的实施发展条例需规定选择的可能性，以及在适当情况下在一般计划中承认的1967年1月1日之前被纳入养老和伤残保险的适用范围但未被纳入劳动互助保险范围的雇员的权利，反之亦然。

b. 1967年1月1日以互助保险成员行事者有权在六十岁时领取退休养老金。在此情况下，如果雇员在领取退休养老金时未满六十五岁，则在达到六十五岁之前的每一年（即使不足一年），退休养老金的数额应减少8%。

符合前款规定条件的且缴费年限在三十年以上的劳动者，因非劳动者自由意志以及劳动合同终止而申请提前退休的，则前款所述养老金数额根据缴费年限进行减免，减免率分别为：

（1）有效缴费年限在三十至三十四年之间：7.5%。

（2）有效缴费年限在三十五至三十七年之间：7%。

（3）有效缴费年限在三十八至三十九年之间：6.5%。

（4）有效缴费年限为四十年或四十年以上：6%。

上述情况劳动者的自由意志应被理解为在能够继续雇佣关系并且没有客观原因阻止的情况下决定终止雇佣关系的意志明确表达。在任何情况下，因第267条第1款a项规定的原因而终止雇佣关系的，应被视为非自愿终止雇佣关系。

同样，在计算缴费年限时需采用整年，任何不满一年的都不得视为一年。

政府有权为本规则b项前几段规定的情形制定条例，并可以根据退休的自愿或强制性质调整规定的条件。

第 206 条和第 206 条之二中所述退休年龄折减系数在任何情况下都不适用于核定本条 b 项中规定的退休年龄。本法第 210 条第 4 款规定的 0.50 系数也不适用于本条中规定的退休情况。

*注意：最后一段经 2021 年 12 月 28 日颁布的第 21/2021 号《保证年金购买力及加强公共年金制度社会财政可持续性的其他措施法规》第 1 条第 19 款修订。

2. 在 1985 年 7 月 31 日颁布的第 26/1985 号《社会保障结构合理化和保护性措施合理化的紧急措施法规》生效之日，已满足获得退休养老金权利所有要求但尚未行使该权利的雇员，可以以旧时立法为准按照上述法律生效前应享有的条件和数额获得退休养老金。

3. 同样，旧时立法也可适用于在 1985 年 7 月 31 日颁布的第 26/1985 号法律生效之前有权获得相当于提前退休补助的雇员。该提前退休补助是根据其未来从社会保障制度获得的退休养老金确定的，或依据于 1984 年 7 月 26 日颁布的第 27/1984 号《重组和再工业化法规》批准的公司重组计划以及 1982 年 6 月 9 日颁布的关于工业现代化措施的第 21/1982 号决议，或依据由劳动和社会保障部授权的、原国家劳动保护基金行政部门制定的待遇方案或该部于 1985 年 3 月 12 日签发的批准就业支持方案的命令。

前段规定的权利也适用于在 1985 年 7 月 31 日第 26/1985 号法律生效时，包含在根据该段规则已经批准实行的现代化计划下的雇员，即使其还未以个人名义申请相当于提前退休养老金的同等补贴。

4. 在 1997 年 7 月 15 日颁布的第 24/1997 号《社会保障制度巩固和合理化法规》生效之日，满足取得退休养老金权利的所有要求的雇员，如果尚未行使该权利，可以选择以旧时立法为准按照上述法律生效前应享有的条件和数额取得退休养老金。

5. 在 2011 年 8 月 1 日颁布的第 27/2011 号《社会保障体系更新调整和现代化法规》生效之前，针对下列退休养老金产生的情形，应继续适用上述法律生效之前的有效退休养老金条例，包括不同模式、获取要求、确定福利的条件和规则：

a. 雇佣关系在 2013 年 4 月 1 日之前终止的人员，并且在该日期之后未被再次纳入任何社会保障计划。

b. 在 2013 年 4 月 1 日前批准、签署或宣布的因劳动力调整计划决议，或任何范围的集体协议、公司集体协议，以及破产程序决议暂停或终止就业关系的人员。

上述公司集体协议必须在法定期限内在国家社会保障局或社会海洋局（视情况而定）正式记录。

c. 然而，为了取得前款所述人员的退休养老金权利，经办机构应在对上述人员更有利的情况下适用退休养老金认定之日的有效立法。

＊注意：该条款经 2021 年 12 月 28 日颁布的第 21/2021 号《保证年金购买力及加强公共年金制度社会财政可持续性的其他措施法规》第 1 条第 19 款修订。

6. 对于 2021 年 1 月 1 日之前产生的退休养老金，需继续适用 2011 年 8 月 1 日颁布的第 27/2011 号《社会保障体系更新调整和现代化法规》生效之前的不完全退休模式条例并同时执行替代合同的规定，但必须满足以下要求：

a. 申请不完全退休的雇员必须在制造、加工或改造的工作任务中，以及在属于制造业公司的机械和工业设备的专业组装、启动、维护和修理中直接执行需要体力劳动或高度注意力的职能。

b. 申请不完全退休的雇员在不完全退休日期之前需在公司至少有六年的年资证明。如果其工作的前公司与现公司根据 2015 年 10 月 23 日颁布的第 2/2015 号皇家法令批准的《劳工法》修订本第 44 条规定的条件进行了企业继承或两者属于同一集团，则其在前公司工作年资也被认可。

c. 在导致不完全退休的事由发生时，公司中雇佣合同为无限期的员工比例应超过其员工总数的 70%。

d. 不完全退休人员的普通工作时长缩短比例最低为 25%，最高为 67%，或者在无限期合同全职雇佣的替代人员的情况下减少 80%。上述百分比应理解为指可比的全职工作时长。

e. 替代人员与不完全退休人员的缴费基数存在对应关系，替代人员缴费基数不得低于不完全退休人员最后六个月不完全退休养老金计算基数对应的缴费基数平均值的 65%。

f. 认定不完全退休需满足三十三年的缴费年限，不计入额外薪酬缴费部分。就计算不完全退休养老金而言，仅计入最多不超过一年的义务兵役、替代型社会福利或义务女性社会服务期。

伤残程度等于或大于 33% 的参保人所需缴费年限为二十五年。

＊注意：第 6 款经 2023 年 1 月 10 日颁布的第 1/2023 号皇家法令《鼓

励雇佣劳动力及改善艺术家社会保障的紧急措施法令》第 6 条第 2 款修订。

7. 仅就核算退休养老金计算基数而言，当退休时间为 2025 年 12 月 31 日之后、2040 年 12 月 31 日之前，如果根据 2023 年 1 月 1 日适用的规定计算的退休养老金优于根据退休养老金签发之日适用的规定，则经办机构应完全执行第 209 条第 1 款的规定。

对于 2041 年退休的人员，如果根据 2023 年 1 月 1 日适用的规定计算的退休养老金（其计算基数为过去三百零六个月的缴费基数除以 357）优于根据退休养老金签发之日适用的规定，则经办机构应完全执行第 209 条第 1 款的规定。

对于 2042 年退休的人员，如果根据 2023 年 1 月 1 日适用的规定计算的退休养老金（其计算基数为过去三百一十二个月的缴费基数除以 364）优于根据退休养老金签发之日适用的规定，则经办机构应完全执行第 209 条第 1 款的规定。

对于 2043 年退休的人员，如果根据 2023 年 1 月 1 日适用的规定计算的退休养老金（其计算基数为过去三百一十八个月的缴费基数除以 371）优于根据退休养老金签发之日适用的规定，则经办机构应完全执行第 209 条第 1 款的规定。

自 2044 年起，需完全执行 2026 年 1 月 1 日适用的第 209 条第 1 款的规定。

*注意：本条第 7 款经 2023 年 3 月 16 日颁布的第 2/2023 号皇家法令《扩大年金领取者权利并缩小性别差距以及建立可持续公共年金制度新框架的紧急措施法令》独立条款第 36 款增补。

第五条　在某些特殊情况下提前退休

1. 本规定应适用于 1998 年 4 月 1 日或之后发生的退休事件，当参保人在不同社会保障计划下缴费，但仅计入每个计划下的有效缴费年限不符合任何一个计划下有权领取退休养老金要求的情况。

在上述情况下，由计入缴费年限最长的计划认定参保人领取退休养老金的权利，按参保人在该计划下的缴费年限计算。

尽管有前几段的规定，当雇员在缴费款项最高的计划中未达到有权领取退休养老金的最低年龄时，只要根据以下各款规定的条件，在计入总缴费年限的其他计划之一满足年龄要求时，养老金即可在上述计划中予以确认。

2. 前款第 3 段的适用需满足以下要求：

a. 参保人在 1967 年 1 月 1 日或在此之前是互助保险基金协会成员，或者因在外国工作而得到外国证明在所示日期之前的缴费年限，如果在西班牙进行而被纳入任何互助保险协会，根据国际法规定，可予以考虑。

b. 在雇员的职业生涯中，至少有缴费总年限的四分之一是在认可提前退休权利的计划下或此类计划的方案下，或按照前段所述的条件在外国社会保障计划下实现的。除非雇员在其职业生涯中的缴费总年限为三十年或以上，在此种情况下，只需证明在上述计划中至少满足五年的缴费年限即可。

3. 未满六十五周岁且符合前款规定之条件的，其退休养老金权利需根据缴费年限最长之计划的管理规则办理。

退休时未满六十五周岁的参保人，其退休养老金将按每年（未满一年按一年计算）8%的百分比进行缩减。

前段规定不妨碍本法过渡条款第四条第 1 款 b 项以及 2015 年 10 月 21 日颁布的第 47/2015 号《海洋渔业工人社会保障法规》过渡条款第 1 条的规定。

4. 上述 1967 年 1 月 1 日应理解为对不同计划或群体在其各自管理规则中所确定的日期，以便确定提前退休年龄的可能性。

5. 本规定不适用于国家年金计划。该计划与社会保障其他计划之间的缴费的交互计算应遵循 1991 年 4 月 12 日颁布的关于社会保障计划之间社保费交互计算的第 691/1991 号皇家法令。

第六条 企业重组过程中等同于登记的情形

1. 在领取相当于 1984 年 7 月 26 日颁布的第 27/1984 号《重组和再工业化法规》中规定的提前退休补助金期间，受益人将被视为处于等同于在相应社会保障计划中登记的情况，并将继续按照为该计划的普通意外险确定的费率缴费。为此，用于确定相当于提前退休补助金额的平均薪酬将作为缴费基数，并采用就业和社会保障部确定的年度更新系数，以使受益人在达到正常退休年龄时能够全权领取养老金。

2. 就筹资而言，公司或促进就业基金为支付相当于提前退休的补助金和前款规定的补助所缴纳的款项可等同于基本社会保险金缴款。

第七条 退休年龄和缴费时间的逐步适用

第 205 条第 1 款 a 项所述退休年龄和缴费时间，以及第 152 条第 1 款、第 207 条第 1 款 a 项和第 2 款、第 208 条第 1 款 a 项和第 2 款、第 214 条第 1 款 a 项和第 311 条第 1 款所述年龄，应根据以下表格中的规定逐步适用：

年份	缴费年限	要求年龄
2013	35 年零 3 个月或以上	65 岁
	不到 35 年零 3 个月	65 岁零 1 个月
2014	35 年零 6 个月或以上	65 岁
	不到 35 年零 6 个月	65 岁零 2 个月
2015	35 年零 9 个月或以上	65 岁
	35 年零 9 个月以下	65 岁零 3 个月
2016	36 年及以上	65 岁
	36 年以下	65 岁零 4 个月
2017	36 年零 3 个月或以上	65 岁
	不到 36 年零 3 个月	65 岁零 5 个月
2018	36 年零 6 个月或以上	65 岁
	不到 36 年零 6 个月	65 岁零 6 个月
2019	36 年零 9 个月或以上	65 岁
	36 年零 9 个月以下	65 岁零 8 个月
2020	37 年及以上	65 岁
	37 年以下	65 岁零 10 个月
2021	37 年零 3 个月或以上	65 岁
	不到 37 岁零 3 个月	66 岁
2022	37 年零 6 个月或以上	65 岁
	不到 37 年零 6 个月	66 岁零 2 个月
2023	37 年零 9 个月或以上	65 岁
	不到 37 年零 9 个月	66 岁零 4 个月
2024	38 年及以上	65 岁
	不到 38 年	66 岁零 6 个月
2025	38 年零 3 个月或以上	65 岁
	不到 38 年零 3 个月	66 岁零 8 个月
2026	38 年零 3 个月或以上	65 岁
	不到 38 年零 3 个月	66 岁零 10 个月
自 2027 年起	38 年零 6 个月或以上	65 岁
	不到 38 年零 6 个月	67 岁

第 196 条第 5 款和第 200 条第 4 款所述六十七岁年龄需考虑上表中为每年规定的最高年龄逐步适用。

第八条　退休养老金计算基数的过渡性规则

1. 第 209 条第 1 款的规定应逐步适用，具体如下：

自 2013 年 1 月 1 日起，退休养老金的计算基数是退休前一个月之前的一百九十二个月的缴费基数除以 224 的结果。

自 2014 年 1 月 1 日起，退休养老金的计算基数是退休前一个月之前的二百零四个月的缴费基数除以 238 的结果。

自 2015 年 1 月 1 日起，退休养老金的计算基数是退休前一个月之前的二百一十六个月的缴费基数除以 252 的结果。

自 2016 年 1 月 1 日起，退休养老金的计算基数是退休前一个月之前的二百二十八个月的缴费基数除以 266 的结果。

自 2017 年 1 月 1 日起，退休养老金的计算基数是退休前一个月之前的二百四十个月的缴费基数除以 280 的结果。

自 2018 年 1 月 1 日起，退休养老金的计算基数是退休前一个月之前的二百五十二个月的缴费基础除以 294 的结果。

自 2019 年 1 月 1 日起，退休养老金的计算基数是退休前一个月之前的二百六十四个月的缴费基数除以 308 的结果。

自 2020 年 1 月 1 日起，退休养老金的计算基数是退休前一个月之前的二百七十六个月的缴费基础除以 322 的结果。

自 2021 年 1 月 1 日起，退休养老金的计算基数是退休前一个月之前的二百八十八个月的缴费基数除以 336 的结果。

自 2022 年 1 月 1 日起，退休养老金的计算基数需完全执行第 209 条第 1 款的规定计算。

2. 自 2013 年 1 月 1 日起至 2016 年 12 月 31 日，对于因非本人意愿原因以及第 267 条第 1 款 a 项所述原因和情况离职的人员，在其年满五十五岁后缴费基数相对于终止雇佣关系前的有效缴费基数在至少二十四个月的时间内有所缩减时，其计算基数为退休前一个月之前的二百四十个月的缴费基数除以 280 的结果，只要该结果优于根据前款规定得出的计算基数。

3. 自 2017 年 1 月 1 日起至 2021 年 12 月 31 日，对于因非本人意愿原因以及第 267 条第 1 款 a 项所述原因和情况离职的人员，在其年满五十五岁后其缴费基数相对于终止雇佣关系前的有效缴费基数在至少二十四个月的时间内有所缩减时，则其计算基数为第 209 条第 1 款规定的基数，只要该结果优于本条第 1 款的规定。

4. 根据第 2 款和第 3 款规定的条件确定养老金的计算基数适用于领完第五篇规定的中断就业待遇已超过一年的自雇人士，只要中断就业时参保者年满五十五岁。

5. 第 1 款的规定适用于所有社会保障计划。

第九条 适用缴费年限比例计算退休养老金

第 210 条第 1 款 b 项所述百分比替换为以下内容：

自 2013 年起至 2019 年	第一个月至第一百六十三个月之间，每增加一个月的缴费则增加 0.21%。在随后的八十三个月中，每增加一个月的缴费则增加 0.19%
自 2020 年起至 2022 年	第一个月至第一百零六个月之间，每增加一个月的缴费则增加 0.21%。在随后的一百四十六个月中，每增加一个月的缴费则增加 0.19%
自 2023 年起至 2026 年	第一个月至第四十九个月之间，每增加一个月的缴费则增加 0.21%。在随后的二百零九个月中，每增加一个月的缴费则增加 0.19%
自 2027 年起	第一个月至第二百四十八个月之间，每增加一个月的缴费则增加 0.19%。在随后的十六个月中，每增加一个月的缴费则增加 0.18%

上述比例也应适用于第 248 条第 3 款第 2 段规定的情况。

第十条 不完全退休的过渡性规则

1. 第 215 条第 1 款和第 2 款 f 项所述年龄要求应根据过渡条款第 7 条的规定逐步执行。

2. 第 215 条第 2 款 a 项所述年龄要求应按照下表逐步执行：

不完全退休年份	不完全退休时根据缴费年限的年龄要求	不完全退休时缴费年限超过三十三年的年龄要求
2013	61 岁零 1 个月；33 年零 3 个月或以上	61 岁零 2 个月
2014	61 岁零 2 个月；33 年零 6 个月或以上	61 岁零 4 个月
2015	61 岁零 3 个月；33 年零 9 个月或以上	61 岁零 6 个月
2016	61 岁零 4 个月；34 年或以上	61 岁零 8 个月
2017	61 岁零 5 个月；34 年零 3 个月或以上	61 岁零 10 个月
2018	61 岁零 6 个月；34 年零 6 个月或以上	62 岁
2019	61 岁零 8 个月；34 年零 9 个月或以上	62 岁零 4 个月
2020	61 岁零 10 个月；35 年或以上	62 岁零 8 个月
2021	62 岁；35 年零 3 个月或以上	63 岁

续表

不完全退休年份	不完全退休时根据缴费年限的年龄要求	不完全退休时缴费年限超过三十三年的年龄要求
2022	62岁零2个月；35年零6个月或以上	63岁零4个月
2023	62岁零4个月；35年零9个月或以上	63岁零8个月
2024	62岁零6个月；36年或以上	64岁
2025	62岁零8个月；36年零3个月或以上	64岁零4个月
2026	62岁零10个月；36年零3个月或以上	64岁零8个月
自2027年起	63岁；36年零6个月或以上	65岁

上述年龄标准不适用于过渡条款第4条第1款b项所述劳动者，该项劳动者需达到六十岁，并就本款规定而言无须考虑可能适用于该参保者的其他待遇或提前退休年龄。

3. 第215条第2款g项所述的不完全退休期间的缴费基数应根据以下标准，按全职缴费基数对应的比例逐步适用：

a. 在2013年期间，缴费基数应相当于全职工作所对应的缴费基数的50%。

b. 自2014年起，每过一年应再增加5%，直至达到全职工作所对应的缴费基数的100%。

c. 在任何情况下，上述比例中每个财政年度的缴费基数的百分比都不得低于实际完成工作的百分比。

第十一条　应用退休年龄折减系数

根据2007年12月4日颁布的关于社会保障措施的第40/2007号法律过渡条款第2条的规定，本法第206条第6款第1段的规定不适用于列入在上述法律生效之日，适用先前条例已经认可的退休年龄折减系数的不同特别计划的雇员。

*注意：本条款经2021年12月28日颁布的第21/2021号《保证年金购买力及加强公共年金制度社会财政可持续性的其他措施法规》第1条之一制定。

第十二条　六十五岁或以上劳动者免缴基本社保费时期的退休金的计算

对于在2013年1月1日之前受益于第152条和第311条规定的免除缴费义务的劳动者，如果在该日期之后有权领取退休养老金，则在计算相应的退休养老金时，上述免除义务期限需被视为已缴费时期。

第十三条　关于 2008 年 1 月 1 日前合法分居或离婚的丧偶抚恤金的过渡条款

1. 如果从离婚或合法分居之日到配偶死亡之日之间的时间不超过十年，只要婚姻存续时间不少于十年并符合以下条件之一，则承认领取丧偶抚恤金的权利不应以离婚或合法分居者是第 220 条第 1 款第 2 款中所述补偿性抚恤金的受益人为条件：

a. 存在婚姻内共同子女。

b. 配偶死亡时受益人年满五十岁。

由此产生的丧偶抚恤金数额应根据 2007 年 12 月 4 日颁布的关于社会保障措施的第 40/2007 号法案生效前的有效法规计算。

在本条第 1 段中所述情形下，已有权获得补偿性抚恤金的离婚或司法分居者无权获得丧偶抚恤金。

在任何情况下，仅适用于在 2007 年 12 月 4 日颁布的第 40/2007 号法律生效之前的分居或离婚情形。

本条规定也适用于 2008 年 1 月 1 日至 2009 年 12 月 31 日期间发生的离婚或分居，并适用本法第 220 条的规定。

2. 前款第 1 段所述情形者，如果年满六十五岁、无权享受其他公共年金且与死亡配偶婚姻存续时间不少于十五年的，即使不符合要求也有权获得丧偶抚恤金。

抚恤金根据前款规定予以确认。

第十四条　照顾儿童或未成年人待遇的应用

1. 第 236 条规定之待遇自 2013 年 1 月 1 日起施行，该年度每个收养或养育之子女或未成年人可计缴费之最长时间为一百一十二日。上述时间将每年增加直至 2019 年达到每个孩子最多二百七十日。在任何情况下，可计时间都不得高于实际中断的缴费时间。

然而，自 2013 年 1 月 1 日起，仅为确定第 205 条第 1 款 a 项规定的退休年龄，可计缴费年限应为每个子女或受抚养人最多二百七十日。

2. 根据社会保障制度的经济可能性，可以采取必要的规定以确保根据前款第 1 段规定，在多子女家庭的情况下，将照顾儿童或未成年人的时间算作有效缴费时间的政策提前至 2018 年。

第十五条　用于确定缴费年金重估指数的数学表达式的参数 α 值

2014 年至 2019 年（含 2014 年和 2019 年），为确定第 58 条规定的年金重估指数，其中第2款规定的数学表达式的参数 α 值应为 0.25。

第十六条 家庭雇员特别方案的缴费基数和费率以及保护措施

1. 在不影响本法第二篇第二章第二节规定的情况下，在社会保障一般计划中建立的家庭雇员特殊方案中的社会保障缴费应按照以下规则进行：

a. 计算缴费基数：

（1）普通意外险和工伤事故险的缴费基数应根据每年《国家总预算法》中规定的家庭雇员获得的报酬，按照收入标准确定。

（2）直至2022年，月薪和缴费基数应按跨行业最低工资的增长比例进行更新。

（3）自2023年起，月薪和缴费基数应按以下比例计算：

阶段	月薪（欧元/月）			缴费基数（欧元/月）
（1）	至	269.00		250.00
（2）	从	269.01	至	418.00	357.00
（3）	从	418.01	至	568.00	493.00
（4）	从	568.01	至	718.00	643.00
（5）	从	718.01	至	869.00	794.00
（6）	从	869.01	至	1017.00	943.00
（7）	从	1017.01	至	1166.669	1166.70
（8）	从	1166.67	至		月薪

工资范围以及缴费基数应按照与2023年最低跨行业工资标准相同的梯度标准进行更新。

（4）自2024年起，普通意外险和工伤事故险的缴费基数应根据本法第147条的规定确定，且缴费不得低于法律规定的最低基数。

b. 适用的费率：

（1）自2019年1月1日起，普通意外险需基于a项所述缴费基数，根据《国家总预算法》中为社会保障一般计划确定的费率及其在雇主和雇员之间的分配比例缴纳。

（2）基于a项所述的相应缴费基数，工伤事故险需根据法定保险费率中规定的费率缴纳，费完全由雇主承担。

（3）失业保险和工资保障金应根据每年《国家总预算法》规定的费率及其分配比例缴纳。

2. 自 2012 年起至 2022 年，为了确定第 247 条 a 项所述适用于家庭雇员特别方案的兼职系数，该方案中的实际工作时间为本条第 1 款 a 项第（1）、（2）、（3）号所述缴费基数除以《国家总预算法》为每个财政年度规定的社会保障一般计划的每小时最低缴费基数。

3. 第 251 条 a 项的规定自 2012 年 1 月 1 日起施行。

4. 自 2012 年起至 2022 年，在计算家庭雇员在特殊方案下由普通意外引起的永久性丧失劳动力津贴和退休养老金的计算基数，只需计入实际缴费时间，不适用第 197 条第 4 款和第 209 条第 1 款 b 项的规定。

*注意：本条经 2022 年 9 月 6 日颁布的第 16/2022 号皇家法令第 3 条修订，该法令规定了改善为家庭服务的雇员的工作和社会保障条件。

第十七条　源自农业社会保障特别计划的工人

1. 登记于农业社会保障特别计划下的工人，自 2012 年 1 月 1 日起被纳入社会保障一般计划下的农业工人特别方案，根据 2011 年 9 月 22 日颁布的第 28/2011 号法律（该法对上述计划进行了整合），需遵循适用于这一特别方案的规则，且有以下特点：

a. 为了在农闲期间仍被纳入社会保障一般计划下的农业工人特别方案，本条款所述工人无须遵守第 253 条第 2 款规定的义务。

b. 在上述工人没有明确要求的情况下，只有未按照第 253 条第 4 款 b 项第（2）号规定在农闲期间缴纳基本社会保险费的情况下，才可将其排除于特别方案之外，并因此退出一般计划。

c. 应根据本条第 1 款 a 项规定的条件确定工人在该方案中的登记时间以将上述工人重新纳入农业工人特别方案。

2. 本条所述工人在已废除的农业社会保障特别计划下缴纳的社保费应被视为已在社会保障一般计划下缴费，并对完善权利和确定工人根据本法规定可能获得的上述一般计划保护措施中规定的待遇金额完全有效。

第十八条　在农业工人特别方案中逐步实施缴费基数和费率以及缴费减免

1. 在不妨碍本法第二篇第二章第二节、特别是第 255 条规定的情形下，农业工人特别方案农业期间的缴费需符合以下条件：

A. 自 2012 年起，应根据根据第 255 条规定的第 147 条确定所有基本社会保险和联合征收保险项目的缴费基数。

在上述财政年度适用的最高缴费基数为每月 1800 欧元或每个工作日

78.26 欧元。自 2012 年起的四年内,未来的《国家总预算法》将提高最高缴费基数,使其与一般计划中的现有基数保持一致,确定本条 C 项规定的缴费减免的增长比例,使缴费增长在年度上不超过法定缴费基数的上限,即 1800 欧元。

B. 对于缴费组别第 2 组至第 11 组的工人,2012 年雇主的费率为 15.95%,在 2013—2021 年每年增加 0.45 个百分点,在 2022—2026 年增加 0.24 个百分点,在 2027—2031 年增加 0.48 个百分点,按照以下比例,2031 年达到 23.60% 的比率。

年份	雇主的费率(%)
2012	15.95
2013	16.40
2014	16.85
2015	17.30
2016	17.75
2017	18.20
2018	18.65
2019	19.10
2020	19.55
2021	20.00
2022	20.24
2023	20.48
2024	20.72
2025	20.96
2026	21.20
2027	21.68
2028	22.16
2029	22.64
2030	23.12
2031	23.60

C. 自 2012 年起,雇主承担的普通意外险的缴费将适用以下减免措施:

a. 列入缴费组第 1 组的工人,在 2012—2031 年缴费基数减免 8.10 个百分点的,以使该期间普通意外险的有效缴费率为 15.50%。

b. 缴费组别第 2 组至第 11 组的工人，应按照以下规则进行减免：

（1）缴费基数等于或低于每月 986.70 欧元或每个工作日 42.90 欧元的，应按下表中所列的百分比扣减缴费基数：

年份	缴费基数扣减百分比
2012	6.15
2013	6.33
2014	6.50
2015	6.68
2016	6.83
2017	6.97
2018	7.11
2019	7.20
2020	7.29
2021	7.36
2022	7.40
2023	7.40
2024	7.40
2025	7.40
2026	7.40
2027	7.60
2028	7.75
2029	7.90
2030	8.00
2031	8.10

（2）缴费基数高于前项规定数额且每月不超过 1800 欧元或每个工作日不超过 78.26 欧元的，则在 2012—2021 年应适用以下公式得出的百分比：

月缴费基数采用的公式是：

$$\text{月减免额度}\%(X\text{年}) = \text{表格中}X\text{年减免额度}\% \times \left\{1 + \frac{\text{月缴费基数}(X\text{年}) - 986.70}{\text{月缴费基数}(X\text{年})} \times 2.52 \times \frac{6.15\%}{\text{表格中}X\text{年减免额度}\%}\right\}$$

X = 为计算减免额，2012—2021 年之间的自然年。

基于实际工作日的缴费基数采用的公式是：

日减免额度 %(X 年) = 表格中 X 年减免额度 % ×

$$\left\{1 + \frac{\text{日缴费基数(X 年)} - 42.90}{\text{日缴费基数(X 年)}} \times 2.52 \times \frac{6.15\%}{\text{表格中 X 年减免额度 \%}}\right\}$$

X = 为计算减免额, 2012—2021 年之间的自然年。

在 2022—2030 年, 缴费基数减免的百分比将按以下公式得出:

月或日减免额度 %(X 年) = 2021 年月或日缴费基数减免额度 %(X 年) +

$$\left\{\frac{8.1\% - 2021 \text{ 年月或日缴费基数减免额度 \%(X 年)}}{10} \times (X \text{ 年} - 2021)\right\}$$

X = 为计算减免额, 2012—2021 年之间的自然年。

在所有情况下 2031 年的减免额度均为 8.10%。

在按月缴费的情况下, 工人未从自然月开始和结束时展开或结束农业活动的, 本条款 C 项所述减免比例需与该月的工作天数成正比。

2. 暂时性丧失劳动力、孕期保险、哺乳期保险, 以及在农业活动期间的生育和陪产的情形下, 雇主承担的保险费的减免政策如下:

a. 普通意外险的缴费基数, 2012 年减少 13.20 个百分点, 在 2013—2021 年每年增加 0.45 个百分点, 在 2022—2026 年每年增加 0.24 个百分点, 在 2027—2031 年每年增加 0.48 个百分点, 在 2031 年达到缴费基数减免 20.85 个百分点, 具体参照以下比例:

年份	缴费基数减免百分比
2012	13.20
2013	13.65
2014	14.10
2015	14.55
2016	15.00
2017	15.45
2018	15.90
2019	16.35
2020	16.80
2021	17.25
2022	17.49
2023	17.73

续表

年份	缴费基数减免百分比
2024	17.97
2025	18.21
2026	18.45
2027	18.93
2028	19.41
2029	19.89
2030	20.37
2031	20.85

b. 失业保险的缴费基数减免2.75个百分点。

3. 本条规定的缴费减免额度可根据在该时间段内消费者价格指数的变化情况，通过未来的《国家总预算法》每三年更新一次。

第十九条　某些合伙人的适用计划

在不妨碍本法第14条第2款规定的情况下，根据1987年4月2日颁布的第3/1987号《合作社总法》过渡条款第7条的规定，选择保持自雇人士作为类似合作社社员的情形，就社会保障而言，应根据第14条第1款规定的条件保留这一选择权。

但是，如果此类合作社需修改其合作社社员的登记计划以便将其作为雇员其登记在其他相应计划下，则无法再次行使选择权。

第二十条　自雇人士社会保障特别计划登记之前缴费待遇的有效性

第319条的规定仅适用于1994年1月1日以后正式登记的情形。

登记于1994年1月1日之前的情形，上述条款仅适用于自2022年1月1日起产生的待遇。

＊注意：本条经2022年12月28日颁布的第22/2021号《2022年国家总预算法》最终条款第28条制定。

第二十一条　联合代办机构

政府应就业和社会保障部的建议，确定在尚未联合的代办机构中投保的群体被纳入社会保障一般计划或其他特殊计划的形式和条件，该群体根据本法规定属于社会保障制度适用范围并应纳入社会保障一般计划或其他特殊计划。需要制定每种机构联合情况的进行经济补偿性规则。

第二十二条　足球俱乐部的社会保障债务

1. 在 1990 年 10 月 15 日颁布的第 10/1990 号《体育法》附加条款第 15 条所述《职业足球保障协议》的框架内，职业足球联盟应清偿截至 1989 年 12 月 31 日的社会保障债务，已与职业联盟签署相应特别协议的足球俱乐部将免除相应债务。

前段所述债务是指在 1989—1990 和 1990—1991 赛季参加足球甲级和乙级联赛正式比赛的俱乐部的债务。

2. 同样，为了履行 1985 年保障协议中的承诺，职业足球联盟需承担支付与上述协议中包括的其他俱乐部有关的（但不包括前款第 2 段所述之债务）、在上述协议签署之前已产生的、截至 1989 年 12 月 31 日尚未支付的社会保障债务。

3. 如果职业联盟不全部或部分支付上述债务，由社会保障征收机构应通过强制方式从 1990 年 10 月 15 日颁布的第 10/1990 号《体育法》过渡条款第 3 条第 3 款所述之担保扣除未清偿债务部分。

4. 在保障协议的框架内，一旦全国职业足球联盟承担了足球俱乐部的与社会保障机构订立的所有社会保险债务，即可协商最长延期十二年清缴债务，但必须遵守 2004 年 6 月 11 日颁布的第 1415/2004 号皇家法令批准的现行《社会保险征收总条例》第 31 条及以下规定。

付款方式为每半年偿还一次，递延的款项将计提相应的逾期利息，该利息在每笔递延债务的最后一期支付。

第二十三条　筹资协议

第 21 条授予社会保障基金管理总局的征收权力在国家和社会保障建立统一的征收制度之前一直有效。

第二十四条　非缴费型福利的不兼容性

1. 受益人不得同时领取非缴费型社会保障福利和援助性年金，后者由 1960 年 7 月 21 日颁布的第 45/1960 号法律规定，该法律设立了某些应用于社会税收和储蓄的国家基金，并由 1992 年 11 月 24 日颁布的《紧急预算措施法规》的第 28/1992 号法律废除；2013 年 11 月 29 日颁布的第 1/2013 号皇家法令批准的《残疾人权利和社会融入总法》修订本的第 8 条第 3 款和唯一过渡条款规定的最低收入保障补贴和第三人补助金，也不得与非缴费型社会保障福利同时领取。

2. 第 353 条第 2 款 b 项和 c 项规定的受抚养残疾子女特别经济补贴的受

益人，不符合1960年7月21日颁布的第45/1960号法律规定的并由1992年11月24日第28/1992号法律废除的援助性年金受益人的条件，也不符合《残疾人权利和社会融入总法》修订本的第8条第3款和唯一过渡条款规定的最低收入保障补贴和第三人补助金的条件。

第二十五条　残障人士经济补贴存续

1. 最低收入补贴和第三人补助金的受益人，根据具体立法的条款和条件，应继续有权享有根据2013年11月29日颁布的第1/2013号皇家法令批准的《残疾人权利和社会融入总法》修订本的第8条第3款和唯一过渡条款规定的上述福利，除非参保人继续获得非缴费型福利金，在此情况下，应施行本法过渡条款第24条的规定。

2. 在不妨碍前款规定的情况下，具体立法中关于在公共或私人中心接受照料的最低收入保障补贴受益人领取的金额的规定，根据适用于此类中心筹资的现行一般性规则，无论该金额是否包括住宿费用，均应予以废除。

3. 最低收入保障津贴的受益人为受雇或自雇的情况下，在自动恢复津贴权利方面，本法第363条为非缴费型残疾津贴受益人制定的规定应予以适用。同样，就其具体适用法律规定的目的而言，在参保人合同终止或中断就业的财年中因受雇或自雇而可能获得的任何收入不计入作为年度收入。

第二十六条　永久性丧失劳动力认定

一、本法第194条之规定仅适用于上述第194条第3款所述管理规定施行之日起。在上述条款通过法规制定之前，应适用以下法规：

"第194条永久性丧失劳动力程度

1. 永久性丧失劳动力程度，无论其决定性原因如何，都应根据以下程度进行分类：

a. 部分永久性丧失从事普通职业的能力。

b. 完全永久性丧失从事普通职业的能力。

c. 绝对永久性丧失所有工作的能力。

d. 严重伤残。

2. 在发生事故的情况下，无论是否为工伤事故，普通职业应理解为雇员在事故发生时通常从事的职业。在普通疾病或职业病的情况下，普通职业应理解为雇员在丧失工作能力之前主要从事的合法职业。

3. 部分永久性丧失从事普通职业的能力应理解为，在未达到完全丧失劳动能力的程度时，雇员在上述职业中的正常劳动能力减少不少于33%，但不妨碍其执行同一职业的基本任务。

4. 完全永久性丧失从事普通职业的能力应被理解为雇员无法从事该职业的所有或基本任务，但能够从事另一种职业。

5. 绝对永久性地丧失所有工作的能力应被理解为雇员完全无法从事任何职业。

6. 严重伤残应被理解为雇员在永久性丧失劳动力的情况下，由于身体结构或机能上的缺失，需要他人协助进行最基本的生活行为，如穿衣、走动、吃饭或类似行为。

二、在本条通过法规制定之前，本法修订本和其他条款对"部分永久性丧失劳动能力"的描述应被理解为"部分永久性丧失从事普通职业的能力"；"完全永久性丧失劳动能力"应理解为"完全永久丧失从事普通职业的能力"；"绝对永久性丧失劳动能力"应理解为"绝对永久性丧失从事所有工作的能力"。

第二十七条 低于缴费型年金最低标准的补助

1. 第59条第2款规定的达到年金最低标准所需的补助金的限额，不适用于2013年1月1日之前产生的年金。

2. 同样，对于在2013年1月1日之后产生的年金，需要满足第59条第1款所述的居住在西班牙境内的要求，以便有权获得达到年金最低标准的补助金。

第二十八条 某些法定失业情形的认可

第267条第1款a项第（2）、（3）和（4）号规定的法定失业情形在通过法规制定之前，雇员需以下列方式认可法定失业情形：

（1）合同因雇主个人死亡、退休或丧失劳动能力而终止的，雇主、其继承人或法定代表人应通过书面形式告知劳动者终止雇佣关系的原因，或通过下段规定通过行政或司法调解书或最终司法决议终止雇佣关系。

（2）在解雇的情况下，应通过《劳工法》修订本第55条第1款所述书面通知终止雇佣关系。若无此类通知，应通过公司证明或社会保障劳动监察局的报告，说明非自愿终止雇佣关系及其生效日期，或通过行政调解书进行认可说明雇员对解雇提出上诉而雇主未出庭。

也可以通过行政或司法调解书或宣布解雇有效性或非法性的最终司法决议来证明。在非法解雇的情况下，还必须证明雇主或作为工人法定代表的雇员未选择复职。

（3）在基于客观原因解雇的情况下，应根据《劳工法》修订本第 53 条的规定通过书面通知雇员，或根据前款规定通过行政或司法调解书或最终司法决议终止雇佣关系。

第二十九条　1998 年 1 月 1 日之前纳入自雇人士社会保障特别计划的雇员的暂时性丧失劳动力经济待遇的覆盖范围

1998 年 1 月 1 日之前被纳入自雇人士特别计划并在经办机构中拥有相同保障的雇员，无义务在社会保障互助合作保险协会正式投保以获得第 83 条第 1 款 b 项规定的暂时性丧失劳动力经济待遇保障。

第三十条　在某些情况下可以获得特别失业补助

2018 年 3 月 1 日至 2018 年度《国家总预算法》施行之日期间用尽第 274 条规定的失业补助金的人员，可享受附加条款第 27 条规定之特别失业补助。前提是在用尽后的两个月内提出申请，并满足第 1 款 a 项所述群体要求的条件。在此情况下，获得特别津贴的权利将于申请次日生效。

两个月期限届满后提交申请的，则享受权利期限应减去该期限结束与实际提出申请之日之间的天数。

＊注意：本条经 2018 年 6 月 3 日颁布的第 6/2018 号《国家总预算法》最终条款第 40 条引入。

第三十一条　自 2019 年 3 月 1 日颁布的第 6/2019 号皇家法令《保障男女拥有平等就业待遇和机会的紧急措施法令》生效之日起，社会保障体系中关于受供养人的非专业护理人员的特别协议

1. 2007 年 5 月 11 日颁布的关于受供养人的非专业护理人员的社会保障规定的第 615/2007 号皇家法令规定的、于 2019 年 3 月 1 日颁布的第 6/2019 号皇家法令生效之日依然存在的受供养人非专业护理人员社会保障体系中的特别协议，应继续有效并完全受上述皇家法令的规定约束，其基本社保费自 2019 年 4 月 1 日起由国家总局承担。

＊注意：本款经 2019 年 3 月 8 日颁布的第 8/2019 号皇家法令最终条款第 2 条之三修订，该法令制定了社会保护和应对工作日劳动不稳定的紧急措施。

2. 在 2019 年 4 月 1 日，即 2019 年 3 月 1 日颁布的第 6/2019 号皇家法令《保障男女拥有平等就业待遇和机会的紧急措施法令》第 2 条生效之前，如果非专业护理人员能证明其照顾的受供养人是 2006 年 12 月 14 日颁布的第 39/2006 号《促进个人自主及照顾无生活自理能力者法规》第 18 条所述经济待遇的受益人，则可要求签署本特别协议，自该日起生效，但必须在该日之后的九十日内提出申请。在上述期限之后，其效力将从提出签署请求之日开始生效。

*注意：本条经2019年3月1日颁布的第6/2019号皇家法令《保障男女拥有平等就业待遇和机会的紧急措施法令》第4条第13项增补。

第三十二条　支付非强制性生产育儿津贴的过渡期

如果2015年10月30日颁布的第8/2015号皇家法令批准的《社会保障总法》修订本第二篇第六章规定的生产育儿津贴的受益人，在分娩后六个星期后间断性地享受十个星期的待遇，只要经办机构未对上述待遇的管理、手续办理和支付应用程序进行必要的软件开发，则该期间的待遇在其完全用尽后才会得到支付。

*注意：本条款经2019年3月1日颁布的第6/2019号皇家法令《保障男女拥有平等就业待遇和机会的紧急措施法令》第4条第14项增补。

第三十三条　社会保障缴费型生育补助金的过渡性维持

在第60条修正案施行之日，正在领取人口缴费生育补助的人员可继续领取该补助。

不可同时领取上述生育补助和为缩小性别差距而提供的缴费型年金补助，后者被认定为新的公共年金，参保人应在两者之间选择其一。

如果孩子的另一方父母有权获得人口缴费生育补助，以及1987年4月30日颁布的第670/1987号皇家法令批准的《国家年金法》修订本补充条款第18条规定的为缩小性别差距的缴费型年金补助，则该补助每月发放的金额应从正在领取的生育补助中扣除。只要该申请是在做出决议或（如适用）认定该补助后的六个月内提出的，其经济效力自做出决议后次月的第一日起生效。在此期限过后，其经济效力应从决议当月后第七个月的第一日起生效。

*注意：经2021年2月2日颁布的第3/2021号皇家法令第4条第1款增补，该法令规定了采取缩小性别差距以及社会保障和经济事务领域其他事项的措施。

第三十四条　当退休养老金超过为规定限额时逐步适用第210条第3款规定的退休年龄折减系数

1. 与本法第210条第3款第2款相关的本条第2款规定仅适用于以下情况：对计算基数高于退休养老金最高标准的雇员，其退休养老金最高标准的演变完全受到了 2021 年有效系数增长的影响，因此其退休养老金在任何情况下都不低于施行 2021 年有效法规后的养老金。

2. 本法第 210 条第 3 款第 2 段规定的待遇自 2024 年 1 月 1 日起生效，并按下表计算的折减系数，分十年逐步施行，具体取决于认定的缴费年限和提前的月份数。在此之前，2015 年 10 月 30 日颁布第 8/2015 号皇家法令第 210 条第 3 款第 2 段的法律规定仍然有效，该法令批准了《社会保险总法》的修订本。参考表格如下：

缴费年限不足三十八年零六个月的：

提前月数	2024 年	2025 年	2026 年	2027 年	2028 年	2029 年	2030 年	2031 年	2032 年	2033 年
24	5.70	7.40	9.10	10.80	12.50	14.20	15.90	17.60	19.30	21.00
23	5.36	6.72	8.08	9.44	10.80	12.16	13.52	14.88	16.24	17.60
22	5.07	6.13	7.20	8.27	9.34	10.40	11.47	12.54	13.60	14.67
21	4.41	5.31	6.22	7.13	8.04	8.94	9.85	10.76	11.66	12.57
20	4.25	5.00	5.75	6.50	7.25	8.00	8.75	9.50	10.25	11.00
19	4.13	4.76	5.38	6.01	6.64	7.27	7.90	8.52	9.15	9.78
18	3.58	4.16	4.74	5.32	5.90	6.48	7.06	7.64	8.22	8.80
17	3.50	4.00	4.50	5.00	5.50	6.00	6.50	7.00	7.50	8.00
16	3.43	3.87	4.30	4.73	5.17	5.60	6.03	6.46	6.90	7.33
15	2.93	3.35	3.78	4.21	4.64	5.06	5.49	5.92	6.34	6.77
14	2.88	3.26	3.64	4.02	4.40	4.77	5.15	5.53	5.91	6.29
13	2.84	3.17	3.51	3.85	4.19	4.52	4.86	5.20	5.53	5.87
12	2.35	2.70	3.05	3.40	3.75	4.10	4.45	4.80	5.15	5.50
11	2.32	2.64	2.95	3.27	3.59	3.91	4.23	4.54	4.86	5.18
10	2.29	2.58	2.87	3.16	3.45	3.73	4.02	4.31	4.60	4.89
9	1.81	2.13	2.44	2.75	3.07	3.38	3.69	4.00	4.32	4.63
8	1.79	2.08	2.37	2.66	2.95	3.24	3.53	3.82	4.11	4.40
7	1.77	2.04	2.31	2.58	2.85	3.11	3.38	3.65	3.92	4.19
6	1.30	1.60	1.90	2.20	2.50	2.80	3.10	3.40	3.70	4.00
5	1.28	1.57	1.85	2.13	2.42	2.70	2.98	3.26	3.55	3.83
4	1.27	1.53	1.80	2.07	2.34	2.60	2.87	3.14	3.40	3.67
3	0.80	1.10	1.41	1.71	2.01	2.31	2.61	2.92	3.22	3.52
2	0.79	1.08	1.36	1.65	1.94	2.23	2.52	2.80	3.09	3.38
1	0.78	1.05	1.33	1.60	1.88	2.16	2.43	2.71	2.98	3.26

缴费年限等于或大于三十八年零六个月但少于四十一年零六个月的：

提前月数	2024 年	2025 年	2026 年	2027 年	2028 年	2029 年	2030 年	2031 年	2032 年	2033 年
24	5.30	6.60	7.90	9.20	10.50	11.80	13.10	14.40	15.70	17.00
23	5.10	6.20	7.30	8.40	9.50	10.60	11.70	12.80	13.90	15.00
22	4.93	5.87	6.80	7.73	8.67	9.60	10.53	11.46	12.40	13.33
21	4.29	5.09	5.88	6.67	7.47	8.26	9.05	9.84	10.64	11.43
20	4.15	4.80	5.45	6.10	6.75	7.40	8.05	8.70	9.35	10.00
19	4.04	4.58	5.12	5.66	6.20	6.73	7.27	7.81	8.35	8.89
18	3.50	4.00	4.50	5.00	5.50	6.00	6.50	7.00	7.50	8.00
17	3.43	3.85	4.28	4.71	5.14	5.56	5.99	6.42	6.84	7.27
16	3.37	3.73	4.10	4.47	4.84	5.20	5.57	5.94	6.30	6.67
15	2.87	3.23	3.60	3.96	4.33	4.69	5.06	5.42	5.79	6.15
14	2.82	3.14	3.46	3.78	4.11	4.43	4.75	5.07	5.39	5.71
13	2.78	3.07	3.35	3.63	3.92	4.20	4.48	4.76	5.05	5.33
12	2.30	2.60	2.90	3.20	3.50	3.80	4.10	4.40	4.70	5.00
11	2.27	2.54	2.81	3.08	3.36	3.63	3.90	4.17	4.44	4.71
10	2.24	2.49	2.73	2.98	3.22	3.46	3.71	3.95	4.20	4.44
9	1.77	2.04	2.31	2.58	2.86	3.13	3.40	3.67	3.94	4.21
8	1.75	2.00	2.25	2.50	2.75	3.00	3.25	3.50	3.75	4.00
7	1.73	1.96	2.19	2.42	2.66	2.89	3.12	3.35	3.58	3.81
6	1.26	1.53	1.79	2.06	2.32	2.58	2.85	3.11	3.38	3.64
5	1.25	1.50	1.74	1.99	2.24	2.49	2.74	2.98	3.23	3.48
4	1.23	1.47	1.70	1.93	2.17	2.40	2.63	2.86	3.10	3.33
3	0.77	1.04	1.31	1.58	1.85	2.12	2.39	2.66	2.93	3.20
2	0.76	1.02	1.27	1.53	1.79	2.05	2.31	2.56	2.82	3.08
1	0.75	0.99	1.24	1.48	1.73	1.98	2.22	2.47	2.71	2.96

缴费年限等于或大于四十四年零六个月的：

提前月数	2024 年	2025 年	2026 年	2027 年	2028 年	2029 年	2030 年	2031 年	2032 年	2033 年
24	5.30	6.60	7.90	9.20	10.50	11.80	13.10	14.40	15.70	17.00
23	5.10	6.20	7.30	8.40	9.50	10.60	11.70	12.80	13.90	15.00

续表

提前月数	2024 年	2025 年	2026 年	2027 年	2028 年	2029 年	2030 年	2031 年	2032 年	2033 年
22	4.93	5.87	6.80	7.73	8.67	9.60	10.53	11.46	12.40	13.33
21	4.29	5.09	5.88	6.67	7.47	8.26	9.05	9.84	10.64	11.43
20	4.15	4.80	5.45	6.10	6.75	7.40	8.05	8.70	9.35	10.00
19	4.04	4.58	5.12	5.66	6.20	6.73	7.27	7.81	8.35	8.89
18	3.50	4.00	4.50	5.00	5.50	6.00	6.50	7.00	7.50	8.00
17	3.43	3.85	4.28	4.71	5.14	5.56	5.99	6.42	6.84	7.27
16	3.37	3.73	4.10	4.47	4.84	5.20	5.57	5.94	6.30	6.67
15	2.87	3.23	3.60	3.96	4.33	4.69	5.06	5.42	5.79	6.15
14	2.82	3.14	3.46	3.78	4.11	4.43	4.75	5.07	5.39	5.71
13	2.78	3.07	3.35	3.63	3.92	4.20	4.48	4.76	5.05	5.33
12	2.30	2.60	2.90	3.20	3.50	3.80	4.10	4.40	4.70	5.00
11	2.27	2.54	2.81	3.08	3.36	3.63	3.90	4.17	4.44	4.71
10	2.24	2.49	2.73	2.98	3.22	3.46	3.71	3.95	4.20	4.44
9	1.77	2.04	2.31	2.58	2.86	3.13	3.40	3.67	3.94	4.21
8	1.75	2.00	2.25	2.50	2.75	3.00	3.25	3.50	3.75	4.00
7	1.73	1.96	2.19	2.42	2.66	2.89	3.12	3.35	3.58	3.81
6	1.26	1.53	1.79	2.06	2.32	2.58	2.85	3.11	3.38	3.64
5	1.25	1.50	1.74	1.99	2.24	2.49	2.74	2.98	3.23	3.48
4	1.23	1.47	1.70	1.93	2.17	2.40	2.63	2.86	3.10	3.33
3	0.77	1.04	1.31	1.58	1.85	2.12	2.39	2.66	2.93	3.20
2	0.76	1.02	1.27	1.53	1.79	2.05	2.31	2.56	2.82	3.08
1	0.75	0.99	1.24	1.48	1.73	1.98	2.22	2.47	2.71	2.96

3. 在不妨碍前款规定的情况下，第 210 条第 3 款第 2 段所述人员在本条款生效后，只要赋予提前退休方式权利的劳动合同终止符合以下条件之一，即可继续适用本条规定的按参保人意愿获得提前退休的方式：

a. 劳动合同终止于 2022 年 1 月 1 日之前，并且在该日期之后参保人未被纳入任何社会保障计划超过十二个月以上。

b. 2022 年 1 月 1 日之前批准的、因临时劳动力调整计划做出的决议，或由于任何范围的集体协议、公司集体协议或破产程序中通过的决议后结束劳动合同的。

然而，如果更有利于参保人获得上述 a 项和 b 项所述的退休养老金权利，管理部门可适用参保人退休时居住地所在成员国的现行法律。

*注意：本条款经 2021 年 12 月 28 日颁布的第 21/2021 号《保证年金购买力及加强公共年金制度社会财政可持续性的其他措施法规》第 1 条第 21 款增补。

第三十五条 2022 财政年度对应的稳定储备金盈余分配及构成

第 95 条第 2 款、第 96 条第 1 款和第 118 条第 3 款的规定均适用于社会保障互助合作保险协会进行 2022 财政年度对应的年度结算。

*注意：过渡条款第 35 条经 2022 年 12 月 23 日颁布的第 31/2022 号《2023 年国家总预算法》最终条款第 25 条增补。

第三十六条 缴费型退休养老金与分配到国家卫生系统的具有法定人员或公务员身份的初级保健医生、家庭医生和儿科医生的工作的兼容性

1. 在本过渡条款生效后的三年内，分配给国家卫生系统的具有法定人员或公务员身份的初级保健医生、家庭医生和儿科医生可在现役期延长期间内继续履行职责，一旦采用公共年金的最高标准（如果适用），即可同时获得退休养老金初始金额的 75%。

同样，已经获取缴费型退休养老金、隶属于国家卫生系统并具有法定任命或公务员身份的重返现役的初级保健医生也有资格享受上述兼容性，只要其退休时间为 2022 年 1 月 1 日以后，或者在 2020 年 10 月 25 日颁布的宣布进入警报状态以遏制由新型冠状病毒（SARS-CoV-2）引起的感染传播的第 926/2020 号皇家法令规定的警戒状态结束后，根据 2021 年 5 月 4 日颁布的在卫生、社会和司法秩序方面采取紧急措施的第 8/2021 号皇家法令的规定，被法定任命或具有公务员身份的卫生专业人员与享受退休养老金的兼容性已经被接受。

2. 本过渡条款规定的兼容性应符合以下要求：

a. 一旦达到第 8/2015 号皇家法令批准的《社会保障总法》修订本第 205 条第 1 款 a 项为每种情况规定的年龄，即可领取养老金，无须为此目的参考适用于参保人的退休福利或提前退休年龄。

前段规定不适用于根据 2021 年 5 月 4 日颁布的第 8/2021 号皇家法令被法定任命或具有公务员身份且同时领取退休金的医务工作者。

b. 兼容性适用于全职工作和非全职工作，只要工作时长的缩短比例在任何情况下都是全职雇员正常工作时长的 15%。

c. 只要受益人满足要求，即有权在退休养老金与其职责相兼容的期间内领取因低于退休养老金最低标准而发放的补助金。

d. 延迟退休养老金补助金与本条款规定的兼容性是并立同存的，其金额不会减少。

e. 社会保障缴费型退休养老金的受益人，除了履行初级保健医生的职能外，还受雇或自雇从事任何其他工作，使其被纳入社会保障一般计划或某种特殊计划的适用范围，将无法享受此种兼容模式。

3. 受益人在所有情况下都应被视为退休养老金领取者。

4. 在从事与退休养老金相兼容的工作期间，需履行《社会保障总法》修订本第 16 条规定的参保、登记、注销和信息变更的义务以及该法第 18 条和第 19 条规定的缴费义务，其第 153 条的规定不适用。

5. 在不妨碍第 6 款规定的情形下，在从事与退休养老金相兼容的工作期间，应保护参保人免受所有普通意外和工伤事故的影响，并适用《社会保障总法》修订本中规定的年金标准制度，以及不兼容性和行使选择权，前提是参保人符合上述保险的必要条件。

领取因普通疾病造成的暂时性丧失劳动力津贴不设最低缴费年限的限制。

6. 对在从事兼容工作期间出现暂时性丧失劳动力情况的，退休养老金在病休次月的第一日暂停发放，并在复工次月的第一日恢复发放。

复发时，亦适用前款规定。

在任何情况下，除了现行法规中规定的一般原因外，暂时性残疾津贴权利因兼容工作的终止而消灭。

7. 一旦兼容工作结束，在该期间缴纳的社保费可能会导致适用于退休养老金计算基数的百分比发生变化，则该计算基数需保持不变。

同样，对于第 2 款 a 项第 2 段所述之提前退休医务人员，上述缴费可能减少或取消（如适用）在享受退休养老金时本应适用的折减系数。

上述缴费对《社会保障总法》修订本第 210 条第 2 款和《国家年金法》修订本补充条款第 17 条规定的补助金无任何影响。

*注意：本条款经 2022 年 12 月 27 日颁布的第 20/2022 号皇家法令第 83 条增补，该法令规定了关于应对乌克兰战争的经济和社会影响以及支持重建拉帕尔马岛和其他风险的措施。

第三十七条　国家社会保障局医疗检查，于 2023 年 5 月 17 日生效

本法中提及的国家社会保障局的医疗检查，应理解为在国家社会保障局尚未设立医疗检查的自治区内履行相同职能的机构，直至该机构成立并开始运作。

*注意：本条款经 2023 年 3 月 16 日颁布的第 2/2023 号皇家法令《扩大年金领取者权利并缩小性别差距以及建立可持续公共年金制度新框架的紧急措施法令》最后条款第 10 条修订。

第三十八条　适用缴费基数最高标准的过渡规则

1. 自 2024 年至 2050 年，在此期间批准的每年《国家总预算法》应根据第 19 条第 3 款的规定确定不同社会保障计划的缴费基数最高标准，但需在上述条款中规定的比例上每年增加 1.2 个固定的百分比。

2. 政府应在社会对话的框架内，每五年对最高缴费基数这一增长的影响进行评估，并向《托莱多公约》协定监测和评估非常设委员会提交报告。

*注意：过渡条款第 38 条经 2023 年 3 月 16 日颁布的第 2/2023 号皇家法令《扩大年金领取者权利并缩小性别差距以及建立可持续公共年金制度新框架的紧急措施法令》第 1 条第 38 项增补。

第三十九条　确定自 2025 年 1 月 1 日起的初始年金最高标准的过渡性规则

1. 为了确定第 57 条规定的自 2025 年起应计年金的最高初始额，自 2025 年起至 2050 年为止，在此期间每年的《国家总预算法》应在上一年度确定的最高标准的基础上应用根据第 58 条第 2 款规定的百分比，再每年额外增加 0.115 个累积百分点，直至 2050 年。

2. 自 2025 年起计提的、数额已根据第 1 款的规定确定的初始年金，应根据第 58 条第 2 款的规定在连续几年内重新评估。

3. 2025 年前计提的、金额在 2024 年 12 月 31 日因适用《国家总预算法》为该年规定的最高标准而受到限制的年金，此后应基于 2024 年确定的金额适用第 58 条第 2 款的规定对其进行更新，并对前一年重新评估的金额连续进行年度重估。

4. 自 2051 年起，适用于确定自该年起至 2065 年产生的年金最高初始额的额外年度增幅如下表所示：

年份	年金最高初始额的额外年度增幅（%）
2051	3.2
2052	3.6
2053	4.1
2054	4.8
2055	5.5
2056	6.4
2057	7.4
2058	8.5
2059	9.8
2060	11.2
2061	12.7
2062	14.3
2063	16.1
2064	18.0
2065	20.0

2065 年，在社会对话框架内评估保持趋同进程直至达到 30 个百分点的总增长的可取性。

* 注意：过渡条款第 39 条经 2023 年 3 月 16 日颁布的第 2/2023 号皇家法令《扩大年金领取者权利并缩小性别差距以及建立可持续公共年金制度新框架的紧急措施法令》第 1 条第 39 项的规定增补。

第四十条　退休养老金计算基数的过渡规则

确定第 209 条第 1 款规定的计算基数需逐步适用于所有社会保障计划，具体如下：

自 2026 年 1 月 1 日起，退休养老金计算基数为退休当月前三百零四个月内三百零二个最高缴费基数之和除以 352.33。

自 2027 年 1 月 1 日起，退休养老金计算基数为退休当月前三百零八个月内三百零四个最高缴费基数之和除以 354.67。

自 2028 年 1 月 1 日起，退休养老金计算基数为退休当月前三百一十二个月内三百零六个最高缴费基数之和除以 357.00。

自 2029 年 1 月 1 日起，退休养老金计算基数为退休当月前三百一十六个月内三百零八个最高缴费基数之和除以 359.33。

自 2030 年 1 月 1 日起，退休养老金计算基数为退休当月前三百二十个月内三百一十个最高缴费基数之和除以 361.67。

自 2031 年 1 月 1 日起，退休养老金计算基数为退休当月前三百二十四个月内三百一十二个最高缴费基数之和除以 364。

自 2032 年 1 月 1 日起，退休养老金计算基数为退休当月前三百二十八个月内三百一十四个最高缴费基数之和除以 366.33。

自 2033 年 1 月 1 日起，退休养老金计算基数为退休当月前三百三十二个月内三百一十六个最高缴费基数之和除以 368.67。

自 2034 年 1 月 1 日起，退休养老金计算基数为退休当月前三百三十六个月内三百一十八个最高缴费基数之和除以 371.00。

自 2035 年 1 月 1 日起，退休养老金计算基数为退休当月前三百四十个月内三百二十个最高缴费基数之和除以 373.33。

自 2036 年 1 月 1 日起，退休养老金计算基数为退休当月前三百四十四个月内三百二十二个最高缴费基数之和除以 375.67。

自 2037 年 1 月 1 日起，退休养老金计算基数将全部根据第 209 条第 1 款的规定计算。

*注意：过渡条款第 40 条经 2023 年 3 月 16 日颁布的第 2/2023 号皇家法令《扩大年金领取者权利并缩小性别差距以及建立可持续公共年金制度新框架的紧急措施法令》第 1 条第 40 项的规定增补。

第四十一条　对退休养老金中的性别差距大于 5% 的计入无义务缴费期以计算退休养老金，自 2026 年 1 月 1 日生效

只要根据附加条款第 37 条的规定性别差距大于 5%，在计算妇女雇员的退休养老金时，可适用第 209 条第 1 款的计入无缴费义务期规定，自第四十九个到第六十个无缴费义务的月份，以一般计划相应月份的最低缴费基数全额计入。自第六十一个月至第八十四个月，该比例为同一基数的 80%。

在计算适用第 209 条第 1 款 b 项的男性雇员退休养老金时，只要其子女之一符合第 60 条第 1 款 b 项第（1）号和第（2）号规定的要求，即可采用前段规定的同一金额和月缴费基数。无须该男子取得的养老金高于另一方监护人，也无须后者必须有获得减少性别差距补助金的权利。

本过渡条款规定的缴费期计入规则应在不妨碍第 209 条第 1 款 b 项规定

的情形下适用。

* 注意：过渡条款第 41 条经 2023 年 3 月 16 日颁布的第 2/2023 号皇家法令《扩大年金领取者权利并缩小性别差距以及建立可持续公共年金制度新框架的紧急措施法令》第 1 条第 41 项增补。

第四十二条 应用特别统一缴款

第 19 条之二所述之特别统一缴款是对超过最高缴费基数的每个薪酬等级适用以下百分比的结果，自 2025—2045 年每年的百分比具体如下：

年份	薪酬超过最高缴费基数 10% 费率	薪酬超过最高缴费基数 10%—50% 费率	薪酬超过最高缴费基数的 50% 费率
2025	0.92	1.00	1.17
2026	1.15	1.25	1.46
2027	1.38	1.50	1.75
2028	1.60	1.75	2.04
2029	1.83	2.00	2.33
2030	2.06	2.25	2.63
2031	2.29	2.50	2.92
2032	2.52	2.75	3.21
2033	2.75	3.00	3.50
2034	2.98	3.25	3.79
2035	3.21	3.50	4.08
2036	3.44	3.75	4.38
2037	3.67	4.00	4.67
2038	3.90	4.25	4.96
2039	4.13	4.50	5.25
2040	4.35	4.75	5.54
2041	4.58	5.00	5.83
2042	4.81	5.25	6.13
2043	5.04	5.50	6.42
2044	5.27	5.75	6.71
2045	5.50	6.00	7.00

雇主和雇员之间的特别统一缴费率的分配与社会保障一般计划普通意外

险的费率分配保持相同的比例。

*注意：过渡条款第 42 条经 2023 年 3 月 16 日颁布的第 2/2023 号皇家法令《扩大年金领取者权利并缩小性别差距以及建立可持续公共年金制度新框架的紧急措施法令》第 1 条第 42 款增补。

第四十三条　代际公平机制的应用

第 127 条之二规定的代际公平机制的最终缴费根据以下比例自 2023 年 1 月 1 日至 2050 年 12 月 31 日生效：

2023 年为 0.60 个百分点，其中 0.50 对应企业，0.10 对应雇员。

2024 年为 0.70 个百分点，其中 0.58 对应企业，0.12 对应雇员。

2025 年为 0.80 个百分点，其中 0.67 对应企业，0.13 对应雇员。

2026 年为 0.90 个百分点，其中 0.75 对应企业，0.15 对应雇员。

2027 年为 1 个百分点，其中 0.83 对应企业，0.17 对应雇员。

2028 年为 1.10 个百分点，其中 0.92 对应企业，0.18 对应雇员。

2029 年为 1.2 个百分点，其中 1.00 对应企业，0.2 对应雇员。

自 2030 年至 2050 年，将保持 1.2 的相同百分比，在雇主和雇员之间平均分配。

*注意：过渡条款第 43 条经 2023 年 3 月 16 日颁布的第 2/2023 号皇家法令《扩大年金领取者权利并缩小性别差距以及建立可持续公共年金制度新框架的紧急措施法令》第 1 条第 43 款的规定增补。

第四十四条　适用于前事由的第 60 条规定

未计入确定第 237 条规定的缴费福利的缴费年限和缴费基数，第 60 条第 1 款 b 项第（3）号规定适用于认可减少自 2021 年 2 月 4 日起为缩小性别差距的缴费型待遇的补助金。

*注意：过渡条款第 44 条经 2023 年 3 月 16 日颁布的第 2/2023 号皇家法令《扩大年金领取者权利并缩小性别差距以及建立可持续公共年金制度新框架的紧急措施法令》第 1 条第 44 款增补。

最终条款

第一条 主管部门

本法所载条款受《宪法》第 149 条第 1 款第 17 项规定保护，具有普遍适用性，但与自治大区主管部门行使权限的方式和服务机构有关的方面除外，自治大区根据其自治章程的规定，承担所规范事项的权限。

第二条 其他部委的权限

本法中赋予就业和社会保障部的权力不应妨碍其他部委在涉及不同事项方面的权利。

第三条 因降低年龄标准调整退休养老金规则

为适用本法第 215 条的规定以及在制定促进就业措施时必须降低享受该退休养老金的普通年龄标准的其他情形下，政府应就业和社会保障部的建议，应调整社会保障制度中关于退休养老金的现行立法，条件是上述措施可使其他失业者取代退休雇员。

第四条 保持积极就业的雇员

在达到第 205 条第 1 款规定的年龄后，对于选择继续就业的雇员，政府在与最具代表性的工会组织和雇主协会协商后制定，可以对其实行免税或减扣社会保险费，并按比例暂停发放退休养老金。

第五条 与农业工人相关的条款

1. 在遵守本法法规并保障农业工人劳动群体的社会保障权利且事先征询附加条款第 15 条规定的监察委员会意见的情况下，可以按照规定确定将目前被纳入社会保障一般计划的某些农业劳动者纳入农业工人特别计划的可能性。

2. 签订非全职劳动合同的农业工人的社保费应根据法定条件、依照实际工作时长按比例进行缴纳，并不影响任何给定时间内适用法律规定的最低缴费基数。

3. 为了可能更新第 255 条第 2 款 e 项第（3）号所述职业培训税的费率，应酌情考虑相应社会对话圆桌会议之建议。

第六条 从事流动从业或上门推销的自雇人士

对于从事流动从业或上门推销的自雇人士，应为其在自雇人士特别计划确定最低缴费基数。该基数应低于根据《国家总预算法》为每个财政年度为该特别计划确定的一般缴费基数。

第六条之二 扩大领取退休养老金和就业之间的兼容机制

此后在社会对话的范围内以及《托莱多公约》协议内，缴费型退休养老金和本法第 214 条第 2 款规定的工作之间建立的兼容机制可适用于其他自雇或受雇的工作。

*注意：本条款经 2017 年 10 月 24 日颁布的第 6/2017 号《自雇职业紧急改革法规》最终条款第 5 条增补。

第七条 关于暂时性丧失劳动力的权限

社会保障国务秘书处根据国家社会保障局的提议，通过在《国家官方公报》上发布决议，确定行使第 170 条第 1 款规定职能的开始日期。

第八条 监管发展

就业和社会保障部有权制定本法的实施发展条例，并建议政府批准其一般条例。

政府还应批准实施和发展本法规定所必需的其他法规。特别是政府有权在失业保护行动方面并在本法第三篇第六章建立的财务和管理制度的范围内，制定名为"主动就业收入"的特别援助，帮助有特殊经济需求和就业困难的失业者，为其提供开展有利于融入劳动力市场的工作的承诺。

词汇表

El Ministerio de Trabajo y Economía Social	社会劳动经济部
Cabildos Insulares Canarios	加那利群岛议会
Consejos Insulares Baleares	巴利阿里群岛议会
El Comité de Gestión del Fondo de Reserva de la Seguridad Social	社会保障储备基金管理委员会
El Congreso de los Diputados	众议院
El Consejo de Estado	国务委员会
El Consejo de Ministros	内阁
El Consejo Económico y Social	社会经济理事会
El Consejo General del Instituto Nacional de la Seguridad Social	国家社会保障机构总委员会
El Consejo General del Poder Judicial	司法权总委员会
El Consejo General del Servicio Público de Empleo Estatal	国家公共就业服务总理事会
El Cuerpo de la Ertzaintza	巴斯克地区自治警察部队/埃尔茨坦萨警队
El Cuerpo de Mossos d'Esquadra	加泰罗尼亚总督府警察部队/莫索斯警队
El Cuerpo de Registradores de la Propiedad, Mercantiles y de Bienes Muebles	财产贸易和动产登记处
El Cuerpo Único de Notarios	联合公证处
El Instituto de Mayores y Servicios Sociales	社会养老服务局
El Instituto Nacional de Estadística	国家统计局
El Instituto Nacional de Gestión Sanitaria	国家卫生管理局
El Instituto Nacional de la Seguridad Social	国家社会保障局
El Instituto Social de la Marina	社会海洋局
El Ministerio de Defensa	国防部
El Ministerio de Economía y Competitividad	经济竞争力部
El Ministerio de Hacienda	财政部（前 el Ministerio de Hacienda y Administraciones Públicas）
El Ministerio de Inclusión, Seguridad Social y Migraciones	西班牙融合、社会保障及移民部（前"西班牙就业和社会保障部"）
El Ministerio del Interior	内政部
El Ministerio Público	检察院
El Ministro de Sanidad, Servicios Sociales e Igualdad	西班牙卫生社会服务及平等部
El Organismo Autónomo Jefatura Central de Tráfico	中央交通总部自治机构
El Organismo Estatal Inspección de Trabajo y Seguridad Social	国家社会保障劳动监察组织

续表

El Registro Central de Penados	国家刑事登记处
El Registro Civil	民事登记处
El Registro de la Propiedad	财产登记处
El Registro de Medidas Cautelares, Requisitorias y Sentencias no Firmes	预防措施、禁令和非最终判决登记处
El Registro de Prestaciones Sociales Públicas	公共社会福利待遇登记处
El Registro mercantil	商业登记处
El Secretario de Estado de Economía y Apoyo a la Empresa	经济商业支持国务大臣
El Secretario de Estado de la Seguridad Social	社会保障国务大臣
El Senado	参议院
El Servicio Jurídico de la Administración de la Seguridad Social	社会保障管理局法律事务处
El Servicio Público de Empleo Estatal	国家公共就业服务总局
El Tesoro Público	国库
El Trabajo Penitenciario y Formación para el Empleo	国家公法监狱劳工及就业培训局
El Tribunal Constitucional de España	西班牙宪法法院
El Tribunal de Cuentas	审计法院
El Tribunal Supremo	最高法院
Instituto de vida consagrada	天主教会宗教生活协会
La Administración de la Seguridad Social	社会保障管理局
La Administración General del Estado	国家行政总局
La Administración Penitenciaria	监狱管理局
La Agencia Española de Empleo	西班牙就业局
La Comisión Asesora de Inversiones del Fondo de Reserva de la Seguridad Social	社会保障储备基金投资咨询委员会
La Comisión Bilateral Generalidad-Estado	加泰罗尼亚自治区—国家双边委员会
La Comisión Coordinadora Estado-Navarra	国家—纳瓦拉协调委员会
La Comisión de Control y Seguimiento	监督跟踪委员会
La Comisión de Prestaciones Especiales	特别福利委员会
La Comisión de Seguimiento del Fondo de Reserva de la Seguridad Social	社会保障储备基金监督委员会
La Comisión de seguimiento del Sistema Especial para Trabajadores por Cuenta Ajena Agrarios	农业工人特别方案监督委员会
La Comisión Mixta de Cupo	联合配额委员会

续表

La Dirección General de la Marina Mercante	商船总局
La Dirección General de Ordenación de la Seguridad Social	社会保障组织总局
La Dirección General de Política Económica	经济政策总局
La Dirección General del Patrimonio del Estado	国家资产总局
Las entidades gestoras	经办机构
La Inspección de Trabajo y Seguridad Social	社会保障劳动监察局
La Inspección Médica de los Servicios Públicos de Salud	公共卫生服务医疗检查局
La Intervención General de la Administración del Estado	国家行政审计总局
La Intervención General de la Seguridad Social	社会保障审计总署
La Mutualidad General Judicial	司法总互助协会
La Policía Foral de Navarra	纳瓦拉省警队
La Secretaría de Estado de la Seguridad Social	社会保障国务秘书处
La sede electrónica del Servicio Público de Empleo Estatal	国家公共就业服务局电子政务网络
La Tesorería General de la Seguridad Social	社会保障基金管理总局
Las administraciones tributarias	税务机关
Las Cortes Generales	议会
Las Juntas Generales de los Territorios Históricos Forales	特许政权历史领地委员会
Las mutuas colaboradoras con la Seguridad Social	社会保障互助合作保险协会
Los órganos jurisdiccionales del orden social	社会治安管辖法院
Código Civil	《民法典》
Código Penal	《刑法典》
Convenio de Saneamiento del Fútbol Profesional	《职业足球保障协议》
Estatuto de los Funcionarios de la Unión Europea	《欧洲联盟官员条例》
Integración Social de los Minusválidos	《残疾人社会融合法》
Ley concursal	《破产法》
Ley de Clases Pasivas del Estado	《国家年金法》
Ley de Consolidación y Racionalización del Sistema de Seguridad Social	《社会保障制度巩固和合理化法规》
Ley de Contratos de las Administraciones Públicas	《公共行政合同法》
Ley de Contratos del Sector Público	《公共部门合同法》

续表

Ley de Cooperativas	《合作社法规》
Ley de Empleo	《就业法》
Ley de Enjuiciamiento Civil	《民事诉讼法》
Ley de garantía del poder adquisitivo de las pensiones y de otras medidas de refuerzo de la sostenibilidad financiera y social del sistema público de pensiones	《保证年金购买力及加强公共年金制度社会财政可持续性的其他措施法规》
Ley de garantías y uso racional de los medicamentos y productos sanitarios	《药品及医疗器械合理使用保障法规》
Ley de Incompatibilidades del Personal al Servicio de las Administraciones Públicas	《公共行政服务部门人事不兼容法》
Ley de Integración Social de los Minusválidos	《残疾人社会融合法》
Ley de Medidas Fiscales, Administrativas y del Orden Social	《财政行政和社会治安措施法》
Ley de Medidas para la Reforma de la Función Pública	《公共职能改革措施法》
Ley de Medidas urgentes de Reforma del Mercado de Trabajo para el Incremento del Empleo y la Mejora de su Calidad	《增加就业和提高就业质量的劳动市场改革紧急措施法规》
Ley de Medidas Urgentes para el Mantenimiento y el Fomento del Empleo y la Protección de las Personas Desempleadas	《稳定和促进就业及保护失业者紧急措施法规》
Ley de medidas urgentes para la reforma del mercado de trabajo	《劳动力市场改革紧急措施法规》
Ley de medidas urgentes para la reforma del sistema de protección por desempleo y mejora de la	《改革失业保障制度和提高就业能力紧急措施法规》
Ley de Modernización de las Explotaciones Agrarias	《农业用地现代化法》
Ley de ordenación y supervisión de los Seguros Privados	《私人保险管理监督法》
Ley de Organización y Funcionamiento de la Administración General del Estado	《国家行政总局组织和运作法规》
Ley de Presupuestos Generales del Estado	《国家总预算法》
Ley de Prevención de Riesgos Laborales	《预防职业风险法规》
Ley de Promoción de la Autonomía Personal y Atención a las personas en situación de dependencia	《促进个人自主及照顾无生活自理能力者法规》
Ley de Propiedad Intelectual	《知识产权法》
Ley de Protección a las Familias Numerosas	《多子女家庭保护法》
Ley de Reformas Urgentes del Trabajo Autónomo	《自雇职业紧急改革法规》
Ley de Régimen Jurídico de las Administraciones Públicas y del Procedimiento Administrativo Común	《公共行政部门及公共行政程序法律制度》

续表

Ley de Régimen Jurídico del Sector Público	《公共部门法律制度法规》
Ley de Regulación de Planes y Fondos de Pensiones	《年金计划及基金管理法》
Ley de Sociedades Laborales y Participadas	《劳务投资公司法》
Ley de Tropa y Marinería	《部队和海员法规》
Ley del Deporte	《体育法》
Ley del Estatuto Básico del Empleado Público	《公职人员基本章程法》
Ley del Estatuto de los Trabajadores	《劳工法》
Ley del Estatuto del Trabajo Autónomo	《自雇职业法规》
Ley del Estatuto Marco del Personal Estatutario de los Servicios de Salud	《卫生部门法定工作人员框架章程》
Ley del Notariado	《公证法》
Ley del Patrimonio de las Administraciones Públicas	《公共行政资产法》
Ley del Procedimiento Administrativo Común de las Administraciones Públicas	《公共行政部门公共行政程序法规》
Ley General de Cooperativas	《合作社总法》
Ley General de Derechos de las Personas con Discapacidad y de su Inclusión Social	《残疾人权利和社会融入总法》
Ley General de Sanidad	《卫生总法》
Ley Orgánica General Penitenciaria	《监狱总法》
Ley General Tributaria	《总税法》
Ley Orgánica de Garantía Integral de la Libertad Sexual	《全面保障性自由组织法》
Ley Orgánica de Libertad Sindical	《工会自由组织法》
Ley Orgánica de Medidas de Protección Integral contra la Violencia de Género	《全面防止性别暴力保护措施组织法》
Ley Orgánica de Mejora de la Protección de las Personas Huérfanas Víctimas de la Violencia de Género	《加强保护性别暴力受害孤儿组织法》
Ley Orgánica de Salud Sexual y Reproductiva y de la Interrupción Voluntaria del Embarazo	《性健康和生殖健康以及自愿中止妊娠组织法》
Ley Orgánica de Universidades	《大学组织法》
Ley Reguladora de la Jurisdicción Social	《社会管辖权规范法》
Ley Reguladora de la Protección Social de las Personas Trabajadoras del Sector Marítimo-pesquero	《海洋渔业工人社会保障法规》
Ley Reguladora del Fondo de Reserva de la Seguridad Social	《社会保障储备基金管理法》

Ley Reguladora del Factor de Sostenibilidad y del Índice de Revalorización del Sistema de Pensiones de la Seguridad Social	《社会保障年金制度的可持续性系数和重估指数规范条例》
Ley sobre Infracciones y Sanciones en el Orden Social	《社会治安违法处罚法》
Leyes Forales de Presupuestos Generales de Navarra	《纳瓦拉总预算法》
Ordenación y Supervisión de los Seguros Privados	《私人保险管理监督法规》
Ordenadora del Sistema de Inspección de Trabajo y Seguridad Social	《社会保障劳动监察制度规范》
Pacto de Toledo	《托莱多公约》
Plan General de la Contabilidad Pública	《公共会计一般计划》
Proyecto de Presupuestos de la Seguridad Social	《社会保障预算法案》
Real Decreto-ley de medidas para la regularización y control del empleo sumergido y fomento de la rehabilitación de viviendas	《规范和管控非法就业及促进住房改造措施规定》
Real Decreto-ley de medidas para favorecer la continuidad de la vida laboral de los trabajadores de mayor edad y promover el envejecimiento activo	《鼓励老年劳动者继续工作和促进积极老龄化措施法规》
Real Decreto-ley de Medidas para Garantizar la Estabilidad Presupuestaria y de Fomento de la Competitividad	《保障预算稳定和促进竞争力措施法规》
Real Decreto-ley de medidas sociales en defensa del empleo	《保护就业社会措施法令》
Real Decreto-ley de medidas urgentes en materia de incentivos a la contratación laboral y mejora de la protección social de las personas artistas	《鼓励雇佣劳动力及改善艺术家社会保障的紧急措施法令》
Real Decreto-ley de medidas urgentes para garantía de la igualdad de trato y de oportunidades entre mujeres y hombres en el empleo y la ocupación	《保障男女拥有平等就业待遇和机会的紧急措施法令》
Real Decreto-ley de medidas urgentes para la ampliación de derechos de los pensionistas, la reducción de la brecha de género y el establecimiento de un nuevo marco de sostenibilidad del sistema público de pensiones	《扩大年金领取者权利并缩小性别差距以及建立可持续公共年金制度新框架的紧急措施法令》
Real Decreto-ley de medidas urgentes para la reforma laboral, la garantía de las estabilidad en el empleo y la transformación del mercado de trabajo	《制定劳动改革、保障就业稳定及劳动力市场转型的紧急措施法规》
Real Decreto-ley de mejora de gestión y protección social en el Sistema Especial de Empleados de Hogar y otras medidas de carácter económico y social	《改善管理家庭雇员特别方案和社会保障以及其他经济和社会措施法规》
Real Decreto-ley de refuerzo y consolidación de medidas sociales en defensa del empelo	《加强和巩固保护就业的社会措施法规》

续表

Reglamento de Entidades de Previsión Social	《社会福利机构条例》
Reglamento General de Protección de Datos	《通用数据保护条例》
Reglamento General de Recaudación de la Seguridad Social	《社会保险征收总条例》
Reglamento General del Mutualismo Laboral	《劳动互助保险总条例》
Reguladora de las Bases del Régimen Local	《地方政权基础规范》
Tratado de Funcionamiento de la Unión Europea	《欧洲联盟运作条约》
A fuerza mayor extraña	因不可抗力
A precios de mercado	以市场价
Accidente de trabajo	工伤事故
Acción dominical/reivindicatoria	追索诉讼
Acción posesoria	占有诉讼
Acta de conciliación administrativa	行政调解书
Acta de conciliación judicial	司法调解书
Activos financieros	金融资产
Acto administrativo	行政行为
Acto jurídico	法律行为
Alta médica	医疗解除
Artículo	条
Asignación económica por hijo o menor a cargo	受抚养未成年子女经济补贴
Asistencia sanitaria	医疗保险
Auxilio por defunción	丧葬补助金
Baja médica	病休
Base de cotización	缴费基数
Base reguladora	计算基数
Beneficios de la asistencia social.	社会援助福利
Caja única	单一账户（单一账户或单一国库账户是一个政府进行收支的银行账户或一组链接账户）
Capital social	股份
Capítulo	章
Cartera del fondo	基金投资组合
Cese de actividad	中断就业
Clasificación Nacional de Actividades Económicas (CNAE)	国家经济活动分类

续表

Coeficiente de parcialidad	兼职系数
Coeficiente global de parcialidad	非全日制（/兼职）工作总系数
Coeficiente reductor de la edad de jubilación	退休年龄折减系数
Colegio profesional	同业公会
Complemento del puesto	职位补贴
Complemento por maternidad por aportación demográfica	人口缴费生育补助
Complemento variable	浮动补贴
Complementos por mínimos	低于最低标准年金的补助金
Compromiso de actividad	就业承诺书
Conservación de los derechos	权益保留
Contingencias comunes	普通意外
Contingencias profesionales	职业意外
Contrato de duración definida（CDD）	定期雇佣合同/定期劳动合同
Contrato de duración indefinida（CDI）	无限期雇佣合同/无限期劳动合同
Contrato de relevo	替代合同（不完全退休的情况需要同即将退休者签订替代合同）
Contrato de trabajo	劳动合同/雇佣合同
Contrato formativo en alternancia	在职培训合同
Contrato por sustitución	岗位接替合同
Control sanitario	卫生监督
Cooperativa de trabajo asociado	工人合作社
Corporaciones locales	地方当局
Cotización especial de solidaridad	特别统一缴款
Crecimiento medio interanual	平均同比增长
Cuotas de la seguridad social	基本社会保险费
Declaración de rentas	收入申报
Declaración responsible	责任声明
Declaración tributaria	纳税申报
Desempleo parcial	部分失业
Desempleo total	完全失业
Despido improcedente	无理解雇
Documento Nacional de Identidad（DNI）	国民身份证
Documentos contables	会计凭证

续表

Económicamente dependiente	经济不自主
El Expediente Temporal de Regulación de Empleo (ERTE)	临时劳动力调整计划
El Fondo de Contingencias Profesionales de la Seguridad Social	社会保障职业意外基金
El Fondo Especial de la Mutualidad General de Funcionarios Civiles del Estado	国家公务员互助协会特别基金
El Fondo Especial del Instituto Nacional de la Seguridad Social	国家社会保障局特别基金
El Fondo Nacional de Asistencia Social	国家社会援助基金
El Mecanismo RED de Flexibilidad y Estabilización del Empleo (RED)	就业灵活性和稳定性 RED 机制
El Programa de Activación para el Empleo	就业激活计划
El Programa de Recualificación Profesional de las Personas que Agoten su Protección por Desempleo (PREPARA)	用尽失业待遇的失业保护人员的职业再培训计划
El Programa de renta activa de inserción (RAI)	主动安置收入计划
El Programa Temporal de Protección e Inserción (PRODI)	临时保护和安置计划
El Régimen de Clases Pasiva	国家年金计划
El Régimen de Formación Profesional Intensiva	强化职业培训制度
El régimen de pago delegado	委托支付系统（在任何时候都是由企业垫付暂时性丧失劳动力津贴的情况被称为委托支付系统）
El Régimen Especial (de la Seguridad Social) para la Minería del Carbón	煤矿工人社会保障特别计划
El Régimen Especial Agrario de la Seguridad Social	社会保障农业特殊计划（已废除）
El Régimen Especial de Funcionarios de la Administración Local	地方政府公务员特别计划（已废除）
El Régimen Especial de la Seguridad Social de las Fuerzas Armadas	武装部队社会保障特别计划
El Régimen Especial de la Seguridad Social de los Funcionarios Civiles del Estado	国家公务员社会保障特别计划
El Régimen Especial de la Seguridad Social de los Trabajadores del Mar	海员社会保障特别计划
El Régimen Especial de la Seguridad Social de los Trabajadores por Cuenta Propia o Autónomos	自雇人士社会保障特别计划
El Régimen General de la Seguridad Social	社会保障一般计划

	续表
El Sistema de remisión electrónica de datos en el ámbito de la Seguridad Social (Sistema RED)	社会保障领域电子数据传输系统（RED 系统）
El sistema de Seguridad Social	社会保障体系/制度
El Sistema Especial para Empleados de Hogar	家庭雇员特别方案
El Sistema Especial para Trabajadores por Cuenta Ajena Agrario	农业工人特别方案
El Sistema Especial para Trabajadores por Cuenta Propia Agrarios	农业自雇人士特别方案
Enfermedad profesional	职业病
Error de hecho	事实错误
Error material	实质性错误
Explotación agraria	农场
Facultades de comprobación	稽核权利
Fijo y discontinuo	固定季节性
Fin social	企业宗旨
Fondo de Garantía Salarial	工资保障金
Fondos propios	股本
Formación permanente	继续教育
Formación profesional	职业培训
Fuerzas armadas	武装部队
Gastos corrientes	流动开支
Grados de incapacidad	伤残程度
Horas extra estructurales	结构性加班
Importe que por alimentos	抚养费
Imprudencia profesional	工作疏忽
Impuesto sobre el Valor Añadido	增值税
Impuesto sobre la Renta de las Personas Físicas	个人所得税
Imputación de responsabilidades	责任归属
Incapacidad temporal	暂时性丧失劳动力/暂时性丧失劳动能力
Indemnización en caso de muerte por accidente de trabajo o enfermedad profesional	工亡补偿金
Indemnización por despido	遣散费
Indicador público de rentas de efectos múltiples	西班牙收入指标（IPREM）
Ingreso mínimo vital	最低生活收入标准

续表

Iniciar el proceso de incapacidad permanente	启动永久性丧失劳动力评估程序
Inscripción como demandante de empleo	失业登记
Interés de demora	滞纳金/逾期利息
Inversión de reposición	重置投资
Jerarquía eclesiástica	教阶制度
Jubilación anticipada	提前退休
Jubilación en su modalidad no contributiva	非缴费型退休
Jubilación parcial	不完全退休
Jubilación plena	完全退休
Junta directiva	董事会
Junta general	股东大会
La Encuesta de Condiciones de Vida del Instituto Nacional de Estadística	国家统计局生活条件调查
La gestión recaudatoria de la Seguridad Social	社会保障征管
La Reserva de Asistencia Social	社会援助储备金
La Reserva de Estabilización de Contingencias Comunes	普通意外稳定储备金
La Reserva de Estabilización de Contingencias Profesionales	职业意外稳定储备金
La Reserva de Estabilización por Cese de Actividad	中断就业稳定储备金
Las reservas de estabilización	稳定储备金
Ley Orgánica	组织法
Libro de Reclamaciones	意见簿
Liga de Fútbol Profesional	职业足球联盟
Limitaciones orgánicas o funcionales	机体或功能受限疾病
Liquidaciones de cuotas	基本社会保险费结算
Los Fondos Especiales del Instituto Social de las Fuerzas Armadas	武装部队社会局特别基金
Los Fondos Nacionales para la aplicación social del Impuesto y del Ahorro	国家税收和储蓄社会应用基金
Los regímenes de seguridad Social	社会保障计划
Marco del diálogo social	社会对话框架
Mecanismo de Equidad Intergeneracional	代际公平机制
Montepío	蒙特皮奥基金组织（Montepío）
Mortis causa	因死亡之故

续表

Negocio jurídico	法律事务
Obligaciones de alimentos	赡养义务
Oficinas recaudadoras	征税部门
Órgano jurisdiccional	司法机构
Pagas extraordinarias	额外薪酬
Pago único a tanto alzado	一次性支付
Patria potestad	亲权
Patrimonio único	独有资产
Pensión de incapacidad permanente	永久性丧失劳动力津贴
Pensión de orfandad	孤儿抚恤金
Pensión de viudedad	丧偶抚恤金
Pensión en favor de familiares	供养亲属抚恤金
Pensión por muerte	死亡抚恤金
Pensión por supervivencia	遗属抚恤金
Pensión vitalicia	终身抚恤金
Pensión vitalicia de viudedad	丧偶终身抚恤金
Período de prueba	试用期
Persona jurídica	法人
Potestad legislativa	立法权
Prestación de orfandad	孤儿福利金
Prestación económica por nacimiento o adopción de hijo	生育或收养子女经济待遇
Prestación indebida	不当福利待遇
Prestación por desempleo	失业保险金
Prestación por nacimiento y cuidado de menor	生育抚养未成年人津贴
Prestación por parto o adopción múltiples	多胞胎或多收养福利
Prestación temporal de viudedad	丧偶临时福利金
Prestaciones familiares en su modalidad no contributiva	非缴费型家庭福利
Prestaciones/Pensiones contributivas	缴费型待遇
Prestaciones/Pensiones no contributivas	非缴费型福利
Primera División A de fútbol	足球甲级联赛
Primera instancia	一审
Reconversión de empresas	企业重组

词汇表

续表

Régimen de personal	人事制度
Régimen de reparto	现收现付
Reglamentos generales	一般法规
Relación laboral	雇佣关系/劳动关系
Rendimiento bruto	税前收入
Rendimiento neto	税后收入
Renta de inclusión	社会包容金（瓦伦西亚大区通过经济待遇和/或职业待遇以开展社会包容过程，旨在通过消除排斥和应对社会经济脆弱性来保证生活质量的基本需求）
Reparar el daño e indemnizar los perjuicios materiales y morales	承担物质和精神损害赔偿
Responsabilidad penal	刑事责任
Responsabilidad solidaria/mancomunada	共同责任
Responsabilidad subsidiaria	补充责任
Salario mínimo interprofesional	跨行业最低工资
Sección	节
Segunda División A de fútbol	足球乙级联赛
Sentencia firme	终审判决
Setencia absolutoria	宣告无罪
sin personalidad jurídica	非法人
Sociedad comanditaria	有限合伙企业
Sociedad de capital	资合企业
Sociedad laboral	工人自有公司（劳动者拥有大部分资本）
Sociedad regular colectiva	普通合伙企业
Socio industrial	行业合伙人
Subsidio de desempleo	失业补助金
Subsidio en favor de familiares	供养亲属补助金
Subsidio extraordinario por desempleo	特别失业补助
Subsidio por agotamiento	透支津贴（社会保障体系向结束失业的失业人员提供的一项帮助。获得此项福利必须执行所谓的"等待月"，即用尽失业保险金或失业补助金的当月）
Subsidios de garantía de ingresos mínimos	最低收入保障津贴
Sujeto obligado	义务主体

续表

Sujeto responsable	责任主体
Tasa de desempleo	失业率
Tasación pericial	专家评估
Tipo de cotización	费率
Título	篇
Título jurídico	法定权利
Trabajo por cuenta ajena	受雇职业
Trabajo por cuenta propia	自雇职业
Umbral de la pobreza	贫困线
Un tanto por ciento	一定百分比
Valor nominal	名义价值
Valores mobiliarios	可转让证券